追求卓越 是企业永恒的主题

邓尤东 著

建筑企业管理精要

Construction
Enterprise
Management
Essence

中国建筑工业出版社

图书在版编目（CIP）数据

建筑企业管理精要 = Construction Enterprise Management Essence / 邓尤东著. —北京：中国建筑工业出版社，2022.2
ISBN 978-7-112-27102-3

Ⅰ.①建… Ⅱ.①邓… Ⅲ.①建筑企业－工业企业管理 Ⅳ.① F407.906

中国版本图书馆 CIP 数据核字（2022）第 026127 号

本书内容涵盖建筑行业主要业务管理内容，提炼出建筑企业转型升级和可持续发展过程中的精髓与要点，重点阐述企业高质量管理和项目标准化建造两个方面的内容。通过强调领导者管理思维，研究企业战略规划，解决建筑企业发展问题，制定针对性措施；同时，对于工程总承包、新型建筑工业化等新兴的管理模式，阐述了其管理理念和实施策略；提出以数字化贯穿企业生产经营全业务流程，将现代信息技术与先进企业管理理念相融合，转变企业组织方式及经营管理方式，增强企业核心竞争力，为企业高质量发展赋能。

本书来自于丰富的企业实践与探索，可以为建筑企业新时代的企业管理提供借鉴和启发，也可以为项目建设提供管理与技术指导，适合企业管理者、业务管理者等项目管理团队以及管理人员阅读和学习。

责任编辑：王华月　张　磊　范业庶
责任校对：赵听雨

建筑企业管理精要
Construction Enterprise Management Essence
邓尤东　著

*

中国建筑工业出版社出版、发行（北京海淀三里河路9号）
各地新华书店、建筑书店经销
北京点击世代文化传媒有限公司制版
北京京华铭诚工贸有限公司印刷

*

开本：787毫米×1092毫米　1/16　印张：18½　字数：278千字
2022年3月第一版　2022年3月第一次印刷
定价：**98.00** 元
ISBN 978-7-112-27102-3
（38934）

版权所有　翻印必究
如有印装质量问题，可寄本社图书出版中心退换
（邮政编码 100037）

追求卓越，臻于至善

中国工程院院士 钱七虎

改革开放四十多年来，我国建筑业得到了持续快速的发展，建筑业在国民经济中的支柱产业地位不断加强，对国民经济的拉动作用显著。同时，建筑业是全球最大的原材料和能源消耗产业，目前全球建筑运营能耗已占到总能耗的 30% 以上，加上建设过程中的能耗，这一指标接近 50%。因此，建筑领域要实现"碳达峰""碳中和"，更需要通过技术创新来实现绿色发展，推动以建筑设计为主体的技术方法创新，推进空间节能和设备节能的融合，以及将工程建设向智慧建造发展。

2020 年 8 月，在湖南长沙由中建五局承办的全国首届地下空间创新大赛过程中，我和邓尤东先生就地下工程建设、装配式建筑、智慧建造等具体问题进行了沟通和交流，他严谨细致的作风、热情好客的为人、谦逊好学的态度，都给我留下了深刻的印象。去年他编著的《新时代基础设施管理创新与实战丛书》，把他多年的基础设施管理创新实践成果进行了系统论述，这次他站在企业战略的高度，把卓有成效、非常宝贵的工作经历，经过总结提炼，严谨思考，汇入成《建筑企业管理精要》，可以说，这是建筑行业企业管理领域难得的重要成果。

企业高质量发展是一个系统的过程，要正确把握未来的发展方向，提升企业的核心竞争力，党的十九大提出，我们要建设科技强国、质量强国、航天强国、网络强国、交通强国等，可以说这些"强国"都是社会主义现代化强国的有机组成部分。而科技强国是这一系列"强国"的基础和核心，从哲学上看，科技是人类走向未知、走向"自由王国"的必由之路。同样，在由"大国"变成"强国"的过程中，科学技术承担着基础和核心的作用。因此，创新作为第一动力并作为新发展理念的首位，其中重要的一环就是让企业成为创新主体，坚持走政、产、学、研、用紧密结合的路线,并不断总结企业丰富的创新实践经验。

管理创新和技术创新都是企业的核心竞争力,两者之间应相互协作,动态双向的匹配,管理创新是对管理学、管理实践进行方法论,实践论的创新。邓尤东先生所著的《建筑企业管理精要》就是一本重要的企业管理创新著作,有两个显著特点:一是内容全面,一共分十个篇章:"企业战略规划管理""工程总承包卓越管理""数字化与智慧建造管理""企业商务与项目责任成本管理""标准化建设管理""工程建设履约管理""新型建筑工业化规划管理""建筑企业风险管理""科技与设计管理""人才队伍建设管理",几乎涵盖了建筑企业经营管理和技术工作的方方面面;二是内容前沿,阐述了近年来建筑业发展的一些重要课题,如数字化、智慧建造、EPC、卓越管理等,用数字化思维与管理创新理念贯穿全书,体现了我们现在和未来很长一段时间的工作主题和重点。具有很强的针对性和指导性。

我也认真看了此书的后记,对邓尤东先生的工作经历和追求有了更全面的了解。他从基层起步,一步一个脚印走上领导岗位,在每个岗位上都恪尽职守、务实工作、追求卓越,做出了可圈可点的工作和成绩。但他还不满足于此,而是乐于思考、勤于总结,持续把工作实践变成自己的经验,在提升自己的同时,也和同事、同行进行分享。正是这样,他才能拿出《新时代基础设施管理创新与实战丛书》和《建筑企业管理精要》厚重的六本专著。这也是他值得同行们学习的地方。

追求卓越,臻于至善,进入"十四五"和"两个一百年"的第二个"一百年",建筑业进入了充满挑战和机遇的新时代,高质量发展成为新主题。相信《建筑企业管理精要》一书的出版发行必将对建筑企业的精细化管理,高质量发展起到积极的作用,为建筑企业卓越的管理者提供有益的启发和借鉴。

所以,我欣然应允,为之作序。

二〇二二年元月

探索建筑企业管理与高质量发展的有效途径

中国铁建股份有限公司原总裁　金普庆

新时期，我国经济发展进入新常态，增速放缓，结构优化升级，由投资驱动转向创新驱动。虽然建筑业发展仍处于重要战略机遇期，但也面临着市场风险增多、发展速度放缓的严峻挑战。建筑企业必须准确把握市场供需结构的重大变化，下决心转变依赖低成本要素驱动的粗放增长方式，增强战略意识、创新意识、风险意识，不断提高企业精细化管理水平，适应建筑业高质量发展的需要。尤东同志新出版的《建筑企业管理精要》一书就是针对上述挑战进行的思考。

在2020年全国两会上，政府工作报告提出了新基建的概念，以5G、工业互联网和人工智能为核心的新基建成为最为关注的热点。建筑企业既要认真对待存量项目，挖掘市场潜力，如国家城市群建设、国家重点工程；又要借助新基建东风，实现转型升级，积极推动建筑工业化进程、全面推广数字化升级，确保始终处于行业领先地位。

《建筑企业管理精要》主要阐述了以下几个方面的内容：

一、加强新型基础设施建设，必须大力推进新型建筑工业化。建立新型建筑工业化体系，要认真总结在发展装配式结构中取得的宝贵经验，不断优化，使建筑装配化成为推动建筑工业化的重要手段。坚持标准化设计、工厂化生产、信息化管理，开发新工艺、新技术、新设备，不断提升建筑工业化占比，实现建筑行业向绿色环保、碳达峰、质量标准化的建造升级。

二、5G网络是新基建的重点领域。对于建筑企业，必须实现数字化升级，利用BIM和云计算、大数据、物联网等信息技术引领建筑行业转型升级，集成人员、流程、业务系统，实现项目施工全过程的监控与管理。5G时代，将实现对工地的远程自动化操控和对工程机械设备的远程操控，切实解决工程机械领域人员安全难以保障、企业成本居高不下的难题。全产业链互联网平台有别于当前各自为战的建筑互联网电商平台，5G技术的应用将会打通建筑产业的各个环节，使得各个方面整合成一体。

三、在国家政策大力鼓励下，工程总承包模式已成为建筑业的发展主流。工程总承包的特点是将原来分离运行的设计、采购与建造融合为一体，充分发挥"设计"的龙头作用，让设计充分介入工程建设全过程，指导投标、采购和建造，并吸收采购和建造的积极反馈调整改良设计，形成高效的互动和互促，更好地保障工程进度、质量、安全、投资控制。

四、项目是信誉之本、效益之源、人才之基，是建筑企业的窗口和镜子。加强项目管理是企业管理的重中之重，也是永恒主题。一是要做好履约管理，组织项目施工必须善于抓住主要矛盾，项目投入一次到位，快速突破，同时注意发现和补齐使项目"漏水"的最短的那块木板，使项目的各工序均衡前进，向业主交付质量、进度、安全符合要求的产品和服务；二是要做到标准化管理，标准化为企业建立基本的秩序及准则，是企业由小变大、由大变强、提高企业市场竞争力的重要途径；三是做精商务与成本管理，利润最大化是企业生存的初始动力，必须以获取最大化利润为根本目标。建筑企业的特点决定了我们只能靠正确的意识、积极的行动、规范的管理降低成本来盈利，特别是专业分包、劳务分包与材料成本，事关项目成败大局，控制不住，成本管理就是空谈；四是做强科技管理，优化设计，工程数量足量进蓝图，优化施工方案，适量投入，不走弯路，是保证项目效益最重要的途径；五是做到风险预控，应用海恩法则，即每一起重大安全事故背后有29个事故征兆，每个征兆背后还有300个事故苗头，只有重视对事故征兆和事故苗头的排查，贯彻预防为主、防范在先的原则，控制事故易发点，才能确保安全。

五、企业的兴衰存亡、持续发展，要有正确的思想理念作指导。如调动一切积极因素的理念，优化生产要素、科学合理整合资源的理念，求真务实、行

推荐序
探索建筑企业管理与高质量发展的有效途径

稳致远的理念，得人与治事并重、谦卑自省的理念，等等。其中，尤以人才素质的提升极为紧迫，而人才队伍中最为关键的是项目经理、公司领导者的选择。首先要培植土壤，营造有利于领导者成长的文化氛围，注重培养全员的市场意识、竞争意识；其次人才队伍建设要做为系统工程，从员工进入企业的第一天起，就进入优胜劣汰的机制中，从优秀员工中选拔管理人才，即项目经理和项目领导班子，再从优秀的项目经理和项目领导班子中选择公司领导者，经过若干年的锻炼再进入局（集团）的管理层。

尤东同志在中铁十二局集团从事项目管理、企业管理15年，并且在中国建筑五局担任企业高管13年，具有非常丰富的工程管理经验。面对我国建筑业由高速增长转向高质量发展阶段，他结合数十年管理实践经验，从企业战略规划管理、工程总承包卓越管理等10个方面对建筑企业管理进行阐述，回答了很多困扰行业和企业的难题，给了我们有益的借鉴和启发。《建筑企业管理精要》以建筑企业高质量发展为目标，以企业管理为主线，从管理理念、管理内容、管理机制、管理策略等方面对每一篇展开了细述，对广大建筑企业管理人员和工程管理者进行积极的引导、启发，也为各种不同观点提供了商讨、交流的平台，意义深远。

作者用既专业又通俗易懂的语言阐述建筑企业管理发展的要义，是本书的一大特色。不少建筑行业书籍，均有讲到企业管理内容，但未从见到哪一本书讲的这么全面、这么透彻。本书总结了不少管理理念，其背后均有着一个个惨痛的经验教训，这个特点使本书能够成为不少读者的常备读物，有空看看，尤其联系企业管理、项目管理，一定会引起共鸣，有更深的理解。

作者嘱余为序，欣然应允。我相信本书对推动我国建筑业高质量发展具有重要的作用，一定会丰富和升华建筑企业管理理念，为中国建筑企业创建世界一流名企，迎接高质量发展的春天贡献力量。

2022年1月

建筑企业转型升级的实践之作

邓尤东同志又要出新著了。他把他的《建筑企业管理精要》书稿寄给我，再三叮嘱，要我提提意见，并为新书写个序，这使我有几分感慨，几分忐忑。感慨的是尤东同志的勤奋与多产，要知道，写书是一件十分辛苦的事，近两年，他已出版了五本专著，他的不辞辛苦、孜孜以求让人赞叹！忐忑的是我离开中建五局工作已有九个年头了，对五局的实际情况不甚了了，很难对他的书稿提出什么有用的意见，甚至于写个序言都有点儿"勉为其难"的感觉，担心有负于尤东的信任。

《建筑企业管理精要》这本书涵盖了建筑企业运营管理的各个方面，尤东同志结合他几十年的工作实践和他职业生涯中服务过的中铁十二局、中建五局等企业的一些做法，总结集成了这部《精要》，充分说明他是一个勤于思考、勤于总结、勤于做事的人。《精要》中的一些概念、理念、方法、做法，对于建筑企业的管理者来说，无疑是有借鉴意义的。

目前，建筑企业正经历着由粗放管理向精细管理的转变，建设行业由速度增长转向高质量发展，迫切需要许许多多的业内人士不断思考总结、研究探索、躬身实践。如是，建筑企业的精细化管理水平就会越来越高，建设行业的发展质量就会越来越好。

故而，邓尤东同志的这种不懈努力是十分可贵的，也是值得学习的。

中国平安建设投资有限公司董事长兼 CEO

2022 年 2 月

自 序

改革开放40年以来,我国建筑业迅猛发展,规模不断扩大,对国民经济的拉动作用日益凸显。据统计,全国建筑业总产值由1978年的124.6亿元,增长至2020年的26.4万亿元,建筑业占比也由3.5%增长至26%,建筑业成为名副其实的支柱产业。建筑业管理水平也得到极大提升,法人管项目使项目管理更规范,精细化商务管理使项目成本管理更具深度,中国的建筑企业在国际上更具竞争力。

尤其是党的十八大以来,我国建筑业在以习近平新时代中国特色社会主义思想指引下,市场环境发生着深刻变化,项目承发包模式由原来单一的施工总承包向着工程总承包及带有投融资的PPP、BOT、BT、F+EPC等模式发展,更集约、更专业、更高效,建筑项目全产业链条的服务需求对项目管理提出了更高要求。随着装配式建筑和信息化技术的广泛运用,尤其是国家制定的"碳排放"和"碳中和"中长期战略目标,都将促使建筑业发生前所未有的技术革命和管理革命。2021年10月18日,习近平总书记在十九届中央政治局集体学习时强调"要加快新型基础设施建设,加强战略布局……",这意味着建筑业即将进入一个全新的时代。探讨新时代建筑业的管理方式,持续追求卓越,培育新时代的管理人才,企业方能行稳致远、基业长青。本书旨在抛砖引玉,为新时代的建筑企业的发展提供一些借鉴和启发。

本书共十篇,分别是企业战略规划管理、工程总承包卓越管理、数字化与智慧建造管理、企业商务与项目责任成本管理、标准化建设管理、工程建设履约管理、新型建筑工业化规划管理、建筑企业风险管理、科技与设计管理、人才队伍建设管理。全面系统地阐述了建筑企业管理的主要内容,相对于传统的建筑企业管理书籍,本书从理念、内容、机制、策略等几个方面对每一篇进行了阐述和总结,让每一位读者都有耳目一新的感觉;同时本书也根据我国建筑业由高速增长阶段

建筑企业管理精要
Construction Enterprise Management Essence

转向高质量发展阶段的国情,增加了企业战略规划管理篇和对建筑企业管理经验的进一步提升,使得本书更具时代性和先进性。

新时代,领导者需要战略规划管理思维。随着国家产业升级,外部市场不确定性增多,国家削减楼堂馆所建设、房地产行业不景气等,都对建筑业产生较大冲击,但建筑业未来仍是中国的支柱产业,也是"一带一路"中国建设的核心支撑。如医疗、养老、康复、养生等民生工程,机场、城市轨道交通、综合管廊、铁路、港口等城市基础设施,数据中心、电商物流、保税物流、新型能源等新兴产业依然保持较为强劲的发展势头。优秀的建筑企业必须主动谋划企业未来发展战略,抢占先机,提前布局,建立完善覆盖"战略规划制定、战略落地推进、战略结果考核、战略目标修订"的战略管理闭环系统。

新时代,领导者需要管理思维理念的创新。建筑企业管理思维的关键是前瞻性和创造性,前瞻性是对行业及企业未来发展的研判,创造性是对经验和传统的超越。企业领导者通过研究主营业务发展状况,以解决问题为出发点,有针对性的制定措施,实施差异化竞争战略;推进前瞻性研究和精细管理工作,解决企业的经营管理问题;打破以往传统的管理思维,推动企业从传统生产方式向智能建造转变,从垂直管理模式向扁平管理模式转变;进一步提升精细化管理水平,提高企业运行效率,打造低成本竞争优势,实现企业高质量发展。

新时代,建筑企业业务管理需要创新和升级。优秀的建筑企业强调以业务流程为改造对象和中心,以关心客户的需求和满意度为目标,利用云计算、物联网、大数据、移动互联等新技术,对现有的业务流程进行变革的再思考和再设计。通过构建由业务管理信息系统和大数据管理平台组成的数字企业管理架构,实现数据横向互联、纵向互通,有效辅助企业开展战略规划的检索、纠偏和调整;建筑企业的生产和经营方式、管理和组织模式以及业务管理流程升级,逐渐形成以信息技术为依托的"研发、投资、设计、生产、建造、运维"全产业链竞争优势。

新时代,领导者需要提升综合素质能力。企业领导者,应具备相应的综合素

自 序

质和用人理念,且具有大视野、大格局、大胸怀、大担当、大气象;具备战略思维能力,具备正确的前沿管理理念和战略前瞻性,找到企业差异化核心竞争力,保持团队持续卓越。企业需要在团队建设上未雨绸缪,持续培养团队的领导力、执行力、前瞻性思维。只有队伍优秀,团队卓越,企业才能走得更稳健。

本书内容涵盖建筑行业主要业务管理内容,提炼出建筑企业转型升级和可持续发展过程中的精髓与要点,重点阐述企业高质量管理和项目标准化建造两个方面的内容。通过强调领导者管理思维,研究企业战略规划,解决建筑企业发展问题,制定针对性措施;同时,对于工程总承包、新型建筑工业化等新兴的管理模式,阐述了其管理理念和实施策略;提出以数字化贯穿企业生产经营全业务流程,将现代信息技术与先进企业管理理念相融合,转变企业组织方式及经营管理方式,增强企业核心竞争力,为企业高质量发展赋能。

本书提出科技是企业发展的第一动力,人才是企业发展的核心保障。建筑企业应抢抓信息化、新能源、新材料、节能减排、碳达峰、碳中和等带来的建筑行业新一轮技术革命和项目模式变革的重大窗口机遇期,加大科技创新力度,培育优秀人才队伍,以新发展理念引领高质量发展,实现建筑企业的转型升级和业务板块的优化,培育新的业务增长点,实现可持续发展。

本书来自于丰富的企业实践与探索,可以为建筑企业新时代的企业管理提供借鉴和启发,也可以为项目建设提供管理与技术指导,适合企业管理者、业务管理者等项目管理团队以及管理人员阅读和学习。希望此书能助力建筑行业的发展,为建筑企业的管理变革贡献一点力量。

期待读者提出宝贵的意见。

2021 年 12 月

目 录

第一篇　企业战略规划管理　　1

企业最重要的工作是战略规划管理。战略规划强调领导者管理思维，通过研究主营业务发展状况，以解决发展问题为出发点，有针对性地制定措施，包括市场第一战略、科技兴企战略、管理创效战略、人才梯队战略、差异化竞争战略等，推进前瞻性研究和前沿管理工作。

【精要主要内容】战略管理理念：战略思维／核心竞争优势／谋篇布局／科技兴企／精品名牌；企业战略透视：优秀企业战略管理内容／战略指标规划／战略规划实施达成目标；战略管理支撑：市场为先／技术引领／优质履约／成本效益／"八化"管理／人才发展；战略规划管理：规划路径／规划内容／规划原则／规划实施／规划检索／战略纠偏／战略调整。

第二篇　工程总承包卓越管理　　27

工程总承包卓越管理是以工程项目为平台，以高效优质为出发点，深度融合设计、采购、施工等环节，通过自我管理和组织管理，不断精进发挥团体成员价值创造，实现业主目标、企业目标的实践。

【精要主要内容】工程总承包卓越管理理念：设计为主／开源节流控成本／接口管理出效益／建立分包人为伙伴关系／注重工程筹划／

目 录

协调增效；工程总承包卓越管理内容：项目管理核心要义/管理的主要内容；工程总承包卓越管理机制：构建八个卓越管理团队/运行五大专业工作；工程总承包卓越管理策略：工程总承包项目线条管理/工程总承包管理控制概算方法。

第三篇 数字化与智慧建造管理 51

企业数字化管理，以数字化贯穿企业生产经营全业务流程，用数字化转型赋能企业高质量发展，是企业实现转型升级、管理变革的必由之路，也是实现企业高质量发展的必答题。其路径是将现代信息技术与先进企业管理理念相融合，转变企业组织方式和经营管理方式及业务再造，从而增强企业核心竞争力，为企业高质量发展赋能。

【精要主要内容】（企业数字化管理）数字化管理理念：数字化思维变革/数字企业战略/数据智能管理/业财资税一体化；数字化管理要义：项目数据标准化/业务线条数据化/数据连接共享化/分析决策智能化；数字化管理内容：企业战略管理/业绩考核管理/客服营销管理/生产技术管理/质量安全管理/商务合约管理/财务资金管理/人力资源管理/党建工作管理；数字化管理策略：企业全面风险预警管理/企业数字化转型目标/数字化实施路径。

【精要主要内容】（智慧工地建造管理）智慧工地管理理念：项目数字底座建设/数出一源、一源多用；智慧工地管理要义："1+5"智慧工地建造/业财资税一体化管理；智慧工地管理内容：内控管理/生产管控/监测预警/BIM应用/智慧党建；智慧工地管理策略：管理层级化/平台系统化/内控管理精细化/安质管理智能化/进度管控形象化/监测预警自动化/BIM应用实用化。

第四篇　企业商务与项目责任成本管理　　83

企业经济活动以项目商务管理为主线，以成本管理为中心。项目管理是企业管理的基石，项目管理要以责任成本管理为中心，责任成本管理要以技术管理为中心。成本管理强调成本责任，责任中心划分为收入中心、费用中心和成本中心。企业提高经济效益最根本的方法是项目开源创效和降低成本。

【精要主要内容】（企业商务管理）商务管理理念：商务数字一体化/商务全过程管控/企业"五化"融合/项目责任成本中心；商务管理原则：企业商务管理以项目经济活动管理为中心/业务链全生命周期管理/商务管理三分离核算/成本管理目标责任制/数字化商务管理；商务管理机制：项目目标责任制/区域招采平台制/分供方管理机制/成本核算机制/考核兑现机制；商务管理要义：项目创效管理前置/项目精准策划/项目预算分解/项目过程核算/项目合同管理/项目分供方管理/项目资产盘活管理。

【精要主要内容】（项目责任成本管理）项目成本管理理念：工期就是效益/方案决定成本/大成本意识/开源与节流并重/价本分离，责任成本费用中心/成本预控管理；项目成本管理机制：责任中心预算分解/目标责任书考核/成本预控/责任制建设/项目结算与回款管理；项目创效策略：创效方法/各阶段创效要点/创效策划与措施/风险防控；项目过程成本管控要点：工程数量控制/劳务成本控制/物资成本控制/机械成本控制/临时工程成本控制/责任成本核算制/责任成本考核制/索赔补差创效制。

目 录

第五篇　标准化建设管理　　　　　　　　　　　　　　　　　117

进入新时代，随着市场需求和管理手段创新的变化，企业管理与发展提出了新的标准化需求，标准化具备系统性、国际性、时代性等特征。标准化要以系统理念为指导，适应数字化技术，规范企业与项目层面的管理行为，提升企业工作品质和产品品质，打造企业品牌和影响力。

【精要主要内容】管理理念：管理制度标准化 / 现场管理标准化 / 过程管理标准化 / 人员配置标准化；管理原则：全面覆盖 / 施工管理标准化 / 精益生产 / 品牌建设；企业标准化管理要义：施工总承包管理体系 / 企业分级管控 / 项目管理工作法；项目标准化管理要义：项目制度管理标准化 / 施工工艺工序标准化 / 项目临建工程标准化。

第六篇　工程建设履约管理　　　　　　　　　　　　　　　　149

履约是订单型建筑企业立足市场的根本。高质量、高品质完成订单任务，是企业实现经济效益和赢得广阔市场的前提。提高履约管理水平，防范履约风险是企业实现可持续发展、推动高质量发展的首要任务。

【精要主要内容】工程履约管理理念：履约在先、经济结束 / 策划先行、未战先胜 / 技术引领、资源要素一次配置到位 / 接口管控、均衡施工 / 快速施工、大成本管理；工程履约管理原则：全生命周期管理 / 方案与成本预控 / 责权利对等 / 科学正确决策；工程履约管理要义：施工组织策划管理 / 施工组织实施管理 / 工程履约基础管理。

第七篇　新型建筑工业化规划管理　　　　　　　　173

　　企业新型建筑工业化业务的发展，是企业未来发展的增长级，也是提升企业竞争力的有效手段，不可能一蹴而就，需要进行数字化和顶层架构及实施路径设计，制定提升企业一体化、专业化、精益化、智慧化的管理策略，并持续推进，用建筑工业化支撑创新发展。

　　【精要主要内容】发展理念：标准化先行/全产业链支撑主业发展/绿色低碳高效发展模式/全专业协同发展/数智化运营管理；管理机制：自动化生产线建设机制/资本股权机制/全体系联动机制/全要素匹配机制/人才队伍配套机制；实施策略：研发+一体化支撑/集成+专业化设计/平台+精益化生产/数字+智慧化管理/目标+阶段化培育。

第八篇　建筑企业风险管理　　　　　　　　191

　　建筑业进入"品质制胜时代"，高质量发展大势所趋，企业面临需求、模式、技术、政策等诸多挑战，需要对"不确定性"进行精确管理，处理好不确定性中的"风险"，寻求并抓住不确定性中的"机会"，就能战胜风险、赢得发展。

　　【精要主要内容】企业风险管理理念：风险管理纳入企业顶层战略/风险管控是企业行稳致远核心要素/风险预警是企业内控管理支撑；企业风险管理内容：风险类型划分/风险管理体系建设；企业风险管理要义：建筑企业风险管理原则/建筑企业风险识别/建筑企业风险分析/建筑企业风险评估；企业风险管理策略：项目管理风险/财务风险/投资风险/合同风险/市场风险/政策法律风险/国际化经营风险/项目潜亏和亏损风险。

目 录

第九篇　科技与设计管理　　　　　　　　　　　229

科技是企业发展的第一动力。建筑企业应加大科技创新力度，充分发挥科技赋能和创新引领示范作用，抢抓信息化、新能源、新材料等带来的建筑行业新一轮技术革命和项目模式变革的重大窗口期，以新发展理念引领高质量发展，实现建筑企业的转型升级和业务板块的优化，培育新的业务增长点，实现可持续发展。

【精要主要内容】科技与设计管理理念：科技是企业发展命脉/技术管理是企业优质履约保障/设计是企业优质资源；科技与设计管理内容：科技研发管理/设计资源管理/工程技术管理；科技与设计管理机制：科技研发考评机制/设计成果评价机制/工程技术管理机制/方案优化与专家论证机制/变更设计责任机制；科技与设计管理策略：企业研究院研发能力培育/企业设计能力培育/技术方案预控/专家治理。

第十篇　人才队伍建设管理　　　　　　　　　　247

培育优秀人才队伍，储备企业发展后劲，是企业人才战略的长期任务，新时代企业之间的竞争就是人才的竞争，企业没有一批德才兼备、年富力强、有胆有识、精明强干、扎实有力的人才，就不可能实现高质量发展，只有形成了传承有序的人才梯队，建立了人才库资源，企业才有可能行稳致远，基业长青。

【精要主要内容】人才队伍管理理念：人才是企业第一资源/领军人才是企业发展基石/人人皆可成才/创业平台是培养人才关键/队伍持续卓越是企业行稳致远支撑；人才队伍建设管理：人才发展

战略/干部职业发展通道/关键人才梯队建设/人才队伍培养管理/领导者思维与用人导向/人力资源信息化管理；人才队伍管理策略：人才引进机制/人才激励机制/员工培育机制/干部培养机制/干部考评机制/干部选拔机制/干部交流机制/干部淘汰机制。

参考文献 273

后　记 274

第一篇　企业战略规划管理

企业最重要的工作是战略规划管理。战略规划强调领导者管理思维，通过研究主营业务发展状况，以解决发展问题为出发点，有针对性地制定措施，包括市场第一战略、科技兴企战略、管理创效战略、人才梯队战略、差异化竞争战略等，推进前瞻性研究和前沿管理工作。

战略管理理念 / 2
战略思维的理念
核心竞争优势的理念
谋篇布局的理念
科技兴企的理念
精品名牌的理念

企业战略透视 / 7
优秀企业战略管理内容
战略指标规划
战略规划实施达成目标

战略管理支撑 / 14
市场为先战略
技术引领战略
优质履约战略
成本效益战略
"八化"管理战略
人才发展战略

战略规划管理 / 22
规划路径
规划内容
规划原则
规划实施
规划检索
战略纠偏
战略调整

战略管理理念

以"抢滩管理前沿,勇立行业潮头"的姿态,朝着"三个始终"目标努力。始终站到行业管理前沿,提升管理升级能力;始终保持专业技术领先地位,提升核心竞争能力;始终掌握市场高端资源,提升拓展市场能力。

战略思维的理念

战略思维是决策管理层把握企业发展历程、社会发展变化规律,分析企业要素禀赋和内外部环境,对企业使命与愿景、总体任务、战略目标及策略等的思考、分析、决策并实施、反馈和修正的过程。战略思维的关键是前瞻性和创造性,前瞻性是对行业及企业未来发展的研判;创造性是对模式的创新和对因循守旧的否定,最大限度地发挥主观能动性,实现对经验和传统的超越。作为一个优秀的领导者,必须具备战略思维能力。

【数智化企业思维】

实现建筑企业数智化转型,其最根本目标就是解决企业经营管理升级的问题,通过打破以往传统的管理模式和思维,推动企业从传统生产方式向智能建造转变,从垂直管理模式向扁平管理模式转变,进一步提升精细化管理水平,提高企业运行效率,打造低成本竞争优势,实现企业高质量发展。

【工程总承包发展思维】

借鉴国内外成熟企业发展工程总承包模式的经验,提升领导者全面管理能力,构建市场未来模式。实施以工程项目为平台,深度融合设计、采购、施工等环节,通过系统化思维,优化自我管理和组织管理,发挥团体成员价值创造,实现业主目标、企业目标的实践的工程总承包卓越管理。

【新型建筑工业化思维】

发展新型建筑工业化是推动企业未来全产业链发展的重要战略,通过新一代信息技术驱动,以工程全生命周期系统化集成设计、精益化生产、装配化施

第一篇
企业战略规划管理

工为主要手段，整合工程全产业链、价值链和创新链，实现工程建设高效益、高质量、低消耗、低排放的建筑工业化，支撑企业未来发展，确保建筑企业发展始终处于行业领先地位。

【城市更新思维】

把握城市更新发展理念，关键要提升企业投资、设计、建造、运营一体化能力，推动和发展城市更新战略，为企业赢得新的市场。企业研究院、设计院、投资管理人员要做好市场研究，针对不同区域制定对策方案。从侧重硬件环境建设向侧重改善人的生活质量转变，打造城市空间的新意境。从单一的"破旧立新"式改造，向"拆、改、留"并举转变，打造城市空间的新功能。从单纯的房地产、商业开发向完善城市功能、促进城市产业升级、保存城市文化等多功能更新转变，打造城市空间的新科技。从社会排斥性改造向社会包容性、活力型改造转变，打造城市空间的新产业。

【国家城市群战略思维】

快速、主动融入国家城市群发展战略，主动对接京津冀城市群、长三角城市群、粤港澳大湾区、成渝城市群、长江中游城市群、中原城市群、关中平原城市群等城市群高端资源，如政府、央企、大型民营企业等，推动企业与国家重大区域战略融合发展。企业要迅速排兵布阵，利用管理、技术、产业链等优势，加大投入，迅速抢占市场。

【国家重点工程思维】

国家重点工程对整个国民经济发展起关键作用，是发展生产和改善人民生活所急需的建设项目。国家重点工程具有宏观效益显著，工期紧迫性强，投资量较大，以及处于国家城市群中心等特点。要聚焦国家重点工程，抢占新技术"制高点"，推进前沿技术的研究与应用，推进智能装备的集成与应用，推进行业先进管理应用，强化自身能力，为参与国家重点工程建设做好技术管理储备。

核心竞争优势的理念

【全产业链管理竞争优势】

在云计算、物联网、大数据、移动互联等新技术，不断与先进的企业管理理念相融合的大背景下，建筑企业的生产和经营方式、管理和组织模式以及业务管理流程发生了快速转变，逐渐形成以信息技术为依托的"研发、投资、设计、生产、建造、运维"全产业链竞争优势。运用企业数字化管理运营平台，实现企业运营在线分析、在线检查、在线考核、风险线上预警，提升企业管理水平及风险预控能力，用数字化重塑企业管理流程，通过数字化转型升级，赋能企业高质量发展。

【差异化业务竞争优势】

差异化竞争的实质是保持企业具备"人无我有，人有我强，人强我精"的市场竞争地位，是企业赢得市场竞争的永恒主题。要大力发展除主业外的新型建筑工业化、基础设施和高层建筑业务等，无论是市场规模、技术能力、管理水平、盈利水平，都要成为行业领先，特别是海外市场发展也要以主业与民生工程为重点，从而形成国内国外业务齐头并进的态势。形成这种优势的关键在于敏捷应对市场需求、行业竞争的变化，迅速调整自身以适应外部环境的变化，牢牢把握国家投资重点的机遇。

谋篇布局的理念

【市场重点区域】

紧跟国家战略，做深业务市场布局，做好市场环境及政策的研究。重点关注国家级城市群、都市圈、国家重点工程等政策热点区域，优先布局热点区域内的重点城市，加大对相关城市的资源投入。把握城市更新机遇，统筹推进城市楼宇、公共空间、地下管网等新建设设施开发和存量建筑改造项目拓展。关注国家以及地方发展改革委发布的重点工程信息，了解研究各地区业务市场开拓方向，收集汇总竞争对手的相关情报信息，持续提升企业在公投市场的竞争力。

第一篇
企业战略规划管理

【市场商业模式】

完善业务组织管控模式，厘清职能部门的管理边界，优化业务承接模式，提升各层级人员的营销参与力度，做好内外部市场的营销工作。在投资拉动方面，逐步减少业务在承接过程中对于投资的依赖，加强与外部投资机构的合作与交流，以参股等模式联合外部机构共同获取优质项目，拉动业务量的增长。在公投市场方面，加强对于各区域市场的研究，确定业务市场开拓的方向。探索建立适应各种发包模式、综合性的项目管理体系，如PPP、EPC、施工总承包等模式，强化企业对各种模式的营销和管理能力。

【市场意识】

树立忧患意识、风险意识、独立自主意识、客户至上意识、经济效益意识、团队作战意识、共赢意识。

忧患意识是要从内外部环境出发，对企业发展可能造成负面影响的因素保持预判和警觉，对企业可能面临的市场风险和挑战作出前瞻性防范。居安思危、未雨绸缪，通过发挥全体员工的主观能动性，最大限度地规避或减少危机或杜绝灾难的发生。

风险意识是要从分析企业经营现状，梳理各业务板块、各专业线条存在的风险点出发，明确具体风险问题，并对风险进行分类管理。强化风险防范意识培训，提升企业员工对风险现象所持有的理解与态度、理论认识与把握。

独立自主意识是要通过导师带徒、多岗位历练、职务晋升等手段拓宽企业员工职业通道，丰富工作履历，在实践中培养和锻炼市场人员的综合管理能力与专业技能。科学分析与判断工作中存在的问题，帮助员工提升问题解决能力，逐步使市场人员具备独立自主意识。

客户至上意识是要树立员工客户至上的服务理念，在营销介入、过程跟踪、项目中标、优质履约、竣工维保等阶段，始终以客户服务为中心，设身处地地为客户着想，树立以诚相待的意识。针对战略客户，如政府、大型央企、重点民营企业等。要安排专人做好客户关系维护，定期开展高层会晤，让客户至上的理念成为"品牌"，提升客户满意度，从而培养客户长期稳定的忠诚度。

经济效益意识是要注重企业所获得的直接经济效益，要关注企业经营活动给自然环境、社会效益带来的影响。在项目经营期间，做好前期谋划，以获取优质项目为目的，强化安全和施工现场质量管控，是增强企业效益的有力手段。企业经营和项目履约过程中对人、财、物等资源的有效利用和成本的有效把控，将直接影响企业的经济效益。

团队作战意识是要制定和实施企业总体战略，确定年度经营计划，构建良好的沟通渠道，培养宽容与合作的情怀和管控全局的理念。中层作为企业发展的中坚力量，要正确理解和贯彻好高层的意图，全面掌握本部门、线条人员的思想和工作状况，激发员工主动干事的动力，培养员工敬业的品质，带领团队完成各项目标任务。基层是组织中处于最低层次的管理者，负责给下属作业人员分派具体工作任务，直接指挥和监督现场作业活动，确保各项任务的有效完成。

共赢意识是指要与伙伴共同发展，合作才能共赢，合作才能提高竞争力。在错综复杂的市场环境与信息技术高速发展的互联网时代，要充分整合市场与社会资源，打通产业链上、下游各个环节，携手共进，共同发展。

科技兴企的理念

科学技术作为第一生产力，是企业革新和发展的助推器。虽身处传统行业，但企业赖以发展的技术不能永远依赖传统。在企业层面成立研究院，对产业链技术前沿进行研究，通过技术集成，支撑企业生产经营。充分发挥企业在技术创新中的主体作用，借助科学技术，带动生产模式和组织模式的变革，确保企业技术领先，为规模经济和速度经济提供支撑，才能形成企业的核心竞争能力。

精品名牌的理念

精品名牌工程是得到社会普遍认同，体现企业自身特点，促使并保持企业正常运作以及长足发展而构建的反映整个企业明确的经营意识的价值体系。在各区域、各专业领域确立和统一精品名牌工程，对于企业的整体运行和品牌影响力具有战略性功能与助推作用。

第一篇
企业战略规划管理

企业战略透视

优秀企业战略管理内容

一个优秀的建筑企业,一定具备主动谋划企业未来发展战略的能力,抢占先机的能力,实施服务战略的能力,提前布局住行需求领域的能力,并加强国际化布局,形成建筑业发展比较优势。善用收购,作为业务拓展有效方式;一个优秀的建筑企业,还善于精细化经营管理,充分挖掘数据信息的价值,打造鲜明系统的企业品牌形象;一个优秀的建筑企业,更积蓄转型升级发展动能,重视科技研发,打造合作创新平台,盘活资产,业务再造,抓住资本时代机遇等,推进企业走向高质量发展之路。

【企业治理】

企业治理是通过一整套包括正式或非正式的、内部的或外部的制度来协调公司与所有利益相关者之间(股东、债权人、职工、潜在的投资者等)的利益关系,以保证公司决策的科学性、有效性,从而最终维护公司各方面的利益。优秀的建筑企业会通过引入外部董事,立足其丰富的从业经验和广阔的战略视角,以此进一步完善现代企业制度,规范董事会工作,服务企业发展大局,助力企业稳健高质量发展。

【并购重组】

并购重组是搞活企业、盘活国企资产的重要途径。现阶段我国企业并购融资多采用现金收购或股权收购支付方式。随着并购数量的剧增和并购金额的增大,已有的并购融资方式已远远不足,拓宽新的企业并购融资渠道是推进国企改革的关键之一。优秀的建筑企业会根据战略发展需要,对重点突破或发展不均衡的设计、航海、装备、专业等领域,通过并购的方式来达到战略布局目的,提升企业市场竞争能力。

建筑企业管理精要
Construction Enterprise Management Essence

【全球资源配置】

全球资源配置核心在于对全球战略性资源、战略性产业和战略性通道具有控制力与影响力。优秀的建筑企业会紧跟国家发展战略，做好战略性资源优化配置，构建现代产业体系，实现实体经济、科技创新、现代金融、人力资源的协同发展。在发挥全球配置资源功能时，充分发挥自身比较优势，防止产业结构形态虚高，防止资源、资金、资产脱实转虚。

【国际化能力】

企业国际化能力是一个企业的生产经营活动不局限于一个国家，而是面向世界经济舞台的一种客观现象和发展过程。其主要目的是通过国际市场，去组合生产要素，实现产品销售，以获取最大利润。优秀的建筑企业国际化过程必须要具备六大能力，即战略规划、治理与管控、人才管理、品牌管理、风险管理以及社会责任，而这六大能力中包含对国外的政治、经济、文化、法律、税收、利益团体等诸多方面的认识与理解。

【自主品牌】

在市场化和全球化条件下，如何做大做强自主品牌，成为企业在全球化进程和国际化竞争中成败的关键。企业自主品牌应强调对品牌所产生的经济利益进行自主支配和决策，自主品牌不但可以从企业层面包括管理、创新、组织、文化等方面着手建设，而且可以通过产业集群参与国际分工构筑的集群品牌或区域品牌进行建设。优秀的建筑企业会通过打造全球投资建设领域知名品牌，完整、准确、全面贯彻新发展理念，推动企业高质量发展，创新实践，不断丰富"品牌"内涵，努力打造自主品牌名片。

【研发创新】

研发创新能力是企业可持续发展的基石，任何产品都有生命周期，任何客户的喜好都会发生变化，仅靠单个产品的成功，一时产品的成功，是很难使企业在行业立于不败之地。优秀的建筑企业会持续提升自身研发创新能力，比如建筑业应开展 BIM 技术与场景应用研究、建筑物联网与应用研究、施工与智能

第一篇
企业战略规划管理

装备应用研究、施工与建筑业产业链技术集成应用研究、企业管理与智能建造应用研究等，以技术驱动提升产品质量和服务能力，不断满足客户需求，从而适应市场发展变化。

【业务结构调整】

业务结构调整是企业为实现预期目标，对产品（服务）及其组合状态进行调整的活动。从业务结构形式来看，逐步由低端业务结构向中高端业务结构转变。过去相对单一的房建、市政或公路、铁路等主要业务结构拓展为涵盖总承包、专业承包业务和劳务作业相配套的业务结构形态。优秀的建筑企业开展业务结构调整主要体现在：一是做大做强主业，向全施工产业链拓展；二是立足施工主业，向上下游产业链延伸；三是立足主项业务，向其他专业领域扩展；四是立足建筑主业，向高附加值关联产业转型；五是建筑主业不变，向非关联产业跨界转型。

【数字化企业】

数字化企业是通过使用数字技术，变革生产方式与管理模式，改变并极大地拓宽战略选择的企业。数字化企业具备自身战略特点，能够以新的方式捕捉利润，建立新的、强大的客户和员工价值理念。优秀的建筑企业会制定符合本企业发展的数字化升级战略，通过升级运营管理体系、业务管理体系、数据管理体系三大体系，服务与支撑客服营销、商务合约、生产技术、财务资金、人力资源等业务管理内容，实现线上取数、线上检查、线上考核、线上评价、报表自动生成，最终实现数据智能分析、智能风险预警，推动企业高质量发展。

【企业文化与人才开发】

企业文化是一个企业的共同理念、价值观、理想、最高目标、行为准则、传统、风气、典型人物、外在表征等内容的总和。人才开发是将人的智慧、知识、才干作为一种资源加以发掘、培养，以便促进人才本身素质的提高和更加合理地使用。企业文化建设与人才开发管理密切相关，企业真正的资源是人才，企业发展的灵魂是文化。优秀的建筑企业在人才管理过程中会以企业文化为导向，将企业的价值观念与用人标准结合起来，将企业文化的要求贯穿于员工教育培训之中，从而推广企业文化。

【业务流程再造】

业务流程再造是通过对企业战略、增值运营流程以及支撑系统、政策、组织和结构的重组与优化，达到工作流程和生产力最优化。优秀的建筑企业强调以业务流程为改造对象和中心、以关心客户的需求和满意度为目标、对现有的业务流程进行根本的再思考和彻底的再设计。通过利用先进的信息技术以及现代的管理手段，打破传统的职能型组织结构，建立全新的过程型组织结构，从而实现企业经营在成本、质量、服务等方面的突破性改善。

【绩效衡量管理】

绩效衡量管理是对各级组织、部门、管理者、员工设定的目标进行评价的管理过程。包括绩效计划制定、绩效考核评价、绩效结果应用、绩效目标提升，绩效衡量管理的目的是持续提升组织、部门、个人的绩效。优秀的建筑企业会找准适合自身情况的绩效衡量管理模式，利用科学的方法，系统、全面设计绩效衡量管理方案和流程，有效的绩效衡量管理的手段既不能一味僵化执行，也不允许随意改变。

【社会责任】

社会责任对于企业来说，是对社会应负的责任，应以有利于社会的方式进行经营和管理。社会责任通常是指企业承担的高于自身目标的社会义务，超越了法律与经济对企业所要求的义务，社会责任是企业管理道德的要求，完全是企业出于义务的自愿行为。优秀的建筑企业会积极主动承担社会责任，努力推进城市化进程；妥善解决进城务工人员就业问题，维护社会稳定；参与脱贫、乡村振兴；注重环境治理，开展低碳、节能，参与国家重难点工程建设等建造方式，实现绿色建造，推动社会经济可持续发展。

战略指标规划

指标设置是企业战略规划的重要纲领，也是实现战略规划的重要支撑，能

第一篇
企业战略规划管理

够让管理者知道现阶段做什么，未来做什么。战略规划的目的是将企业发展目标转化为结果，通过制定计划来实现目标的达成。

根据不同考核目的，指标划分为价值创造、战略引领、管理提升三大类指标。价值创造类指标目的在于考核企业的经营质量结果，战略引领类指标目的在于考核企业的战略响应程度，管理提升类指标目的在于考核企业的运营管理合规高效。

【价值创造类指标】

追求业绩是企业的首要目标，年度经营业绩考核应重点关注利润实现和价值创造能力。

[主要内容] 新签合同额、营业收入、利润总额、上缴货币资金、经济增加值、净利润年度增加值、应收账款周转率、总资产周转率、当年竣工已结算项目利润占比等。

【战略引领类指标】

遵循战略是企业的发展导向，年度经营业绩考核应重点关注贯彻战略目标和落实战略举措能力。

[主要内容] 海外营业收入、基建营业收入、房屋建筑营业收入、EPC 项目合同额、管控类项目个数占比、盈余现金保障倍数、行业对标指标、创新业务指标、人均净利润、投资管理等。

【管理提升类指标】

精准激励是企业的考核要求，年度经营业绩考核应重点关注企业间在业务特点、经营模式、发展阶段的客观差异，实施调整差异化考核，提高考核针对性和激励有效性。

[主要内容] 党建责任制考核、纪委履职责任考核、年度综合检查、项目季度和年度绩效评价等。

同时，根据企业管控底线要求及年度专项任务目标设置若干单项考核指标，对主要负责人年度经营业绩奖进行修正。主要内容：项目安全质量履约、保密管理、法治建设第一责任人履职考核，内控预警有效率、问题整改率、降杠杆、减负债、项目久竣未结、减亏扭亏、省部级以上科技奖、质量奖等。

战略规划实施达成目标

【具有国际化资源配置与管理能力】

在全球范围配置资源，已经成为跨国公司获取和掌控资源、强化核心竞争力的重要手段。企业要迈向世界一流，必须加快融入国际分工、走向国际市场，不断扩大海外经营规模，提高海外市场份额，优化全球布局结构。明确在国际化经营中主业的发展目标和重点，坚定不移聚焦主业、突出主业开展并购重组和专业化整合，推动技术、人才、资本等各类资源要素向主业集中，不断增强核心业务的资源配置效率、盈利能力和市场竞争力。

【拥有关键核心技术与竞争力】

企业要建立核心技术竞争力，首先要提升自身技术研发能力，成立专门的研究机构和团队，长期专注于某个特定技术领域研发工作，技术含量高，并处于业内领先地位。其次就是建立良好的技术合作机制，与领域内具有优势的国家和企业开展技术合作。针对关键技术的发展和突破问题，可以通过投资和并购、专利互换等方式，提升自身在新型技术领域的核心竞争力。

【具有产业专业化、智能化在行业的话语权和影响力】

打造产业发展新格局，不仅要加速经济的转型、新动能的迸发，也要促进产业链结构的优化以及资源的高效、可持续利用。通过构建新架构、运用新技术，提升产业发展的专业化、智能化水平，推动企业向专业发展型、创新驱动型、质量效益型、优质服务型和环境友好型转变，逐步实现资源控制权、标准制定权、市场话语权目标，最终将企业打造成为建筑行业有话语权和影响力的优秀企业。

【实现信息化高效率的法人治理管控体系】

利用信息化手段，统一数据标准，实现业务在线化、管理数据化，打通各个业务单元的数据链接，形成有效的企业大数据资源库，实现运营管理数据的

第一篇
企业战略规划管理

融通，推进企业扁平化管理和均质化管理的组织及管理变革。持续推进业财标准化建设，提高企业数字化管理运营平台应用水平，纵向统一各层级数据归口标准和管理表单标准，横向建立业财数据关联关系。应用大数据服务于生产与管理，加强对业务、财务的各类经济数据、非经济数据等信息的深加工和再利用，系统规划数据资源，构建业务模型、设置预警，防范企业经营与生产风险，实现对企业经济活动的规划预测、控制管理、考核评价等，为企业战略决策提供科学、客观的数据支撑，推进从经验管理向数据管理的思维转变。

【实施精细化高品质的工程总承包管理能力】

工程总承包发展能力的提升是企业中长期实现高质量发展的"关键之匙"，是实现建筑全生命周期集成管理的核心。通过战略规划切入工程总承包业务，升级规划设计能力、协同作战能力、项目策划与实施能力、均质履约能力，提升项目整体盈利水平。完善工程总承包设计管理体系、商务管理体系、施工管理体系、采购管理体系、运营管理体系、信息化管理体系等，逐步实现工程总承包卓越管理。

【实践高附加值的社会服务责任机制】

秉持"得品牌者得天下"理念，系统构建企业品牌建设维护体系。积极履行央企社会责任，参与社会公益活动，树立良好的企业公民形象，尤其是在企业本部，要构建有实力、有担当的企业形象，在其他经营区域，要积极融入当地经济社会建设，维护企业品牌形象，提升品牌的行业影响力和社会美誉度。

【打造绿色施工的全产业链建筑业发展品牌】

坚守企业优质履约品牌，坚决抓好安全、质量和环保工作，杜绝恶性事件的发生，化解生产经营中的矛盾，保持稳定和谐发展环境，确保企业声誉和品牌不受负面影响；积极推进新型建筑工业化新技术应用与研究，缩短新技术、新产品、新工艺、新设备的推广应用时间，实现主业全产业链协同发展；积极推广BIM与绿色建筑融合应用和新型建筑工业化与建筑装配结构一体化等新技术。

【打造优质履约的公众形象品牌】

树立工程"名品、名人、名企"战略,坚持开展"建精品工程、做优秀管理团队、创明星区域"的建、做、创活动,坚持从名品、名人、名企三个层面打造企业品牌,不断提升企业品牌在社会大众和业界客户的认可度、知名度、美誉度、忠诚度,为企业参与市场竞争提供有效的保障。

【打造科技创新的价值标杆品牌】

坚持科技支撑致力于企业经营生产与企业行业发展,建设"有用科技";坚持科技成果体现企业管理创新和发展方式升级,建设"有效科技";坚持科技源动力体现队伍建设和机制完善,建设"有源科技"。发挥科学技术第一生产力作用,以项目为载体、以人才为依托,以研究机构为平台,做好技术研发、技术应用、技术总结、技术储备,打造企业核心技术和专利技术,服务支撑企业经营生产。

战略管理支撑

一个优秀的企业善于谋划未来的事情,一个平庸的企业忙于处理现在的事情,一个糟糕的企业疲于处理以前的事情。作为一个优秀的企业,战略与规划管理应设专业的研究机构,有的放矢,以辅助企业决策为目的开展战略研究,以辅助企业经营为目的开展市场研究,以辅助企业运营为目的开展管理研究,为企业战略管理做好支撑。

市场为先战略

企业应设立专业研究机构或人员,对区域市场进行研究,比较认同的观念是:站在未来看现在,而不是立足现在看未来。企业每年要对相应城市进行调研分析。要对城市近3~5年规划与执行进行分析;城市5~10年发改委规划纲要与执行分析;城市财政、平台公司债权债务进行分析;城市信誉度分析,确定区域市场资源配置,为市场拓展赋能。

【区域发展】要到有鱼的地方去捕鱼,要去国家战略区域城市群努力。

第一篇
企业战略规划管理

【标杆引路】要提高区域项目的品牌影响力，打造标杆示范项目。

【重点工程】要参与高速铁路、高速公路、南水北调、川藏铁路、城市轨道项目等国家重点工程建设。

【项目效益】要经营好项目前期质量，在过程实施精益管理，不断扩大市场经营范围，不断扩大战略市场份额。

【技术前沿】要在产业链条上，实施多元经营，特别是在高层建筑、桥梁、隧道、地铁科技上下功夫，攻克技术难题，掌握前沿技术，大力发展市政工程、环保水务工程、新型建筑工业化产业链配套工程等，着力强化设计能力，向EPC工程全面推进。

技术引领战略

科技水平是增强企业核心竞争力的重要体现，必须紧贴重难点工程，要在专业化上下功夫，赶超国际国内先进水平。坚持走专业化道路，高度重视专项施工技术能力提升，打造品牌与专业核心竞争力。

【桥梁施工】

深水桥基础技术、大跨度梁施工技术、跨江跨海施工技术。掌握大跨径桥梁转体、大跨径悬臂连续梁施工、超大体量桥梁移动模架施工、空腹式三角区施工技术等。

【隧道施工】

复杂地质地段的穿越技术，智能装备选择，快速施工技术，大断面装备施工技术；掌握穿越浅埋偏压、高压富水溶洞、高应力岩层、瓦斯地层等复杂地质带施工技术；破解高寒、高温、超深、特大断面隧道施工技术难题等。

【超高层建筑施工】

特大型超高超限钢筋混凝土工程施工过程安全控制及高质量控制施工关键技术、超高层钢-混凝土组合结构施工全过程受荷实测及安全控制技术、超高层钢管混凝土结构快速施工相关技术、高层建筑非常规钢—混凝土组合结构关键技术、超高层建筑一体化不等高同步攀升施工关键技术、高层建筑工程管井管道吊装施工技术、超高层天井、外墙成排管道倒桩技术等。

【铁路及地铁通信、信号、电力、电气化施工】

熟练掌握 CRTS Ⅰ 型、CRTS Ⅱ 型、CRTS Ⅲ 型板式无砟轨道施工技术，拥有世界上最先进的高速铁路核心施工技术；地铁及轨道交通已掌握复杂地质和敏感周边环境、超深大断面暗挖车站施工，穿越敏感建筑物、河流、复杂地层以及上下重叠小净距盾构隧道施工技术，达到国际领先水平。

【新型工业化装配施工】

运用于桥梁、隧道管片、地铁车站、各类站房等领域，包括构件拼装技术、构件吊装技术、节点连接技术、支模架技术、拼缝处理技术等。

优质履约战略

坚持"以工期为纲、以质量为本、以安全为重，以环保为要"的"四为"管控要求，以创建"工期质量好，业主满意；安全环保好，社会满意；成本效益好，企业满意；资金管控好，分供方满意；项目信誉好，相关方满意；团队建设好，员工满意"的"六好六满意"项目为主线，落实"查职责落实、查规范标准执行、查技术方案实施、查工程实体质量、查计量检测试验、查质量事故损失；防偷工减料、防空鼓开裂、防渗水漏水、防蜂窝麻面、防尺寸偏差"的"六查五防"、红线管理、施工督导等行之有效的施工管控手段，夯实工期、质量、安全、环保、技术等基础管理。特别是对基础设施项目，要重点关注，补齐策划、履约、合约、劳务等短板，改变基建板块精细化管理和创效水平相对滞后的问题。

【坚持施工总承包管理方略】

通过管理实践，构建形成"1239"施工总承包管理体系。"十二字管理方针"即精准、高效、均衡、创新、考核、兑现；"三大管理目标"即优质履约、均衡生产、创优创效；"九条管理路径"即策划先行、党建聚力、标化引领、资源统筹、供方遴选、协调服务、成本预控、制度约束、绩效考核。

第一篇
企业战略规划管理

【坚持项目分级管控】

主要包括"四个分级":

［项目策划分级实施］根据项目合同额大小,分为集团(局)级、公司级和分公司级策划,由各级主要分管和主管领导牵头实施。

［安全风险分级管控］一级风险项目,集团(局)级重点监督;二级风险项目,集团(局)级协助管控,二级单位负责检查;三级风险项目,集团(局)级季度抽查,二级单位负责管控。

［项目履约分级督导］一级督导项目,集团(局)级重点督导;二级督导项目,集团(局)级协助督导,二级单位每季度督导;三级督导项目,集团(局)级监督管理,各公司进行督导。

［工程质量分级监管］主要内容包括:体系建设与体系运行、实测实量实施检查;重点工程、重要结构物的混凝土强度实施抽检;重点项目的试验、测量实施专项检查和通报;质量事故实施调查与确定处理方案、事故处理与责任追究。

【坚持标化管理落地】

一是编制发布各专业标准化丛书,打造区域标准化示范项目,组织召开标准化观摩和技术创效管理推进会;二是编制商务管控及变更创效工作指南系列丛书,涵盖房建、铁路、轨道交通、市政及公路各领域的创效要点及案例,以项目"全生命周期"商务管控为抓手,特别是为基础设施项目各阶段创效及商务管控风险要点提供指导方案;三是编制公路、铁路、地铁及管廊投标模块系列丛书,推动投标管理标准化、投标效率与质量提升。

【坚持精细管理升级】

推进项目智慧工地建造体系建设,打造以进度为主线、以成本为核心、以项目为主体,多方协同、多级联动、管理预控、整合高效的智能化生产经营信息化管控平台,通过更准确及时的数据采集、更智能的数据分析、更智慧的综合预测,实现项目进度节点、质量安全、成本归集、效益盈亏自动分析预警。

建筑企业管理精要
Construction Enterprise Management Essence

成本效益战略

效益是企业发展的根和魂，经济责任制是各级管理者的首要责任，是企业发展的基础。

【管理出效益】

注重开源节流并举。加大项目目标管理责任制的落实，做到100%签订责任状、100%缴纳风险抵押金、100%考核兑现，以实现权责利对等，激活项目管理团队降本增效；将商务策划与项目实施紧密结合，加强技术与商务联动，避免策划与实施脱节；将创效贯穿项目全生命周期，确保一次经营获取经营效益、二次经营获取管理效益、三次经营获取决算效益。

【推进项目责任成本管理，消灭亏损项目】

项目进场前，编制责任成本预算，关键是责任制落实。一是责任预算要计算准确；二是成本责任一定要彻底进行分解；三是考核一定要挂钩；四是问题分析要对症下药，才能确保项目效益。

【收支两条线，始终保持收大于支】

坚持经营效益、管理效益和结算效益分类管理，把收支两条线有效划分开，资金分级核算，进行精准管理。建立现金流量管控指标与各级领导班子年薪挂钩、与施工类项目部及投资类项目公司的班子兑现挂钩的激励约束机制，明确项目经理是项目收款第一责任人，坚持稳定现金流为第一要务，收款实行项目经理责任终身制。

【稳健理财，控制"两金"】

运用数字化管理运营平台实施动态监控，强化"两金"规模、类型、性质、现金流、账龄和风险的全方位统计分析，实现动态监测、实时预警，对高风险公司、项目进行逐个落实责任，精准管理。进一步优化债务结构，严控带息负债总额，建立企业债务监测与预警体系，重点对1年以上应付账款、其他应付款，进行专项清理。

第一篇
企业战略规划管理

"八化"管理战略

【区域化】

在建筑施工领域内选定重点经营区域，强化对重点区域资源的配置强度，并保证这些资源在区域层面实现统一配置、合理流动，以降低运营成本，实现区域的效益最大化和可持续发展。

【专业化】

在建筑施工领域内选定若干细分市场和下游产业，以内部整合和外部并购等方式，组织优势资源打造一批占领高端市场的专业公司，使之成为企业的效益支撑和品牌支撑。发挥企业在城市轨道交通、市政、环保、水务、公路、铁路及隧道、桥梁、超高层建筑、建筑工业化智能工厂等传统专业领域的技术优势，进一步提升差异化竞争能力。

【标准化】

推动各经营管理领域的流程再造、体系梳理工作，在管理层面形成相对统一的价值理念、决策体系、组织体系，以及授权方式、管控模式、监督约束机制等；在业务运营层面形成相对标准的商务模式、生产模式、业务运作体系，以及资源配置体系等，以实现提高管理效率、降低机构运行成本、统一企业管理内涵的目的。包括管控模式标准化、商业模式标准化、组织架构标准化、薪酬体系标准化、生产经营管理标准化。

【精细化】

提升开源创效的能力，树立一切成本皆可控的理念；坚持质量制胜策略，持续提高岗位层面的工作质量、项目层面的产品质量、企业层面的经营质量；持续深化标准化、信息化、精细化的"三化融合"，利用数据的"透明化"倒逼标准化成果的落地，进而促进精细化能力的提升；加强精准施策，抓住经营生产关键领域薄弱单位，精准发力，定向施策，实现企业各层级均质化管理。

【数字化】

通过利用互联网、大数据、人工智能、区块链、人工智能等新一代信息技术，支撑建筑企业适应数字化转型变化的新要求，整合优化以往的信息系统，对企业的战略、架构、管理、生产进行系统性、全面变革，通过数字驱动重塑业务流程，创新管理模式。

【智能化】

在数字化的基础上，运用大数据、物联网和人工智能等技术满足企业与员工的管理诉求，通过装备智能、人机感知等技术实现企业运营在线分析、在线检查、在线考核、风险线上预警，提升企业管理水平及风险预控能力。

【产业化】

实施新型建筑工业化全产业链联动战略，既是发挥集团整体优势的内在要求，更是适应市场环境变化的客观需要。核心要义是对企业管理架构进行优化，建立符合新型商业模式的现代化管理体系，打造全专业的建筑工业化产品，形成建筑主体＋现场工业化现浇＋装配式机电＋装配式装修的工艺体系，支撑未来主业全产业链发展。采用资本＋产品＋服务的理念，致力构建五个"良性互动"：形成投资业务与施工业务良性互动、形成投资业务与地产业务良性互动、形成地产业务与施工业务良性互动、形成主营业务与产业链业务互动、形成强强联合与社会资源良性互动。

【国际化】

顺应全球化趋势，在全球范围内配置资源，开拓市场，学习先进经验，不断提升集团（局）的国际化程度。领导者要具备国际化的视野、观念、思维方式和行为模式；要具有国际化能力，能够通过全球范围内配置资源；要在保证发展质量的前提下，优先考虑优化海外资源配置；要不断加强与经营所在地国家和地区的文化融合。

人才发展战略

人才是支撑企业竞争优势的关键资源要素，人力资源是企业发展的原动力，某种程度可以说人才决定着企业能够做多大、变多强、走多远。激烈的市场竞争对企业员工素质的要求越来越高，企业之间的竞争越发凸显为人才的竞争，

第一篇
企业战略规划管理

任何一个企业要想在市场大潮中屹立不倒，必须构建与企业发展相匹配的人力资源管理体系，培育与市场需求相适应的人才队伍。从长远来看，企业必须建立多层次、多方位的人才体系，培养产业优势需要的技术专家，实施投融资多元经营的管理专家，涵盖营销、技术、研发、融资、管理等诸多方面。根据市场竞争要求，需要一支在各关键岗位历练，德才兼备的高级管理团队；需要一支精明果敢的项目经理团队；需要一大批专、精、严谨、敬业的技术干部团队；需要在本线条有较深造诣的专业骨干队伍。

【青苗培育计划】

针对优秀青年员工打造的全职业生涯发展计划，致力于为青年员工提供系统的职业生涯发展解决方案，服务青年员工职业发展，旨在通过高效的培养计划，为新员工铸造系统、全方位、科学可持续的发展平台，将毕业生在短期内培养成企业骨干人才。

【千人视野计划】

通过常态推行人才评审选拔、导师计划、专家讲堂、分级培训、专家治理、专业课程与实用型研究课题开发等举措，打造专业人才序列，实施领军人才千人团队。

【名人工作室计划】

创建院士工作室、大师工作室、劳模工作室，由高端人才、技术骨干以及有想法、有能力的员工作为工作室的骨干力量，将创新成果运用于企业实际管理和生产经营中，实现企业效益最大化，促进人才发展与培养，不断提高全员的创新动力，推动企业创新进步。

【双百双千工程】

推进双百人引进团，双百人博士团；推进双千人视野领军人才库，双千人管理后备人才库建设。根据国家和地方政策要求，结合企业自身管理实际，制定相关配套措施，引进高精尖人才，培育创新领军人才、新兴支柱产业高端人才、实用型带头人才等。

战略规划管理

战略规划强调领导者管理思维，通过研究主营业务发展状况，以解决问题为出发点，有针对性地制定措施，实施差异化竞争战略，推进前瞻性研究和前沿管理工作。企业每五年应明确一个奋斗目标，每年确定一个主题，循序渐进，并定期开展对标管理。要做好战略规划的落地，关键是实施战略规划管理，建立完善覆盖"战略规划制定、战略落地推进、战略结果考核、战略目标修订"的战略管理闭环系统。构建以业务管理信息系统和大数据管理平台组成的数据管理架构，实现数据横向互联、纵向互通，有效辅助企业开展战略规划的检索、纠偏和调整，助力战略管理顺利实施。

企业战略管理目标示意图

规划路径

战略规划制定的路径可以划分为三个阶段，战略规划研究、战略规划制定、战略规划执行。战略规划研究阶段主要包括项目启动、内部资料收集与汇总、问卷调研与现场访谈、内外部环境分析等；战略规划制定阶段主要包括总体战略规划研究与方案撰写、业务战略规划研究与方案撰写、战略规划征求意见、

第一篇
企业战略规划管理

战略规划修订、战略规划审核等；战略规划执行阶段包括战略规划下发、战略规划的检索、纠偏、调整等。

规划内容

战略规划内容是战略规划管理的重要组成部分，是企业在未来很长一段时间，开展生产经营和企业管理活动的主要依据。战略规划内容主要涵盖企业发展回顾、企业内外部环境分析、确定企业使命与愿景、确定企业发展理念与战略目标、制定业务发展策略、明确战略保障措施、战略规划实施与控制等部分。

规划原则

客户价值原则：企业在进行战略规划时要紧紧围绕为客户创造价值的原则，找到自身能为客户创造什么独特价值，只有能够为客户创造价值的企业才有存在意义。

需求主导原则：企业需要通过科学方法发现、识别客户真正的需求，以客户需求为导向，开展相应规划。

重视竞争原则：战略规划不仅要立足于企业自身现有资源和条件，还应该把竞争要素考虑进来，在充分了解竞争对手或标杆企业的特征、策略等信息的基础上进行规划。

追求共识原则：战略规划是对企业未来发展方向、目标、措施等进行规划，规划只有落地才能最终发挥价值，因此在规划过程中，达成上下级的共识最为关键。

规划实施

战略规划实施是一个自上而下的动态管理过程，主要包括四个阶段。战略启动阶段，通过组织培训和交底，调动员工实现战略的积极性和主动性，进一步统一思想；战略计划阶段，将战略规划目标进行分解，针对每个阶段目标制定相应的政策措施、管理策略等；战略运作阶段，主要包括员工素质和价值观念、组织机构、企业文化、资源结构与分配、信息沟通、控制及激励制度等六大因素；战略的控制与评估阶段，是根据环境的不断变化对战略执行过程进行控制与评价，确保战略规划能够落地。

规划检索

分子公司战略规划、各业务线条专项规划与保障计划是集团（局）战略规划的重要组成部分，是在具体板块和业务单元中的进一步分解和落实，并在集团(局)下达的预算指标中予以体现。利用大数据管理平台从业务管理信息系统、智能终端获取企业经营、项目生产管理数据，对规划预算指标完成情况进行检索，系统缺失的数据可通过手工填报的方式进行补充，最终生成战略管理及业务管理分析模型，使企业与业务线条管理层及时了解规划执行情况。

【战略管理分析】

战略管理主要以数据统计、分析为主，通过大数据、云计算的应用能够改变原有管理思维，提升决策者宏观把控和微观决策能力。利用大数据管理平台建立内外部信息管理的数据分析模型，为企业决策者快速、敏锐地提供丰富生动的可视化分析结果，如规模增长性指标、成本效益性指标、财务资金性指标、风险管控性指标、人均效能性指标等，可以真实反映企业现阶段运营管理情况，促进战略目标和决策的修订。

【业务管理分析】

建筑企业业务管理主要包括客服营销、生产技术、质量安全、商务合约、财务资金、人力资源、党群工作管理等九大内容。系统梳理集团（局）层面各业务管理报表，分析数据资源现状，构建集团（局）数据治理体系框架。通过报表简化，助力业务管理水平提升，为数据的共享与应用提供支撑。明确报表上线需求，确定基础报表、自动生成报表。厘清各业务线条所关注的指标，明确源数据、重复指标、需其他线条共享的指标，并按照九大业务主题进行呈现。

战略纠偏

集团（局）、分子公司、各业务线条根据企业内外部环境，围绕整体发展战略，按照不同管理维度对预算指标完成情况进行分析。依据规划目标构建风控管理模型，及时监控集团（局）与各分子公司战略规划执行情况，实现风险线

第一篇
企业战略规划管理

上自动预警，辅助决策管理层进行偏差分析与评估，针对存在的问题，制定有效纠偏措施。

风控管理模型由主要经济指标和运营管控指标两个方面组成。主要经济指标包括合同额、营业收入、利润总额、上缴货币资金、现金流等，通过这些指标的完成情况能够真实反映出企业现阶段经营状况。运营管控指标包括收入利润率、竣工结算项目利润占比、两金占营收比、应收账款周转率、净现金收支比、总资产周转率、资本回报率、人均利润、美誉度等，通过这些指标的完成情况能够有效反映企业偿债能力、利润结构、人均效能以及社会影响力等情况。利用大数据管理平台从各业务系统，如人力资源系统、财务系统、项目管理系统中抽取相关数据，按照一定的计算规则和考核权重形成风控管理大数据应用场景。

战略调整

集团（局）、分子公司、各业务线条在规划执行期间要加强市场分析和调研工作，了解和掌握国内外政治经济形势和市场环境变化及上级要求，及时分析竞争对手和对标企业的竞争策略，掌握其发展动态，在此基础上对战略规划做必要修正。经正式确定后规划方案原则上应保持相对稳定，但应根据外部环境变化和自身管理的需要，本着与时俱进的原则，在每年年初编制年度滚动调整计划，此外，一般在5年战略规划执行到第3年末，要对未来战略根据国家战略市场行情等变化做微调，实施3+5发展规划调整，各分子公司以及业务线条也随之进行相应调整。通过规划检索、战略纠偏等措施为各层级实施战略调整提供科学判断，使企业发展战略规划可以更好地应对内外部环境变化，促进企业高质量发展。

第二篇　工程总承包卓越管理

工程总承包卓越管理是以工程项目为平台，以高效优质为出发点，深度融合设计、采购、施工等环节，通过自我管理和组织管理，不断精进发挥团体成员价值创造，实现业主目标、企业目标的实践。

工程总承包卓越管理理念 / 28
设计为主的理念
开源节流控成本的理念
接口管理出效益的理念
建立分包人为伙伴关系的理念
注重工程筹划的理念
协调增效的理念
工程总承包卓越管理内容 / 32
项目管理核心要义
管理的主要内容
工程总承包卓越管理机制 / 38
构建八个卓越管理团队
运行五大专业工作
工程总承包卓越管理策略 / 42
工程总承包项目线条管理
工程总承包管理控制概算方法

目前，国际总承包模式已由传统的设计－招标－建造（DBB）模式向设计－采购－施工一体化模式演变，形成DB、EPC等工程总承包经典模式及EPCC、EPCM多种衍生模式。即使在EPC+F、BOT、PPP等投融资模式下，工程总承包也是项目实施阶段的主要承发包模式，我国发展工程总承包的趋势也是坚定的、明确的。

鉴于工程总承包模式应用的广泛性和复杂性，如何进行有效管理、成功运作工程总承包项目也越来越受到业界的广泛关注。"世界管理学之父"彼得·德鲁克甚至认为"管理是一种博雅技艺"，即"博雅管理"是所有管理者努力的方向。有效管理是可以认知的，也是可以学习的。作为社会组织机构的一个单元，工程总承包项目管理同样需要进行有效管理，也可以进行认知、总结和学习。

优秀的管理者总有一些与众不同的地方，其共性是自我管理。现代管理除强调项目目标的达成外，也注重组织成员中每个个体的价值创造，基于此，将工程总承包卓越管理定义为：以工程项目为平台，深度融合设计、采购、施工等环节，通过自我管理和组织管理，发挥团体成员价值创造，实现业主目标、企业目标的实践。

工程总承包卓越管理理念

"思路决定出路，格局决定结局"，站在工程总承包企业的角度，卓越的管理理念是迎合建筑业发展趋势的，是一种智慧的表现，亦是一种经验的结晶。目前，工程总承包已经成为国际上项目建设的主要形式，在国内发展工程总承包也是建筑业的总体趋势。建筑企业高质量发展需要建立适应工程总承包发展的卓越管理理念。

设计为主的理念

"设计是龙头、建造是核心"是工程总承包项目管理者需要具备的最基本的理念。

第二篇
工程总承包卓越管理

【限额设计利于控制投资】

工程总承包项目克服传统管理接口多、协调难、管理周期长的特点，使设计、设备、施工等无缝接入，从项目管理程序有利于业主进行投资控制；其次设计阶段决定了项目的投资水平，业内普遍认同的观点是：项目产品成本的80%～90%是约束性成本，在设计阶段就已经确定，在工程实施阶段影响项目投资的比例在10%～20%，因此设计水平就代表了项目的投资水平。

【设计标准保障项目质量】

在设计阶段需要考虑业主标准、综合投资，也要统筹考虑自身的施工能力，从工艺优化、设备选型、材料选择等进行方案优化，从技术层面保证项目质量。尤其在以工艺技术为核心的大型项目中，项目的建设质量取决于设计质量。

【设计方案可最大限度缩短工期】

在设计阶段，从工期角度进行方案的优化比选，根据工艺水平选择结构形式、施工方法，缩短项目施工工期；在设计阶段，通过各专业联动提前考虑设备的单机调试和联动调试，缩短试运行时间；设计工作贯穿于项目建设的全过程，通过前期和采购、施工的深度交叉，减少设计失误，在确保各阶段合理工期的前提下缩短总体建设周期。

【合理设计是总承包单位降本增效的核心】

据统计，在工程总承包模式中，总承包单位效益的80%～90%来自于设计阶段，施工阶段仅占5%～10%，设计水平不仅要满足履约要求，更要通过自己的资源库，从效益角度进行方案优化，实现与业主的双赢。

开源节流控成本的理念

项目管理过程中应做到开源与节流并重，才能实现项目利润最大化。开源是关键，要广开思路、策划周密、优化设计概算；节流是指通过精细管理，做好成本责任分解和归集，实现降低施工成本的目的，成本分为责任成本、目标成本和实际成本，实际成本细分成设计费、采购费、施工费、试运行费及现场经费等内容，责任成本管理要成立责任中心，分收入中心、费用中心、成本中心进行核算管理。合同总价与责任成本、目标成本、实际成本之间的管理差形成经营效益及管理效益。合同总价与结算总价之间的差值为结算风险，体现工程总承包相对固定总价的特点，要求总承包项目部做好概算控制，严格控制变更、市场、审计等风险。

接口管理出效益的理念

工程总承包的管理过程主要就是大量接口管理的过程，就是不断协调的过程。主要包括以下方面的接口：其一是各管理环节之间的接口，如纵向管理中的设计与采购、设计与施工、设计与试运行、采购与施工等之间的工作接口；其二是同一环节的接口，如总包设计与分包设计的接口、施工总包与分包的接口、机电专业各设备间的接口；其三是各专业间的接口，如土建与机电、机电与装修等；组织管理中的场地接口、时间接口等诸多内容。

只有充分识别接口和界面关系，明确界面标准，做好对接，项目管理才能有序推进，否则容易出现延误、返工等情况，影响项目履约和效益。

建立分包人为伙伴关系的理念

在工程总承包的实施过程中，会有设计分包、土建专业分包、机电专业分包、劳务分包和设备供应商、材料供应商、专业运维商及其他专业分包商。专业分包人数量庞大，大量的工作是分包人在具体负责，对分包人的管理就是工程总承包的基本管理，总包和分包的关系是唇齿相依的关系，成也分包、败也分包，分包管理是企业的核心竞争力。

在一些优秀的建筑企业和工程总承包项目中，总包和分包的关系是建立在合同为基础的战略伙伴关系。战略伙伴关系能够使总包与分包更紧密地联合在一起，能够使分包进行较为长期的资源配备和战略安排，并将实质性地改变总包的资源获得模式和成本，增加总包在市场中竞争优势。分包位于项目管理的下游，与总包建立伙伴关系也是分包在竞争激烈市场中稳固生存空间的迫切需要，因此可以规划共同利益框架，共同开拓市场，共享利润，共担风险，最终以较小的经济成本获取更高的收益。

第二篇
工程总承包卓越管理

注重工程筹划的理念

工程总承包模式蕴含多专业、多界面、多个管理对象，促使工程总承包项目必须有一个精准的项目管理策划，一个良好的开端就是成功的一半。

工程筹划是对工程项目的整体策划，涉及项目管理框架、项目经理和总工等主要人员、专业分包方案、技术方案、商务目标、主要材料设备的采购、人力资源调配等方面内容，涉及项目管理的各个方面，同时项目一旦中标，正式进入合同履约期，需要快速决策，避免延误时机，因此工程筹划需要"精准、有效、全方位"，强调企业主管牵头、专家参与、全部门参加的有效筹划，保障筹划能及时落地。

协调增效的理念

重视协调是一个卓越管理者必备的基本素质，对工程总承包项目而言，协调能力就是管理能力。工程总承包的管理就是一个不间断的协调过程，通过协调有效整合项目资源，提高项目综合履约能力，降低项目运行成本，增加项目收益。

项目协调要遵循分包服从总包、部门服从项目总体、进度和成本服从安全和质量、局部服从整体的原则。由于工程总承包的协调工作量较大，且贯穿于项目工作始终，在工程总承包项目机构中需要设置策划控制中心，负责项目建设的组织实施和过程整体控制和协调，包括部门之间、专业队伍之间的事务性协调，项目部则是项目建设的最高决策和协调机关。

协调工作一般有工作沟通、行政协调、制度协调、合同协调、会议协调等方式。在不同阶段有不同的协调内容，如项目起始阶段侧重于部门工作、专业内容的协调，以设计部门为主导；施工阶段侧重于各部门、各专业对施工现场的保障协调，要以施工为核心；试运行阶段侧重于对机电专业、对运行系统的管理及对业主的培训方面进行协调。

工程总承包卓越管理内容

项目管理核心要义

【项目是企业的管理中心】

项目是企业的执行单元,具有临时性、一次性、独特性等特点。建筑企业以项目为基础,企业的各种资源都集中体现在各工程项目实施中,项目是企业的效益之源、信誉之源,是企业人才最大的培育基地,项目的管理水平代表着企业的工程管理水平,企业管理要围绕项目展开工作。

【策划先行、方案预控】

在工程总承包管理中,除施工总承包面临的风险外,还会面临由于管理链条延伸带来的效益风险、工期风险等,工程总承包卓越管理尤其注重项目策划,在设计阶段即充分考虑建造的成本、进度、可施工性、安全、环保等因素,确定最优方案。建造中通过工程分析,准确把握工程特点和重难点,厘清脉络,制定施工方案,明确工序工艺,针对性配置生产要素,预防项目风险,为实现项目目标奠定基础,这是策划先行、方案预控的内涵。

【目标和责任连锁】

目标管理是工程总承包项目卓越管理中常用的管理方法,目标管理是项目组织者在确定项目总体目标后,通过目标分解,形成项目的关键阶段目标,并细化到每个责任主体的目标,同时建立考核、纠偏、奖惩的责任联锁机制,保障项目目标的实现。贡献、绩效是衡量项目管理者、项目员工的重要标准,是目标和责任连锁的出发点。

【均衡施工理念】

均衡施工是按照施工筹划,有序调配施工要素,连续均衡开展施工生产的一种工程总承包卓越管理方法。均衡施工要求分析项目需求,提前预判项目推进中的各种风险,针对性制定实施对策,过程精细管理,项目高效运转,突发

第二篇
工程总承包卓越管理

问题快速响应，充分利用项目各项资源，项目安全、质量、进度、成本有序可控。实践证明，均衡施工是工程总承包项目的有效管理方式，前松后紧、一哄而上的突击式组织方式只会造成项目效益的流失，甚至使项目失败。

【主要矛盾和木桶效应】

"木桶盛水的多少，不取决于周边最长的木板，而取决于其最短的木板"。木桶效应告诉我们，建筑企业要想实施发展工程总承包业务，关键不是发挥自身的特长，而是下功夫依次补齐短板。在项目管理中，也要善于发现管理环节中最薄弱的一环，如设计管理、采购管理、核心技术、分包管理、协调管理及设计与施工、采购的相互融合等方面，防止一个因素影响项目整体推进。及时发现问题，快速确定主要矛盾，高效响应变化是工程总承包项目卓越管理常用的管理方法。

【树立不断创效意识】

建筑市场竞争十分激烈，建筑企业为扩大规模、抢占市场，经常降低报价，业主为控制项目造价，也经常采用合理低价的竞标方式确定中标人，低价中标已成业界常态。由于工程总承包项目的多样性、复杂性，管理不慎，项目效益就会流失，甚至亏损。在低成本竞争的建筑市场环境下，项目的创效管理尤其重要，创效能力就是盈利能力。建筑企业通常以合同文件、初步设计文件为切入点，精心谋划，通过预设计、预采购、合理变更、方案优化等措施，达到减损增盈目标，弥补低价中标的先天不足。

【惶者长存】

在企业管理中，一些优秀企业通常会加强危机意识的管理，"生于忧患、死于安乐"，如任正非在华为势头最好时，发表了著名的《华为的冬天》，并且每隔三五年就要发出"冬天来了"的警告，德国奔驰公司挂着一幅巨大的恐龙照片，照片下面写着警示语："在地球上消失了的，不会适应变化的庞然大物比比皆是"。在工程总承包项目管理中，也要有惶者长存的理念。项目管理是动态的，随着项目进展，不断会出现新的问题，影响项目的正常进展，而任何问题都有可能给项目造成严重影响,只有保持清醒,始终警惕,敏捷行动,快速反应,才能及时果断采取措施,防患未然。建设单位也会对建筑企业进行考核评比,以选择更优秀的工程总承包单位,如铁路市场的信誉评价、公路市场的分级考评、房地产市场的第三方评估等,这些对建筑企业提出更高要求,促使企业为适应市场不断提升项目管理水平。只有危机意识强的企业才能巩固市场,赢得更多份额,才能在竞争中胜出。因此始终保持危机意识、不断优化管理行为是实施卓越管理的前提。

管理的主要内容

【设计管理】

设计管理是工程总承包卓越管理的重要组成部分,贯穿于整个项目始终。通过建立系统完善的设计管理体系和高效有序的设计管理机制,规范设计管理活动,明确设计管理流程,落实设计资源需求,加强设计质量控制,细化设计进度安排,限额设计,最终服务项目建设管理。

[设计管理主要内容]设计部根据项目要求制定可实施的设计标准;设计经理制定切实可行的设计进度计划并督促执行;各专业和系统之间的设计接口协调;对影响设计质量的因素进行有效控制、持续改进;按程序审核、控制设计变更;设计部组织进行系统的设计交底;设计单位配合指导现场施工;完成关闭合同所需要的竣工图、设计变更文件等。

【采购管理】

采购管理与项目建设全过程有着密切的联系,是项目建设的物质基础。根据国内外众多工程总承包项目合同价款的分析,设备及材料的费用约占项目总投资的50%以上,因此,加强设备材料的采购管理,对工程造价的控制起着至关重要的作用。

[采购管理主要内容]采购部对策划、实施及分供方等三个关键流程进行管控;采用"适时、适地、适质、适量、适价"的"五适"原则控制采购成本;设立现场采购库管负责现场设备、材料的到货及配送;识别、分析、评估、预防

第二篇
工程总承包卓越管理

及处理采购风险。

【建造管理】

建造阶段是工程总承包项目的现场实施阶段,是项目建设全过程中的重要阶段之一,建造管理包括建造问题的研究、规划和计划,建造阶段的管理,直至项目竣工验收。

[建造管理主要内容]做好技术、资源、相关方、场地等建造阶段准备;重要物资设备的采购、制造计划和工厂测试;内部、外部接口协调;工程各专业安全、质量、进度、成本、环保等的监控和报告;现场施工和安装过程中材料和工艺标准检验;建筑物各机电系统专业工程测试与调试;督促专业分包执行消防、卫生、规划等专项验收;确定完工和移交程序并及时、有效地向发包方移交工程。

【合同管理】

合同管理直接影响工程总承包企业的信誉、市场和经济利益等,是项目管理的重要组成部分。商务合约部负责项目合同的订立,对合同的履行进行监督,并负责合同的补充、修改、变更、终止或结束等有关事宜的协调与处理。按照时间顺序划分,工程总承包的合同管理,可以分为合同签订前和合同实施过程中两个阶段,其内容应包括工程总承包合同管理和分包合同管理。

[合同管理主要内容]工程总承包合同订立并生效后所进行的履行、变更、违约、索赔、争议处理、终止或结束的全部活动的管理;分包项目的招标、评标、谈判、合同订立,以及生效后的履行、变更、违约、索赔、争议处理、终止或结束的全部活动的管理。

【资金管理】

资金管理是对工程总承包项目建设资金的有效控制和管理,可以防范资金风险,确保资金安全,提高建设资金的使用效率和效益。资金管理的基本原则是:依法管理、归口管理、满足建设项目需要、专款专用、效益优先原则。

[资金管理主要内容]制定资金管理目标和计划;依据合同和验工计价文件

控制资金使用；及时申报工程款期中结算及最终结算；做好项目资金的跟踪、分析和预测，提高资金使用效率，降低资金使用成本；根据企业财务制度，提交项目财务报表和收支报告；竣工后进行项目成本核算与核查，完成项目成本和经济效益分析报告。

【进度管理】

进度管理关系项目能否按期完工交付，直接关系到项目目标的实现。因此，对项目进度进行有效管理，工期目标按期完成，是项目管理的核心任务之一。进度管理主要是通过进度计划编制、实施与控制来达到项目的进度要求，满足项目的时间约束。

［进度管理主要内容］确定项目能按期通过竣工验收、移交的进度目标；在项目启动阶段编制《进度管理方案》，为整个项目进度管理提供指引和方向；由粗到细分三级制定进度计划；对项目的进度计划完成情况进行跟踪和监控；项目进度计划中关键节点发生延误且无法补救时，调整项目进度计划，确保总体工期不延误。

【成本管理】

成本管理贯穿于工程总承包项目设计、采购、施工各个环节，是提升项目效益的有效途径。项目成本管理遵循：坚持价本分离、目标责任的原则；坚持全过程管理、过程精细化的原则；坚持动态管理、持续改进的原则。

［成本管理主要内容］根据项目设计文件、技术资料等确定项目成本预算；对设计、采购、建造分阶段进行成本控制；计算各个成本核算对象的总成本和单位成本；定期或按节点进行成本核算并进行成本分析。

【质量管理】

质量是企业的生存之本，质量管理直接影响到企业的生存和发展。工程总承包企业要建立覆盖设计、采购、施工和试运行全过程的质量管理体系，使项目的质量管理自始至终贯穿于项目全过程，按照策划、实施、检查、处置的循环对项目进行控制。

第二篇
工程总承包卓越管理

[质量管理主要内容]明确项目应达到的质量标准及对应的质量管理计划；确定设计、采购、建造、试运行等阶段的质量控制原则、要点和方法；制定工程质量责任制等质量保证制度；对于质量问题，组织评审、决策并制定纠正措施。

【安全管理】

工程总承包单位对施工现场的安全生产负总责，存在分包合同的，分包合同中应当明确各自安全生产方面的权利、义务，总承包单位和分包单位对分包工程的安全生产承担连带责任。工程总承包单位有权利和义务做好施工现场的安全管理工作，确保进度、质量、费用和安全得到有效的控制，实现工程总承包最终目标。

[安全管理主要内容]建立健全安全管理的组织机构和体系；落实安全生产责任制；落实危险源辨识与风险评价工作；加强安全教育与培训；强化总承包单位应急处置能力；加强总承包部对项目安全管理考核评价。

【协调管理】

协调管理是规范工程总承包项目的协调工作，明确协调的范围、内容、方式及程序，提高项目的协调效率和水平，排除施工中遇到的各种障碍，解决项目内部及与外部单位的各种矛盾和争端，保障项目目标实现。项目协调的范围可分为内部协调及外部协调，内部协调包括总承包项目部各部门之间，总承包项目部与各专业分包项目部之间，各专业分包项目部之间的协调；外部协调指项目部与外部各相关方之间的协调，包括项目部与建设单位、监理单位、第三方监测单位之间，项目部与各级政府主管部门之间，项目部与供应商之间的协调。

[协调管理主要内容]人际关系的协调、组织关系的协调、供求关系的协调、配合关系的协调、约束关系的协调。分为专业项目部级、总承包项目部及分公司级、企业级3个层级进行项目协调。

【试运行管理】

项目全部按合同文件规定的内容建设完成，符合设计、施工及验收规范的要求，经竣工试验合格，发包方签署了工程移交证书或办理了工程中间交接后，即可按照试运行统筹计划进行试运行。

［试运行管理主要内容］组织编制试运行管理计划；落实人力资源、技术、安全、资金和市场营销准备；按照合同约定和项目特点进行人员培训；指导和服务试运行实施。

工程总承包卓越管理机制

"发展是第一要务，人才是第一资源"，建筑企业是靠团队来管理的，打造卓越管理团队能显著提高企业效益和信誉。尤其在工程总承包企业中，对于项目管理不仅体现在施工管理上，设计管理和采购管理等同样需要卓越的管理团队来提高工程总承包项目的综合管理能力。因此，建筑企业要立足长远，做好人才战略定位，构建八个卓越管理团队，运行五大专业工作，实现工程总承包全生命周期的"设计、采购、施工"的集成管理，加速企业向工程总承包业务管理升级。

构建八个卓越管理团队

为提升企业工程总承包管理能力，就得拥有足够的高端工程总承包项目管理人才。企业工程总承包业务可以通过打造八个专业团队，即市场营销管理团队、设计控概管理团队、采购招标管理团队、计划工筹管理团队、施工方案管理团队、商务合约管理团队、财务资金管理团队、协调组织管理团队，制定八个专业团队的"引、选、用、育、留"机制和晋升机制，强化队伍的动态管理，在激发团队成员潜能的同时，保证团队在数量和质量上双提升，使八个专业团队成员成为工程总承包项目管理的引擎，从而推动企业工程总承包管理能力提升。

运行五大专业工作

企业的工程总承包专业工作体系包含设计工作体系、采购工作体系、计划工作体系、商务工作体系、施工工作体系，各专业工作体系的运行，可规范项

第二篇
工程总承包卓越管理

目管理程序，使项目各项工作可控，为项目的顺利实施奠定基础，提高项目的综合管理效益。

【运行设计工作】

[目的]加强设计管理，将设计与施工深度融合。企业成立设计管理部和专业设计院。设计管理部作为企业设计管理的专职部门，负责设计规划、人才引进、设计管理等工作。同时成立市政设计院、建筑设计院、公路设计院、铁路设计院等专业设计院，是针对建筑业板块特点，发育专项勘察设计能力，完善工程总承包设计管理体系。总承包项目部应设置设计管理部，配置专业设计人员2~3名，主要工作以配合各专业、施工现场为主，企业后台设计院或专业设计公司成立设计专业分包项目部，负责具体设计工作，各专业分包配备专业设计人员，承担本专业深化设计工作。

设计管理需要贯穿始终，包括设计前期方案制订，工艺谈判，设计中往来文件和图纸的审查确认，以及在采购、施工过程中的技术支持，将设计与采购、施工深度融合。

【运行采购工作】

[目的]补齐资源缺口，建立长效资源保障机制。采购工作由集团（局）商务管理部牵头，制定"集采"制度及管理办法，公司商务管理部及总承包项目部物资设备部提交采购计划，分级进行采购和管理。

工程总承包项目资源需求存在高度复杂性和不确定性，更加注重外部资源采购的前移和价值创造，采购工作要前移至设计阶段进行，用以支撑设计、保障施工。工程总承包企业必须大力加强资源建设与管理，才能在跨越发展中赢得主动权。要完善资源保障体系，就是先厘清企业在资源方面要什么、有什么、缺什么，然后尽快补齐资源缺口，并建立长效资源保障机制；要从物资分类、计划管理、采购管理、进场管理、不合格品处理、周转材料管理、分供商管理等七个方面来着手完善原有项目资源保障体系。

由集团（局）商务管理部牵头，明确"集采"制度及范围，所有大宗物资设备采购必须通过集采平台进行招议标；项目开工1个月内，项目部应根据项目策划，编制主要物资总需求计划，报企业商务管理部集中采购或调拨。项目部每月定时递交次月物资需求计划，并制定月计划采购订单，分供商根据采购订单组织资源，每半年要对分供商进行考察、评定、发布合格分供商名录、制定优惠政策等。

【运行计划工作】

[目的]保证工程进度受控，注重项目过程管理。项目运行计划工作，要明确各级管理人员职责，编制《项目实施计划》，才能对项目实施的全过程进行管理。

企业计划管理的主管部门为工程管理部或企业专门管理部，总承包项目经理部的计划管理核心部门为计划管理部。主要负责编制《项目节点控制计划》《项目节点控制计划说明》及《项目总进度计划》，满足工程总承包项目进度管理需求；编制工程总承包项目的设计、采购、施工、安装和调试等关键接口计划；增加分包合同控制措施，编制设计及专业分包进度计划，确定关键线路和里程碑节点，明确工作界面和竣工责任，便于过程管控。

计划管理分为计划编制管理及计划控制管理，计划编制采用自上而下编制总体计划，包括里程碑节点、进度控制目标及相关方总计划。实施计划自下而上集成，由各专业项目部提交，计划内容包括各工序进度接口的协调。计划控制管理由专业项目部集成，总承包项目部审查和确认，逐级进行考核评价。

【运行商务工作】

[目的]分级管理，实现项目效益最大化。商务工作分为集团（局）、公司、总承包项目部、专业项目部四级，每一级均设置商务合约部，其基础性工作内容是商务谈判、合同管理、成本管理、变更管理、索赔管理和计量支付。

工程总承包项目概预算与成本管理的目标是"增收节支、降本增效"，概预算管理的重心要尽量前移，尤其是项目初步设计阶段，工程总承包项目80%以上的效益均在设计阶段确定，充分发挥工程总承包项目设计、采购、建造一体化的优势，做到造价事前主动控制，在设计阶段引入并行工程的原理，将设计

第二篇
工程总承包卓越管理

与采购施工进行并行交叉，提高运作效率，采购阶段提前整合外部供应商，通过预采购等方式，减少中间交易成本。工程造价控制的核心是"限额设计"，由商务合约部提出限额要求，设计管理部及专业设计项目部将各专业限额分配给对应专业设计的团队，每个专业设计团队根据目标值进行设计，设计过程中层层分配，层层限额，确保项目概预算控制目标的实现。

项目合同管理由商务合约部负责，合同的审批权限归集于企业和分公司两级法人单位层面，经分公司审批后报企业，由企业总经济师主持评审。合同签订后15天之内，由公司主管部门及项目商务合约部负责进行合同交底。合同履行过程中需监控合同履行情况、合同条款执行情况、合同主要风险规避情况等，监控发现异常时要提出预警。

【运行施工工作】

[目的]全面管控，确保项目目标实现。运行施工工作重点为"全面计划、统一控制、集中协调"，其核心是对分包管理、接口协调、过程成本控制及现场进度、质量、安全等进行管理。

分包管理是企业的核心竞争力，分包管理的好坏决定了工程开展是否顺利，对于分包商的工作负有直接的责任，包括分包策划、分包选定、分包工作组织协调、分包工作移交等。通过与优质分包建立合作伙伴关系，建立和谐共赢的企业文化，有利于项目目标的顺利实现。

工程总承包管理的接口主要包括：物理与空间接口，如各种综合管线的布设，机电系统等的预埋预留等；功能接口，如综合消防系统的各单元接口等；进度接口与交叉作业，如土建与机电的施工协调、机电进场前的场地移交等。接口协调的原则是"个体服从整体，进度、成本服从安全、质量，部门工作服从工程项目建设总目标"，总承包部负责协调现场各专业及各专业项目部关系，对项目建设目标实施控制，其他协调事项由项目部内部控制与协调。

进度控制的核心是保证项目按期完成，合理安排资源供应。总承包部下达总计划大纲后，各专业项目部根据总计划拟定具体实施计划和关键节点，报送实施性施工计划，总承包部审核后汇总，最终形文督促各单位执行，过程检查施工实际进度，并与计划进度相比较，若出现偏差，分析原因并采取调整措施，直到工程按期竣工验收。

施工质量由总承包部技术质量部具体负责，通过施工前、施工过程中及过程工程试验的管理，保证其工程质量合格。施工前需做好质量管理制度的制定及技术交底，施工中对各施工环节的质量进行监控，并按工程试验规范及设计要求执行到位。

施工安全由总承包部安全监督部具体负责，按照项目总承包管理及主管部门要求，建立项目部安全管理体系与制度，确立管理目标，与各部门、各分包商及合作伙伴签订安全生产目标责任书，对各单位的安全目标完成情况进行定期检查和考核。

工程总承包卓越管理策略

工程总承包项目涉及设计、采购、施工全过程，周期长、专业工程多、界面接口多，必须采用卓越管理策略进行全方位的管理和控制。在对工程总承包项目各个线条进行合理控制的同时，强化概算工作的管控，确保项目管理的规范性、合理性，降低施工事故发生概率，提高项目管理效率和经济效益。

工程总承包项目线条管理

对于工程总承包项目的管理和企业管理一样，实行统一规范的管理，制定一套行之有效的管理办法，对各线条卓越管理能够明确权责，更能促进各部门之间的协作性。将工程总承包项目管理划分为7个线条管理，分别是设计控概管理、采购招标管理、计划工筹管理、施工方案管理、商务合约管理、财务资金管理、协调组织管理。

【设计控概管理】

［设计管理办法］设计管理原则是"技术先进、经济合理、流程简单、标准

第二篇
工程总承包卓越管理

规范"。涵盖的主要内容有：明确各级机构设计管理架构及职责；规范深化设计管理；规范设计图纸审查，确保设计质量；规范设计报规报建流程、设计进度管理。

［设计变更管理办法］设计变更管理原则是"不降低设计标准、不影响使用功能、确保工程质量、便于工程施工"。涵盖的主要内容有：明确设计变更管理的机构及职责；明确变更的类别（方案变更、施工图变更）及审批权限划分；明确变更审查流程管理；规范变更资料管理等。

【采购招标管理】

［物资采购管理办法］物资采购管理原则是"适时、适地、适质、适量、适价"。涵盖的主要内容有：明确物资采购管理的内容，将物资细化分为"A、B、C"三类，即A类为占用资金比重大的物资，C类为低值、易耗、占用资金较低的物资，A、C类以外的物资为B类物资；对物资采购、验收、储备、盘点、限额领料进行规定；对物资需用计划及申报的要求进行规定，对材料周转、调用、作废回收进行规定。

【计划工筹管理】

［项目进度管理办法］进度管理原则是"安全是前提，质量是基础，进度是形象，效益是核心"。涵盖的主要内容有：明确各层级机构进度计划管理职责，分层级对总体、年度、季度、月度施工进度计划进行管理并督促落实；对进度计划和重大节点调整的条件和相关流程进行规定；明确进度计划的检查频率、方法及考核办法；统一进度报表的格式。

［项目策划管理办法］策划管理原则是"客观原则、定位原则、信息原则、可行原则"。涵盖的主要内容有：明确项目从投标到竣工过程中的所有策划（项目策划书、实施计划书及其他专项策划等），并按各级授权情况对策划进行分级管控，明确报审流程；规定公司层面策划的牵头部门及其他策划相关部门的责权利，项目策划的编制时间及策划会组织方式；规定策划执行过程中调整、检查与考核的方式方法，确保项目各类策划的严肃性和执行效果。

建筑企业管理精要
Construction Enterprise Management Essence

［工程总承包项目工程筹划管理办法］工程筹划管理原则是"客观原则、系统原则、高效原则"。涵盖的主要内容有：按建设项目管理规范的要求组建工程总承包项目管理机构；规范工程筹划管理内容和方法，明确各部门项目进度计划管理的任务、职责；建立项目进度、质量、工期及安全管理和控制的模式、工作程序和工作方法，促进项目施工管理科学化、规范化。

【施工方案管理】

［施工组织及施工方案管理办法］施工组织及施工方案管理原则是"合规性原则、可行性原则、经济性原则、先进性原则"。涵盖的主要内容有：对施工组织与方案的编制依据、报批时间和内容作出要求，明确施工组织及施工方案的分类、审批及论证要求；明确送审流程及各级授权情况与管控职责，确保方案合法、合规；规定实施过程中的复核及验收方式、方法；制定不按方案实施的奖惩办法和奖惩标准。

［工程质量管理办法］质量管理原则是"底线原则、稳定原则、高效原则"。涵盖的主要内容有：确立质量管理组织机构及其职责；明确专职质量管理人员配备要求；确立质量检查与考核的方式、方法及频次；明确质量目标和创优目标；划分质量事故分类与确立调查追责原则；确立工程质量过程管理内容。

［工程总承包项目安全管理办法］安全管理原则是"安全第一，预防为主，综合治理"。涵盖的主要内容有：明确项目安全管理的内容；规范施工安全管理策划及要求；确定安全环保管理组织机构；列举主要的安全管理规章制度；列举主要的安全管理措施；对安全环保教育培训进行规定；明确安全管理的重点和安全设施验收程序；规定须配备的个人防护标准；施工分包商安全管理与监督；应急准备与响应；安全奖惩与考核。

［项目安全监督管理办法］安全监督管理原则是"预防为主原则、监察与服务相结合原则、教育与惩罚相结合原则"。涵盖的主要内容有：明确安全生产管理流程；确立安全分色预警办法；明确安全检查的内容、形式及评价方法及奖惩措施；规范安全相关内容的验收管理；确定施工现场消防管理等。

第二篇
工程总承包卓越管理

[项目试运行管理办法]试运行管理原则是"统一协调、安全有序"。涵盖的主要内容有：明确项目试运行管理的组织机构、人员配置及职责分工；明确试运行相关内容及工作流程；明确试运行前各单位应准备及达到的运行条件。

[工程竣工验收及交付管理办法]竣工验收及交付管理原则是"质量达标、程序合法、资料完整"。涵盖的主要内容有：竣工验收的组织机构及职责；工程竣工验收的程序；工程竣工验收的过程管理及验收流程；规定各阶段需要的文件及主要内容等。

【商务合约管理】

[合同管理办法]合同管理原则是"实际履行原则、适当履行原则、协作履行原则、诚实信用原则。"涵盖的主要内容有：明确各层级合同管理的分工和职责；确定合同管理的工作流程；确定合同评审的分工和流程；建立评审风险要素分级管理机制；合同谈判策划与流程；合同责任分解及交底；规定合同签署、变更及解除的条件、要求和流程等。

[成本管理办法]成本管理原则是"措施现实化、管理制度化、成本归集真实有效"。涵盖的主要内容有：明确成本管理的职责与分工；规定管理的模式与流程；划分各层级成本管理的权责；明确风险抵押的规定与标准；明确项目责任成本的分解、下达与兑现方法；过程成本管控与成本核算原则、对象及方法等。

[项目商务策划管理办法]商务策划管理原则是"客观原则、定位原则、经济原则、可行原则"。涵盖的主要内容有：明确商务策划编制时间要求、主要内容和评审流程；规定策划动态调整条件及流程要求。

[分包商管理实施细则]分包商管理原则是"资源共享、集中采购、能力优先、诚信公平、优胜劣汰、合作共赢"。涵盖的主要内容有：规定分包招标的方式及原则；明确分包的范围；明确招标定标的工作组织、程序及要求，明确招标禁止的行为；对分包施工过程进度、质量、安全管理目标进行明确；对分包工程款支付的审批及支付进行规定；对分包签证办理的原则、程序及确认方式进行规定；对分包工程结算管理进行规定。

建筑企业管理精要
Construction Enterprise Management Essence

【财务资金管理】

[财务资金管理办法]财务资金管理原则是"贯彻企业财务一体化战略、统一财务管理体系、加强财务管控力度、推进企业财务标准化建设"。涵盖的主要内容有：财务机构与财务人员、会计基础工作；会计核算、税务管理；资产管理；费用管理；全面预算管理；财务报告管理；项目财务管理等项目财务一体化方面内容。

【协调组织管理】

[协调组织管理办法]协调组织管理原则是"全面原则、准确原则、系统原则、完整原则"。涵盖的主要内容有：对接口进行定义；接口管理工作必须遵循的原则；接口管理的组织机构；各参建单位接口管理的职责；接口的分类；接口管理的工作程序、流程和要求等。

工程总承包管理控制概算方法

【控制概算原则】

[大成本的总体创效原则]项目管理是企业管理的基石，成本管理是项目管理的基石，项目管理要以成本管理为主线，融资、设计、建造和采购为四大支撑。要有大成本的概念，在工程总承包项目管理中控制概算，做好融资、设计、建造和采购管理，使其满足国家规范和相关文件要求，满足合同履约的要求，满足项目策划的要求，才能实现项目与企业利益最大化。反之，将直接影响融资、设计、建造和采购要求所造成的直接经济损失，长远影响是对企业生产经营和企业发展所带来的市场行为和企业形象的损失。企业要加强过程检查和考核评价，尤其是对建造管理的工期、质量、安全、环保进行把控，确保项目的融资、设计、建造和采购管理处于可控状态。

[设计为主的价值工程原则]设计是把客户的需求转化成系统性的基于技术的解决方案。设计管理是整合、协调设计所需的资源，对设计进度、质量、造价等进行持续性优化，以达到工程价值最大化的过程。以设计为主兼顾与其他要素融合：设计与市场融合，开拓市场，与市场营销人员进行沟通，编制标书；

第二篇
工程总承包卓越管理

设计与安全融合，守住安全底线，结构验算，防偷工减料；设计与概算融合，控制概算（优投资），方案最优，概算控制精准到位；设计与品质融合，提品质，优方案，便施工，便运维；设计与进度融合，优工期，加快报批报建，快速出图，少变更，两图（施工、深化）融合；设计与采购融合，预采购，设计、采购同步进行，实现成本与进度最优；设计与质量融合，保质量，减少设计错、漏、碰、缺，施工图与深化设计同步。做到以设计为龙头控制概算，实现价值工程。

[资源整合的采购创效原则]工程总承包项目采购管理贯穿于项目实施各阶段全过程，其主要工作包括设立采购工作小组、进行采购管理策划、按计划实施预采购和实施采购，现已不再只是提供生产资源的简单"购买"工作，而是纵向承接设计与施工环节、横向联动各关联专业，为工程建设全过程提供服务和支持的核心工作；采购管理需要为工程建设提供"资源整体解决方案"，是与设计管理同等的"价值创造"活动；项目创效思维要从管理创效向采购创效转变；加强采购的管理与经营工作，提高采购及时性，可降低工程成本，规范分供方管理、采购、周转过程，增收节支，提高项目经济效益。

【控制概算方法】

在工程总承包项目实施过程中，初步设计概算是总承包项目从筹建到验收全过程建筑费用的标准依据。工程总承包卓越管理通过将概算控制应用到项目实施的全过程中，在保证安全、质量、进度的基础上，提高项目经济效益，为企业高质量发展目标提供助力。

[限额设计源头控制]在设计过程中推行限额设计，可有效防止概算超估算、预算超概算、决算超预算的"三超"现象产生。按照批准的可行性报告和投资估算，在保证使用功能的前提下，各专业按分配的投资限额进行设计。设计单位在设计过程中及阶段设计完成时，及时对已完成的图纸内容进行估价，并与限额设计指标进行比较，使设计满足限额设计指标的要求。鼓励设计单位应用价值工程，在不降低使用功能的前提下，实行设计方案优化，施工图预算节省或超过限额设计指标的比例同设计费挂钩，以调动设计人员的主观能动性和创造性。

[优化设计控制成本]加强工程设计方案优化已成为现代工程建设开展的一项重要工作，是控制工程成本、管理工程造价的关键。优化设计在工程总承包项目中特指通过调整设计、改进施工方案等手段，达到既保证使用功能和质量标准，又节约投资、便于施工的设计变更。优化设计的原则是达到不降低设计标准、不影响使用功能、不超过概算限额的目标。设计优化工作要贯穿工程建设的全过程，在通过实地调研、收集资料、研究论证和评审后，总承包部与监理单位、设计单位、各专业分包等提出设计优化方案。

[方案优化提高效益]施工方案优化是对工程项目工、料、机等生产要素的合理组合，是对施工技术方案进行预先谋划和比选。在设计阶段，施工单位要加强与设计单位的沟通协调，充分考虑各种现场施工条件，将施工意图纳入施工图中，尽量节约成本、便于施工。施工组织设计编制阶段，组织各专业人员按照科学合理、经济适用的原则，对各种方案进行优化比选，确定工、料、机等生产要素的最佳配置，在满足安全、质量、工期要求的前提下，降低工程成本，提高经济效益。在实施过程中，依据现场情况进行动态控制，不断优化完善，保证施工方案始终处于最优状态，最大限度地降低工程施工成本，这也是施工方案优化的重点。

[控制变更平稳推进]工程总承包方在项目施工阶段常常会遇到各种工程变更的问题，建立规范的工程变更控制机制，对项目的顺利推进及成本控制起着至关重要的作用。工程变更与费用有着紧密的关系，有工程变更就必然有工程费用变化，若工程变更控制不好，就会加大工程的费用投入，当这种投入达到一定程度时，就会引起索赔或工程价格的变动，使工程费用超支，投资超出概算。为了更好控制工程变更，工程总承包单位应建立专业的管理组织及完善的管理系统，专人专职，严把设计、变更和工程签证关，完善工程合同中对工程变更的定义、定价标准，加强对工程变更的管理，最终实现工程顺利推进与投资控制相结合。

[内业资料齐全有序]建筑工程内业管理，是建筑工程资料的填写、编制、

第二篇
工程总承包卓越管理

审核、审批、收集、整理、组卷、移交及归档等工作的统称。依据国家法律法规，建设过程中必须形成一套完整的、能够真实反映过程行为和状况的工程资料，以便工程的维修、运营管理，并为追溯建设过程有关情况提供客观证据。工程资料直接关系到施工过程的合法合规状况，直接影响到后道工序和工作的开展，也是工程成本控制的重要部分。提高对工程资料重要性的认识水平和重视程度，完善工程资料的管理，保证资料与施工同步、与实际相符，将有利于提高工程质量和管理水平，进而有效控制工程投资。

[优秀分供方建库管理]工程总承包分供方有设计、设备、材料、专业分包单位等，分包是工程总承包管理的一项重要职能，也是企业管理利润来源之一。建立优秀分供方资源库有利于项目管理，有利于管理利润实现。可避免选择不当分供方，促进分供方资源的合理利用；可确保分供方在工程设计、施工、物资设备供应和环境保护、安全、质量、进度等方面满足工程总承包单位要求；可规范分供方履约，使分供方的优势较好发挥；可与分供方建立一种和谐共赢的文化，更好地提高项目管理效益。

[绩效考核阶段实施]规范工程总承包项目各部门、各阶段绩效管理，保障组织体系顺畅运行。持续不断地提高和改进项目、部门工作业绩，才能确保项目概算控制目标的达成。绩效管理一定要及时考核、及时纠偏，绩效管理应该在问题发生的当下，而不是雁过留痕，要通过阶段考评，激励员工和成员单位发挥创造性，实现以绩效论英雄的目的。

[关键人员创效管理]管理力量及资源要素配置一次到位、不折腾；抓设负责人、技术负责人、商务合约负责人、采购负责人等关键少数人员；配齐采购、设计、建造、计划、协调、财务、商务七个关键团队；成立设计、计划、建造、商务、协调五个核心职能部门，根据项目的特性，可增设其他职能部门，若不增设，应扩充该五个职能部门的职责，确保工程总承包创效管理相关流程工作全部责任到人。

[三预管理减少变更]**预设计**：设计团队根据初步设计，研究业主对功能、

范围、标准等各方面需求，通过价值分析形成基础设计思路及统一的造价控制思路，再进行设计。**预采购：**采购线条与设计、技术协同，根据预设计内容拟定预采购清单，制定采购策划方案，在项目实质性采购之前，通过招议标方式与潜在供方就后期的合作模式、服务内容、技术性能参数、价格等主要条件达成共识，签订标前协议。**预建造：**技术团队根据设计思路，拟定分部分项技术方案，总平面布置及资源配置方案。通过"预设计、预采购、预建造"，有效减少设计变更及返工整改，节约项目投资。

［统筹部署接口管理］设计接口管理是为专业分包深化设计提供依据，在图纸中明确各专业接口关系。设计阶段通过预采购实现采购前置，为设计提供详细技术参数、技术界面，也为现场施工提供技术指导。物理接口是整个项目接口管理的闭环和落地，通过工序的交接和工作面移交，体现在具体实施环节各专业、系统、工序的衔接关系。专业接口是从合同层面界定一个合同的工作范畴及与其他合同的工作关联关系。工程总承包的管理过程其实就是大量接口管理的过程，通过不断协调，充分识别接口和界面关系，统筹部署，项目管理才能有序推进。接口管理是项目工程总承包管理能力水平和差异化的具体表现。

［公共资源计划协调］公共资源实施计划应结合项目合同和现场实际环境等，对项目各项公共资源的设计、采购、建造、安装、运维及拆除等进行说明，尤其是单一来源的资源、稀缺资源、需预采购的资源、生产或运输周期较长的资源。在分包合同中，需明确专业分包使用公共资源的相关机制，确保各专业分包能获取所需的资源，保障专业分包的工作能顺利开展。公共资源管理与项目概算控制目标息息相关，需采用动态平衡，最终达成精益管理。

第三篇　数字化与智慧建造管理

企业数字化管理，以数字化贯穿企业生产经营全业务流程，用数字化转型赋能企业高质量发展，是企业实现转型升级、管理变革的必由之路，也是实现企业高质量发展的必答题。其路径是将现代信息技术与先进企业管理理念相融合，转变企业组织方式和经营管理方式及业务再造，从而增强企业核心竞争力，为企业高质量发展赋能。

企业数字化管理

数字化管理理念 / 53
数字化思维变革的理念
数字企业战略的理念
数据智能管理的理念
业财资税一体化的理念
数字化管理要义 / 55
项目数据标准化
业务线条数据化
数据连接共享化
分析决策智能化
数字化管理内容 / 57
企业战略管理
业绩考核管理
客服营销管理
生产技术管理
质量安全管理
商务合约管理
财务资金管理
人力资源管理
党建工作管理
数字化管理策略 / 63
企业全面风险预警管理
企业数字化转型目标
数字化实施路径

智慧工地建造管理

智慧工地管理理念 / 69
项目数字底座建设的理念
数出一源、一源多用的理念
智慧工地管理要义 / 70
"1+5"智慧工地建设
业财资税一体化管理
智慧工地管理内容 / 72
内控管理
生产管控
监测预警
BIM 应用
智慧党建
智慧工地管理策略 / 80
管理层级化
平台系统化
内控管理精细化
安质管理智能化
进度管控形象化
监测预警自动化
BIM 应用实用化

企业数字化管理

数字化企业，是使用数字技术改变企业传统的管理方式与经营模式，生产经营战略能使企业更快地适应瞬息万变的市场环境，保持持续竞争力。数字化企业通过管理变革，运用更高效、更智能的管理方式、经营模式，建立更和谐、更融合的客服营销体系与员工价值理念，创造出新的利润增长点，用数字化转型赋能企业高质量发展。数字化建设是建筑施工企业在当今时代背景下，利用信息技术实现企业数字化转型升级的必然选择。数字化管理战略规划制定，要明确企业数字化的建设原则、发展目标、建设内容与实施路径，确立数字化转型总方向，为企业数字化战略规划落地提供有力支撑。

数字企业战略规划实施图

建筑施工企业数字化管理战略规划蓝图总体可以概括为"三大支撑、四个平台、九项内容、五条路径"，即"3495"数字企业战略。

第三篇
数字化与智慧建造管理

三大支撑：运营管理体系、业务管理体系、数据管理体系；

四个平台：互联网集成平台、智慧工地平台、BIM 应用平台、大数据平台；

九项内容：战略管理、业绩考核、客服营销、生产技术、质量安全、商务合约、财务资金、人力资源、党建工作；

五条路径：战略引领、场景应用、资源统筹、自我主导、分步实施。

数字化管理理念

建筑企业数字化转型不是简单的新技术创新应用，而是发展理念、生产方式、管理模式、商业模式、组织方式等全方位的转变，是融合企业业务、技术和组织三大领域的系统工程。

建筑企业数字化转型是针对市场变化、新技术条件，围绕企业战略愿景和业务管理目标提出来的，简单讲就是当前构建的 IT 和技术能否高效、敏捷支撑企业业务管理目标和战略达成，实现表单报表自动生成，使数据产生价值，达到高效决策、风险预警预控的目的。利用数字化技术不断扩展业务边界，使业务可量化、可视化、可优化，借助数据价值挖掘，用数据驱动业务流程，实现业务模式的优化与创新，从而提升企业的生产能力，引发企业业务管理和管理者的一场革命。

数字化思维变革的理念

数字化时代是一个全新的时代，数字化转型是一场深刻而系统的革命。数字化转型不仅是一种技术革命，更是一种认知革命，是一种思维方式与经营模式的革命，是涉及企业战略、组织、运营、人才等的一场系统变革与创新。我们的数字化思维要与信息化、数字化、智能化建设同频。目前建筑企业普遍存在一种观念，认为信息化、数字化、智能化是高大上的业务，只有 IT 专业人员才能做，数字化转型就是企业信息化管理部门的事情，业务部门置身企业数字化转型之外。但无论是工作效率提升，还是商业模式创新，归根结底都是要让业务产生价值，技术只是帮助业务实现价值，因此，关键中的关键是业务部门积极参与，技术和业务深度融合与协同发展，推动数字化转型落地。思维的转变，我们称之为"双轮驱动"，即业务和技术双轮驱动，从技术的角度推动业务的变革，从而实现战略目标、业务目标的达成，形成企业管理核心竞争力。

数字企业战略的理念

战略规划必有其时代背景，只有把握时代的方向，才能把握战略的方向。目前，基于大数据、互联网、人工智能技术，建筑业的数字化转型是大势所趋，谁拥有了数据谁就拥有了未来。数字化管理的本质就是将现代化管理思想、管理方法、管理技术、管理手段充分加以数字化，全面提高管理的效益和效率。企业数字化管理的根本目标是实现企业效益最大化，通过运用现代数字信息技术和数字化管理模式，逐步建立起沟通快捷、分工明确、责任到位、反应快速、处置及时、运转高效的监管机制，全面提高生产经营水平，遵循标准化、信息化、数字化、智能化有序演进，从企业内到社会化逐步打通的路径，以标准化、精细化、数字化、智能化推动企业高质量发展。

数据智能管理的理念

数据智能管理的最终目标是通过数据治理提升数据的价值。数据治理非常必要，是企业实现数字战略的基础，建筑企业的数据治理需从项目、分公司、公司、集团（局）四个维度分别制定目标与方案。在项目层面主要以敏捷作业、基层减负为目标，通过移动办公、智能硬件、BIM等数字化技术，服务项目管理，提高项目管理效率的同时，确保上线的"源数据"真实、唯一、精准、有效。在分公司层面主要以协同管控、资源统筹为目标，通过内部横向业务互通，上下级的流程互联以及系统之间的数据打通，以业务应用一体化实现管理集中及数据的审核，主数据完成"入湖"。在公司层面主要以管理数据为目标，因为企业的运营还是要遵循行业和企业管理基本规律，也存在商业秘密，要辩证地看待数据管理，根据行业规律和企业管理本质需求，可灵活修正数据。在集团（局）层面主要以数据决策、智慧决策为目标，以全局全域数据进行集中管理，建立数据驱动的决策体系,实现决策集中与智慧决策。

业财资税一体化的理念

建筑行业是一个以订单为基本生存方式,以项目为基本生产单元的行业。项目管理是建筑企业管理的基石,项目在履约过程中的所有管理行为,始终是围绕成本、收入与利润来实施。商务是把控过程成本核算和归集,财务是体现最终收支核算和成本复核,两者只有同步、统一,形成准确的对照关系,才能准确反映项目利润情况。企业数字化管理就是要解决生产履约、商务成本、财务核算、资金支付、税费缴纳等经济数据的完整、准确、一致,给决策层提供最真实的项目状态。

数字化管理要义

数字化转型关键是围绕标准化、信息化、数字化、智能化循序推进,其本质特征是标准、数据、连接和智能,实现项目数据标准化、业务线条数据化、数据连接共享化、分析决策智能化。

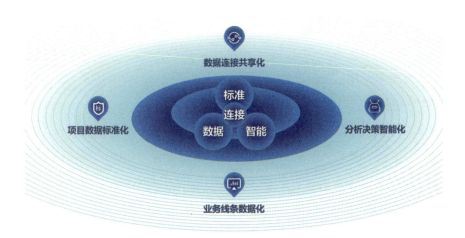

数字化转型四要素

建筑企业管理精要
Construction Enterprise Management Essence

项目数据标准化

通过标准化管理，可以将复杂的问题简单化，模糊的问题具体化，分散的问题集成化，成功的方法可复制化。标准化是数字化的基础，没有标准化，数字化就是无源之水。项目作为建筑企业最基本的生产单元，是一切数据的"原点"，项目数据的标准化，前提是企业业务管理的标准化，不单是垂直业务系统，而是所有系统都必须在统一的主数据架构下制定数据标准，且业务系统的管理语言、数据语言标准统一，统计口径、核算规则达成一致，才能真正做到项目数据"数出一源、一源多用"。通过对项目人、机、料、法、环要素全集成专业化管理，最终实现项目相关方在统一平台下对工程项目的"跨区域协同生产、远程现场生产指挥、多部门协同工作、多组织协同管理"目标。

业务线条数据化

根据建筑企业管理的特性，业务管理层主要应用于日常生产经营，通过业务数据进行有效的资源调配，支撑企业的各业务管理工作。第一要快速完善核心业务系统的建设与迭代，实现企业业务管理的数据化，业务的办理及信息流转都以数字方式进行，台账、报表在系统能自动生成，业务数据有效利用、持续改进，业务管控实现自动分析及预警。第二要变革监管方式，业务管控通过在线化的手段，解决在现实世界中跨时间、跨空间的管理问题，构建各层级数据管理模型，推进线上检查、线上考核。第三要形成数据资产积累，优化数据治理与数据服务，设计数据服务业务应用，挖掘数据价值。

数据连接共享化

数字化升级的基础是实现数据采集自动化，打通内部业务数据，获取外部数据，实现数据一次采集，共享使用，数据真实、准确、完整，用数据服务业务、辅助决策。数据连接是解决业务系统协同问题，自下而上收集的源数据互联互通，各层级、各部门实现横向共享与数据管理，通过连接业务协同形成数据沉淀，经过数据的存储处理，管控治理形成数据服务能力，最后反哺业务。

第三篇
数字化与智慧建造管理

分析决策智能化

集团（局）全域数据进行集中管理，建立数据驱动的决策体系，实现决策集中与智慧决策。利用大数据平台建立内外部信息管理的数据分析模型，如规模增长性指标、成本效益性指标、财务资金性指标、风险管控性指标、人均效能性指标等，真实反映企业运营管理情况，结合各类源数据、管理数据、外部数据，挖掘数据价值，用数字化的手段评估各种管控措施对企业经营的影响，实现经营决策智能化。

数字化管理内容

企业数字化战略实施主要体现在数据资产的价值利用，充分发挥其重要性，重点就是要了解企业各组织层级的管理诉求以及通过数字化管理要达到的目的，为企业决策提供依据。结合管控决策层、业务管理层、项目作业层不同的管理诉求，通过数字化管理为企业管理提供支撑服务。

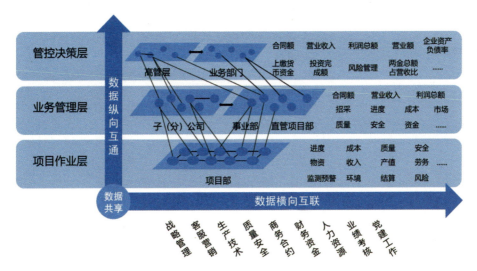

数字化管理内容架构图

建筑企业管理精要
Construction Enterprise Management Essence

企业战略管理

【建设目标】

战略管理实施分级管控，分为战略规划和风控管理。集团（局）负责企业的整体战略规划，子（分）公司结合自身发展需要开展本单位战略管理工作。风控管理主要根据企业内外部环境，围绕企业整体发展战略，负责企业的风险管理策略、风险评估、风险应对、风险监督与改进等工作。

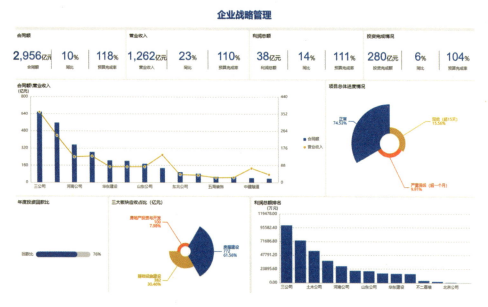

企业战略管理数据看板

【业务模型】

战略管理、企业策划、并购重组、企业风险预警。

【数据分析指标】

合同额、营业额、营业收入、利润总额、上缴货币资金、投资完成额、投资回款额、两金总额占营收比、企业资产负债率等。

第三篇
数字化与智慧建造管理

【数据呈现方式】

饼图、柱状图、散点图、趋势图等。

业绩考核管理

【建设目标】

实施激励与约束机制，最大限度调动企业各级机构、各部门的积极性与创造性，寻找全面管理体系文件执行不到位的地方、管理过程监控不到位的地方，针对问题进行分析，找出切实可行的改进措施和解决方案，实现管理体系的持续改进。

【数据分析指标】

合同额、营业收入、利润总额、上缴货币资金、现金流、收入利润率、施工结算项目利润占比、两金占营收比、应收账款周转率、净现金收支比、总资产周转率、资本回报率、人均利润、美誉度等。

【数据呈现方式】

表格、饼图、柱状图等。

客服营销管理

【建设目标】

调研客户信用，分析潜在的市场价值，企业有针对性、差异化地开展优质服务工作，树立企业形象，打造优质服务品牌，逐步建成客户导向型、业务集约型、管理专业化、机构扁平化、管控实时化、服务协同化的营销体系。

【业务模型】

客户信息、客户评估、客户概况、重大信息跟踪动态表、工程信息登记、项目立项审批、招标文件评审、投标文件评审、标后总结记录、营销绩效管理、数据统计分析、项目立项审批等。

【数据分析指标】

合同额、中标率、非专业项目平均合同额、专业项目平均合同额、战略客户、ABC类项目、大项目个数占比、大项目合同额占比等。

【数据呈现方式】

表格、饼图、柱状图、趋势图等。

生产技术管理

【建设目标】

实现传统施工生产技术变革，提升建筑施工企业现场生产能力，将数据进行业务化，突破时间、空间和地域限制，最大化、最优化地配置企业资源，降低管理成本，促进企业精细化管理，提升企业核心竞争力。

【业务模型】

项目策划、阶段性进度计划、节点计划、总进度计划、年计划、季度进度计划、月进度计划、周进度计划、重要节点进度计划等。

【数据分析指标】

投诉管理、风险预警等。

【数据呈现方式】

表格、圆环图、柱状图等。

质量安全管理

【建设目标】

实时掌握各项目质量月报、质量巡检、质量问题分析、质量动态、安全巡检、安全问题分析、安全动态等各项项目质量安全管理指标，为企业监督管理活动提供数据支持，进而提高项目质量安全管控效率，实现项目施工过程低安全风险、高质量品质。

【业务模型】

质量损失台账、质量整改、安全问题台账、安全问题整改、设备管理台账等。

【数据分析指标】

安全管理、质量管理等。

【数据呈现方式】

表格、柱状图、趋势图等。

第三篇
数字化与智慧建造管理

商务合约管理

【建设目标】

以合同、成本、物资、分供方、结算管理为着力点，从管理行为和流程的规范性、具体工作效果有效性和及时性进行检查监督与分析改进，达到提高生产力、降低成本、增强竞争优势的目的，从企业降本增效和风险防范两方面支撑企业高质量发展、差异化竞争和可持续发展战略。

【业务模型】

合同基本信息、合同评审管理、合同签订录入管理、合同修订管理、合同交底管理、统计分析管理、基本档案管理、成本归集管理、成本报表管理、材料计划管理、材料供应商招标、供应商管理、消耗材料管理、周转材料管理、分包变更管理、分包结算管理等。

【数据分析指标】

新接项目预期利润率、在建项目产值利润率、竣工项目结算利润率、集中采购、成本风险项目等。

【数据呈现方式】

散点图、趋势图、圆环图、柱状图、仪表盘等。

财务资金管理

【建设目标】

支持企业全球化管控要求下的多组织结构管理，实现企业资金集中管理，动态掌控来自企业内部价值链和外部价值链的资金流量、流速，保证企业资金用于重要领域。

【业务模型】

科目配置、凭证管理、月末结转、账簿查询、编制报表、合并报表、报表查询、资金支付监控、内部账户管理、资金调度、网上银行、存款管理、银行对账、新增资产、资产减少、折旧与摊销、报表统计等。

建筑企业管理精要
Construction Enterprise Management Essence

【数据分析指标】

营业收入、利润总额、经济增加值 EVA、应收款项、管理费用分析、应收账款周转率、应收账款占收入比、总资产周转率、经营活动净现金流、资产负债率、资产总额、流动比率、总资产增长率、资金管理、结算中心、资金构成、资金集中、带息负债、银行授信、四色三级资金预警等。

【数据呈现方式】

饼图、柱状图、EVA 图、趋势图、雷达图等。

人力资源管理

【建设目标】

构建完善的人力资源信息管理系统,实现企业人员基础信息的机制管理和人力资源业务的标准化、流程化管理,不断提高工作效率、降低人力资源管理成本,通过人力资源集中管控,优化重组业务流程,提高人力资源规划管理,增强企业核心竞争力。

【业务模型】

组织机构管理、单位管理、部门管理、岗位管理、招聘管理、人员入职、人员信息管理、人员变动管理、人员合同管理、薪酬管理、福利管理、人才库管理、绩效考核等。

【数据分析指标】

员工结构、关键人才、人才队伍、人员异动等。

【数据呈现方式】

表格、圆环图、柱状图等。

党建工作管理

【建设目标】

党建工作包括思想建设、组织建设、作风建设、制度建设、反腐倡廉建设、纯洁性建设等,利用大数据智能分析与统计,及时了解各层级的党建工作,实

第三篇
数字化与智慧建造管理

现党建工作管理的科学化、自动化、数字化。

【业务模型】

人员信息管理、成果管理、廉洁文化示范点、信访管理、线索管理、监督管理、追责问责、廉洁风险防控预警等。

【数据分析指标】

党员数量、党员年龄、工作岗位、党组织结构、纪检专兼职人员信息、宣传等。

【数据呈现方式】

表格、饼图、柱状图等。

数字化管理策略

数字化转型的目的是企业适应大数据、云计算、物联网背景下的新市场形势、新发展理念，实现企业高质量发展的转型升级，转型则"生"，不转型则"死"。

企业数字化转型不是一蹴而就的事情，而是一个长期的、艰巨的系统工程，必须从战略层面高度重视，正视自身面临的竞争环境和转型压力，找准自身定位和目标需求，加强数字化统筹协调和战略规划，做好顶层架构和实施路径设计，分阶段、分步骤循序推进，最终实现数字化转型目标。

企业全面风险预警管理

在激烈的市场竞争环境下，建筑企业面临战略、市场、投资、运营、财务、法律、合同及项目管理等多方面的诸多风险。必须建立风险监控预警体系，科学设置监控指标，及时掌握、分析关键风险的变化趋势，向决策层及时发出预警信息并提前采取预控措施，实现对关键风险的动态管理和有效管控，最终把风险控制在企业风险承受度的范围之内，为企业的可持续发展保驾护航。

企业管理风险预警看板

企业数字化转型目标

建筑企业数字化转型的根本目标企业效益最大化，不但要帮助企业自身提升内部的运营效率，还要对企业的结构效率形成优化与改善，为企业的持续稳健发展创制出一种新的机制，从而使企业能够更好地应对数字化浪潮带来的变化与冲击。因此，对内要遵循"数出一源、一源多用"的原则，实现源数据的纵向互通、横向互联、集成共享，提升内控运行管控能力，对外要以生态共赢的思维，通过模式创新、科技创新，推动产业生态升级。

数字化转型总目标

第三篇
数字化与智慧建造管理

【企业管理数字化】

企业管理数字化就是运用数字化技术，实现以业财资税一体化为主要特征的企业运营管理目标，持续提升企业的运营质量和经营能力。作为执行操作层(项目部)，是企业源数据的基础源头，首先要遵循"数出一源、一源多用"的原则，确保源数据的真实性、唯一性、及时性、有效性，实现源数据的纵向互通、横向互联、集成共享；其次通过场景化的应用实现业务替代、基层减负，提升工作效率。作为管理控制层（公司、分公司），实现线上取数、线上检查、线上考核、线上评价，整合碎片化、孤井式的数据源，打通业务数据链，以智能报表取代传统台账报表，实现报表自动生成，数据可视化分析，利用数据进行有效的资源统筹调配，提升内控运行管控能力。作为企业战略规划层［集团（局）］，通过数据智能分析、智能风险预警，为企业战略规划、风险管控、目标管理、绩效考核、决策分析提供数据支持。

【项目建造智慧化】

在工程总承包和施工总承包及项目的建造管理过程中，运用数字化技术，提高人、机、料、法、环的运转效率，缩短建设工期、降低建造成本，提高工程质量，杜绝安全事故，不断提高项目建造的智慧化水平，逐渐向智能建造推进。

一是施工现场，实时感知。基于物联网平台，集成数据采集，形成项目数据中心，实现安全质量预警预控、计划进度节点管理等。

二是围绕业务，精细管理。基于施工管理业务，开发系列专业管理软件，形成项目管理中心，成本管控在线监督、动态管理、实施预警，实现项目精细化管理。

三是智能决策，全面掌控。基于现场数据和管理活动数据，便捷、全面地掌控项目经营状况，科学高效、快速正确做出各项决策。

【产业发展协同化】

以数字化为手段，加强 BIM＋云、物、移、大、智等新技术与建造工程的应用与创新，加快全业务、全产业链、全方位升级，提升全产业链一体化协同服务能力，积极探索智慧停车、智慧管廊、智慧园区等"智慧+"产品。建设建筑工业化生产运营管理、产品生命周期管理、智能生产制造以及装配式建筑智能建造等信息系统，运用BIM、数字孪生技术，将产业链各种要素进行数字化定义，完成研发、设计、生产、物流、施工、运维的全过程，通过建筑工业物联网，以数据驱动，指导现场的实施，促进企业业务转型，培育新的价值增长点。让数字技术覆盖非主营业务，综合投资、地产等业务，应从土地市场、投资、计划、成本、销售、回款、商业及社区管理等全产业生态链、全生命周期的管理，让全业务场景更高效、更便捷，数据实时预警预控，快速决策，提升企业运营效率，降低企业运营成本。

【资源优势社会化】

将建筑企业信息化与数字化能力转化为企业资源优势，依托数字化平台的延伸，向相关方外延，通过数字建造驱动，构建工程数字化生态圈，把传统工程管理、传统基建融入信息化、数字化平台，推动工程设计、采购、建造、调试、运维等各环节的无缝衔接、高效协同，推动产业链上下游企业间数据贯通、资源共享和业务协同，形成新设计、新建造和新运维，带动关联建筑产业发展和催生建造服务新业态，如政府平台、行业监管、金融税务等社会化数据平台集成应用等，打造互利共赢的价值网络，构建跨界融合的数字化产业生态。

数字化实施路径

建筑施工企业数字化战略制定后，数字化管理路径是企业实施数字化管理的行动纲领，是实施数字化管理落地，确保数字化管理战略规划目标达成的重要保障，企业须以战略目标为引领，制定切实可行的实施方案。

【战略引领】

［科学规划，系统布局］以推动企业高质量发展为着力点，强化标准体系顶层设计和系统架构。系统梳理数字化转型标准化建设的短板和需求，制定实施任务清单，构建完善标准体系，确保高标准推进数字化转型。

［开放共享，协调发展］着力发挥标准化的互联互通作用，以标准化促进各

第三篇
数字化与智慧建造管理

业务线条、产业链等领域数字资源深度融合,助力打破信息孤岛。针对数字化转型多学科融合和涉及面广的特点,着力加强各领域标准化建设的统筹协调。

[先易后难,重点突破]以企业数字化转型为先导,撬动业务和产业链相关方数字化转型,加快各领域数字化转型标准化建设。围绕数据共享、流程再造、信用体系、服务协同等关键领域,优先制定企业数字化转型数据基础标准。

【场景应用】

[战略决策方面]在集团(局)层面集成设计、施工建造、投资运营、地产等各板块生产与运营数据,建立战略决策管理模型,积极探索人工智能算法,为集团(局)、分子公司及各业务线分析数据,形成决策建议,提升企业管理能力。

[运营管理方面]升级业务管理系统,实现各层级与各业务线协同工作,提升企业资源配置与经营管理能力。如业、财、资、税一体化应用,应用信息技术打破线条壁垒,逐步推进管理流程重构,升级各业务管理体系。变革对于下属单位的监管方式,采用线上督导与现场指导方式服务基层。

[项目综合管理方面]研发工程建造全过程数字化管理系统,实现生产与管理互联互通,提升项目综合管理能力与精细化管理水平。一方面围绕项目全周期的过程管理,系统梳理从投资、设计、施工到运营不同阶段的业务管理场景,实现各场景的互联互通,数据共享,业务流程优化与重构,提高项目综合管理水平,降低管理成本,促进管理升级。另一方面围绕项目现场生产,推进智慧工地、智慧运营、工业化建造与生产数字化建设与应用,提高项目数字化交付能力。

[产业协同方面]构建生态信息平台,促进产业链协同管理。一是通过梳理与相关方业务协同工作场景,如物资采购、分包方工程计量、甲方方案报送等,形成解决方案,实现各业务在线协同提高效率。二是为相关方提供更多信息技术服务,逐步实现与相关社会化数据平台的集成应用等。

【资源统筹】

[注重资源整合,提升统筹领导能力]要在企业网信工作领导小组的统一领

导下,整合全企业信息化资源,把分公司、子公司、事业部、项目部纳入整合范围,分级建设。

[注重顶层设计,提升一体化水平]做好企业数字化建设的顶层设计,加强与业务线条、各业务部门的对接,充分了解业务流程,吸纳各项业务对信息化的需求,以信息化促进标准化,实现企业"一张网",保证数字化建设的系统性和整体性。

[注重人才培养,提升信息化应用能力]企业管理者要有大视野、大格局、高站位做好信息化专业人才队伍建设,分层分级多渠道培养,通过培训、选拔、建立专家库、社会联合培养等多种方式,打造企业信息化实用型人才。

【自我主导】

[组织保障方面]吸纳各业务部门骨干成员组成信息化创新团队,负责本业务线条数字化管理工作。

[业务管理方面]从数据逻辑、业务管理、流程管控、战略支撑等维度整体规划,完成本部门、本线条的业务管理模型构建,同时要考虑业务管理的中长期发展需要。

[数据管理方面]梳理出本线条各层级数据分析模型以及分析指标,明确指标分析维度和计算规则,通过大数据平台实现数据抓取、统计、分析、展示,形成数字资产,为管控决策层和业务管理层提供决策支撑。

[知识管理方面]梳理出本线条各层级知识管理模型,用于管理非结构化数据,通过知识管理系统实现资源共享。

【分步实施】

[调研及咨询]对现有业务和信息化管理现状进行调研和分析,结合企业现阶段业务管控水平、管控模式及管理重点,以及未来中长期发展战略规划,形成数字化管理战略。

[准备和计划]制定详细实施计划,明确各参与方人员配置、工作内容以及时间节点,做好资源保障,如人员、资金等计划安排,确保按照节点要求推进。

第三篇
数字化与智慧建造管理

[方案确定]根据需求调研报告，结合现有信息系统架构，构架数字化管理平台，形成系统开发文档，制定详细系统开发计划。

[试点应用]选取领导重视、管理精细化程度较高的子（分）公司、项目开展试点应用，总结经验，进一步优化和完善系统。

[培训及推广]具备全面推广的基础后，编制业务应用手册，并针对企业各层级操作人员开展应用培训。

[分步应用及持续改进]在推广过程中，按照"先易后难""先管理线条后经济线条""先财务一体化后业务财务一体化"的原则分步开展。

智慧工地建造管理

新时代，智慧工地综合管理是企业管理之基，智慧工地是建立在现场高度信息化基础上的一种支持对人和物全面感知、施工技术全面智能、工作互通互联、信息协同共享、决策科学分析、风险智慧预控的新型施工手段。它紧紧围绕人、机、料、法、环等关键要素，综合运用BIM、大数据、物联网、移动计算、云计算等信息技术与施工过程有机结合，对工程技术、进度、质量、安全等生产过程及商务、成本、资金等管理过程加以重塑升级，使施工管理可感知、可预测、可决策，提高施工现场的生成效率、管理效率和决策能力，使经济活动数据自动集成，实时预警，实现数字化、精细化、绿色化和智慧化的项目生产和管理。

智慧工地管理理念

伴随新一代信息技术、人工智能技术与工程施工技术的深度融合，智慧工地的概念应运而生。大力推进智慧工地建设，是建筑企业尤其是建筑央企贯彻落实党和国家有关建筑业现代化工作要求，也是打通建筑业信息化落地最后一公里的关键，更是建筑企业抢滩行业管理前沿的必然选择。

项目数字底座建设的理念

工程项目是建筑产业的业务原点，企业的生产经营数据都来源于项目，如果没有大量真实的数据，大数据无从谈起。因此，通过管理系统、物联网、移动设备等采集到真实、唯一、精准、有效的工程项目资金、成本、进度、质量、安全、技术等数据后，进行多角度汇总和分析，通过各种可视化展现方式，供企业决策层及时、准确了解项目、公司运营情况，快速做出科学决策。同时，各项经营数据指标的积累形成成本、物资等专业数据库，为以后企业经营提供源源不断的数据资产，使管理决策从"业务驱动"向"数据驱动"转变，最终提升企业的管理决策能力。

数出一源、一源多用的理念

目前，建筑企业基层项目部存在大量重复填报数据现象，不但增加了信息报送、采集、存储成本，也导致数据责任主体不明，违背"数出一源、一源多用"原则，项目数据无法真实、准确、及时地传递入湖。企业级的管理系统往往是"徒有其表"，缺乏数据支撑，不能真正发挥作用，更谈不上"大数据"的挖掘与应用。明确源数据管理的唯一主体，保障数据完整性、准确性和一致性，减少重复收集造成的资源浪费和数据冗余。建立数据规范共享机制，提升数据利用效率和应用水平，实现数据多向赋能。

智慧工地管理要义

在大数据时代，智慧工地建造一定是行业管理前沿的必然选择，利用信息化管理平台提升管理、为基层员工减负、收集数据资产等应用效果在各个行业都得到了验证。实现现场动态的实时感知，智能分析，用数据支撑决策，能够有效解决如何提高管理质量与效率，对改变传统建造方式、促进建筑企业转型升级具有重要意义。

第三篇
数字化与智慧建造管理

"1+5"智慧工地建造

项目管理是实现项目目标的手段,而管理体系是更好应用管理手段的基础。智慧工地建造管理体系简要描述为1个管理平台,5大管理模块,即:"1个管理平台"是指智慧工地建造管理平台,"5大管理模块"是指内控管理、生产管控、监测预警、BIM应用、智慧党建。

内控管理:策划预控、分级管理、成本管控、知识空间等;

生产管控:进度管理、安全管理、质量管理、资源管理等;

监测预警:视频监控、环境监测、深基坑预警、盾构预警、隧道预警、瓦斯隧道预警等;

BIM应用:数字模型、深化设计、可视化交底、施工阶段应用、智能施工等;

智慧党建:组织建设、党建风采、党员之家、学习教育、榜样力量等。

智慧工地建造管理平台
基于云计算、大数据、物联网、移动互联网的大数据管理平台

01. 内控管理
策划预控、分级管理、成本管控、知识空间

02. 生产管控
进度管理、安全管理、质量管理、资源管理

03. 监测预警
视频监控、环境监测、深基坑预警、盾构预警、隧道预警、瓦斯隧道预警

04. BIM应用
数字模型、深化设计、可视化交底、施工阶段应用、智能施工

05. 智慧党建
组织建设、党建风采、党员之家、学习教育、榜样力量

"1+5"智慧工地建造管理体系

业财资税一体化管理

工程项目的生产建造是通过"两大过程"来实现的:一是工程项目的人、料、机、管等生产要素物化为建筑产品的"物化过程",也就是建筑产品生产成本的形成过程;二是伴随建筑产品物化过程而产生的商务买卖关系的债权债务收支的"数字化过程"。将"物化过程"和"数字化过程"完整地融合在企业信息化集成平台上,经过计算机自动取数、自动运算、自动显示结果,进行项目经

济活动风险预警，实现集约化管理，从而使企业管理的责任体系和绩效考核体系固化到企业管理信息化系统中，使企业业财资税一体化管理更加精准、节俭、透明、高效，实现工程项目的全过程管控精益化。

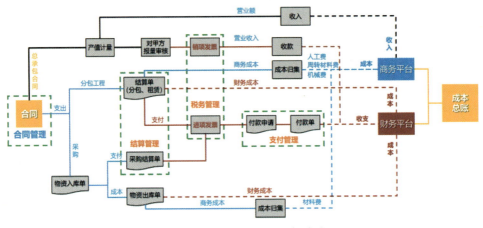

业财资税一体化建设——逻辑关系图

智慧工地管理内容

项目智慧工地建造，是构建一个以党建为根基、项目为主体、生产为主线、内控为核心、安全质量为保障、监测为手段、智能为目标的新型管理体系。通过多方协同、多级联动、管理预控、整合高效的智能化生产经营管控平台，利用物联网、传感网络、云计算等先进技术，以信息化、智能化、数字化服务于项目生产全过程管理，实现企业各管理层对项目主要指标进行风险管理、精准管控。

内控管理

内控管理是企业为保证经营管理活动正常有序、合法地运行，采取对财务、人、资产、工作流程实行有效监管的系列活动。企业内控要求保证数据的准确性、真实性、有效性、及时性，保证对企业员工、工作流程、物流的有效管控，建立对企业经营活动的有效监督机制。

第三篇
数字化与智慧建造管理

智慧工地建造管理平台首页

【策划预控】

［主要管理指标］项目策划、方案预控、成本预控。

［主要管理目标］项目策划保障项目首次资源配置的适当性和施工部署的合理性，防范系统性风险；方案预控确保方案管理程序合规、合法；成本预控反映项目过程管控情况，自动预警偏差。

［数据呈现方式］表格、柱状图、智能报表等。

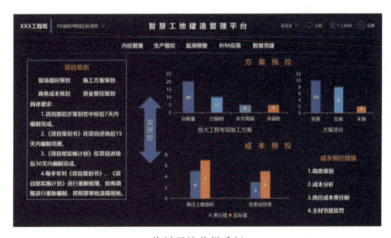

策划预控数据看板

73

建筑企业管理精要
Construction Enterprise Management Essence

【分级管理】

[主要管理指标]项目策划分级实施、安全风险分级管控、项目履约分级督导、工程质量分级监管、分级管理问题库。

[主要管理目标]明确"责权利",分层级发挥管理作用,定期检查对比分析,督促责任人销项,相关问题能有效溯源,实现提前预警,预控风险。

[数据呈现方式]表格、饼图、智能报表等。

【成本管控】

[主要管理指标]责任指标、主材节超、管理动态、利润情况、产值确权、变更创效。

[主要管理目标]以项目经济线全过程业务活动为主线,获取成本费用归集数据,后台智能化分析,实现对关键指标的在线监督、动态管理、及时预警、及时纠偏。

[数据呈现方式]圆环图、柱状图、图片等。

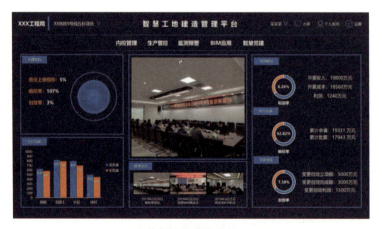

成本管控数据看板

【知识空间】

[主要管理指标]法规制度、过程管控、日常报表、竣工资料。

第三篇
数字化与智慧建造管理

［主要管理目标］企业非结构化数据和半结构化数据的存储和应用系统，是大数据系统的补充。建立资料分级分类管理体系，分级授权，实现工程图纸、各类图片资料、文档的数据共享。

［数据呈现方式］圆环图、柱状图等。

生产管控

生产管控是指有组织、有计划地协调生产关系，有效利用生产资源、合理组织施工生产，以达到预期的生产目标。建筑施工企业生产管控主要包括进度管理、安全管理、质量管理、资源管理等。

【进度管理】

［主要管理指标］项目产值、形象进度、工期节点、节点预警、进度报告、工程动态、施工记录。

［主要管理目标］一是企业级生产监控看板，实现集团（局）生产管理数据分析，产值、形象进度统一同步，生产管理逐级穿透，工期节点分层预警、进度偏差分析溯源；二是项目级生产管理工具，规范基础管理工作，实现项目现场生产管理数字化、信息化。

［数据呈现方式］圆环图、柱状图、甘特图、动态图标、图片等。

【安全管理】

［主要管理指标］风险管理、行为安全之星、安全动态、安全巡检。

［主要管理目标］通过识别风险、控制风险，固化安全管控流程，实现过程风险预警、结果可分析，确保管理制度落地，最终达到安全"零"事故目标。以安全风险辨识为基础，突出风险管控，强化隐患治理，实现安全管控动作标准化、过程管理规范化，形成企业与项目安全管理问题库等信息资产。

［数据呈现方式］圆环图、柱状图、散点图、趋势图、智能报表、图片等。

【质量管理】

［主要管理指标］质量月报、问题类型、质量动态、质量巡检、巡检统计。

［主要管理目标］通过质量管控动作标准化，过程管理规范化，实现现场质

量检查、整改、复查等业务智能流转，问题风险预警与事故可追溯，形成"事前预控""事中管控""事后总结"的全过程动态管理。

［数据呈现方式］圆环图、柱状图、散点图、趋势图、智能报表、图片等。

【资源管理】

资源管理主要实现对项目的人、材、机等资源要素进行全面动态管理，包括员工管理、劳务管理、材料管理、设备管理。

［员工管理－主要管理指标］项目人员总况、政治面貌、学历构成、工龄情况、用工性质。

［员工管理－主要管理目标］分析项目管理人员年龄、性别、知识层次等结构，合理优化员工资源。

［员工管理－数据呈现方式］圆环图、饼图、柱状图、智能报表等。

［劳务管理－主要管理指标］进场管理、培训记录、考勤管理、工资发放。

［劳务管理－主要管理目标］利用劳务实名制系统实名登记，形成劳务信息数据库，通过生物识别等技术，实现数据采集、数据统计，准确掌握出勤情况、培训教育情况、人员流动情况、人员考核情况，工资发放管理等。

［劳务管理－数据呈现方式］圆环图、柱状图、趋势图、智能报表、图片等。

［材料管理－主要管理指标］材料盘存、主材进场情况、主材消耗情况、材料节超情况。

［材料管理－主要管理目标］规范材料管理流程，直观快速了解材料购入、消耗、库存的情况，并对主要材料进场及消耗进行分析，对项目材料节超有效管控。

［材料管理－数据呈现方式］饼图、智能报表等。

［设备管理－主要管理指标］设备数量、设备登记、维修保养。

［设备管理－主要管理目标］进行设备信息数据监管，实现设备管理一体化数据采集、传输和处理，能够使各种点检、维修、维护、润滑、保养、备品备件、资材计划及维修合同预算等自动生成，随时掌握设备的运行状态。

第三篇
数字化与智慧建造管理

［设备管理－数据呈现方式］饼图、智能报表等。

监测预警

监测预警系统实现监测信息与风险分析结果的汇集、相关信息的抽取，并据此进行风险分析，实现预测预警，把分析结果直观展现，为管理者事件处置提供依据。通过整合企业和专业机构资源，对重要项目、重大隐患进行监测监控，实时分析风险隐患，预防潜在危机。

【视频监控】

［主要管理指标］现场监控、驻地监控。

［主要管理目标］通过视频监控，实现对施工场地、办公区域、生活场所、大型、高危风险（重要）工点工序的实时全方位监控、管理、巡查，优化管理层巡查检查方式，减少基层传统低效率的问题，为基层减负。

［数据呈现方式］定位标注、视频等。

【环境监测】

［主要管理指标］实时环境、月度环境统计分析、年度环境统计分析。

［主要管理目标］提高对环境监测数据分析管理水平，实现工地现场扬尘监测、噪声监测等环境指标记录、智能分析。

［数据呈现方式］圆环图、列表、动态图标等。

【深基坑预警】

［主要管理指标］工程信息、当期预警、累计预警。

［主要管理目标］实现深层水平位移、地表沉降、管线沉降、建筑物沉降、地下水位、支撑轴力等数据实时采集、数据自动规整、结果计算、趋势分析、预警设置、报警通知、报告推送等功能。

［数据呈现方式］圆环图、柱状图、列表、智能报表、动态图标等。

【盾构预警】

［主要管理指标］工程进度、风险提示、姿态预警、注浆量预警、出渣量预警、监测预警。

［主要管理目标］远程实时监控盾构施工技术和施工安全状态，达到对项目施工进行风险自动预警、超前管控、实时纠偏、指导施工、解决故障等目的。

［数据呈现方式］圆环图、柱状图、散点图、趋势图、列表、智能报表、动态图标等。

【隧道预警】

［主要管理指标］工程信息、当期预警、累计预警。

［主要管理目标］通过对隧道地表沉降、拱顶下沉、围岩收敛、断面变化等监控项目的监测数据实时采集、即时传输、即时分析，实现智能化预测、分析和预警预报，为预警风险采取应急预案提供依据和分析支撑。

［数据呈现方式］圆环图、柱状图、列表、智能报表、动态图标等。

【瓦斯隧道预警】

［主要管理指标］基本信息、实时监测、监控分析。

［主要管理目标］实现瓦斯隧道气体检测、监控、数据存储以及预警信息推送，规范瓦斯隧道施工气体检测行为，积累瓦斯隧道施工气体检测数据和施工经验。

［数据呈现方式］圆环图、散点图、趋势图、列表、智能报表、动态图标等。

BIM 应用

BIM（Building Information Modeling）技术是一种应用于工程设计、建造、管理的数据化工具，通过对建筑的数据化、信息化模型整合，在项目策划、运行和维护全生命周期过程中，进行共享和传递，使工程技术人员对各种建筑信息作出正确理解和高效应对，为设计团队以及包括建筑、运营单位在内的各方建设主体提供协同工作基础，提高生产效率、节约成本和缩短工期。

【数字模型】

［主要管理指标］施工动态场地布置、施工组织模拟。

［主要管理目标］施工动态场地布置使平面布置紧凑合理，减少运输费用和场内二次搬运，有效降低项目成本；施工组织模拟直观展示项目建设全过程策

第三篇 数字化与智慧建造管理

划思路，提前预测施工过程中各阶段资源配置情况，保证工程持续施工。

[数据呈现方式]航拍、三维模型等。

【深化设计】

[主要管理指标]碰撞检查、设计优化。

[主要管理目标]碰撞检查通过BIM建模对交通疏解、地下管线及主体结构进行模拟，将碰撞点提前与设计沟通进行图纸优化、方案优化及协调组织；在施工图会审的基础上，利用BIM软件出具设计校核报告等成果文件，提出设计修改意见和建议。

[数据呈现方式]三维模型、数据列表等。

【可视化交底】

[主要管理指标]技术交底、安全交底。

[主要管理目标]利用BIM系列工具制作通用或专用技术交底视频，便于管理人员和施工人员对交底内容有更加立体、直观认识与理解。

[数据呈现方式]三维模型、虚拟样板、视频等。

【施工阶段应用】

[主要管理指标]进度纠偏、质量管控、安全预警、成本预控。

[主要管理目标]

进度纠偏：利用BIM模型对项目进度计划进行模拟验证，利用进度模拟的成果对项目进度计划进行优化更新；

质量管控：利用BIM技术明确并细化质量控制点，通过移动端跟踪施工进展，进行重点控制，实现工艺的精细化管理；

安全预警：通过创建三维模型，让各专业管理人员提前对施工面危险源进行判断，有效避免安全事故发生；

成本预控：让BIM模型符合工程量计算要求，对比不同方案间的工程量，为决策提供数据支持。

[数据呈现方式]三维模型、数据列表等。

智慧党建

利用信息技术，通过对党建各方面工作的高效管理，更好地宣传党的思想、路线、方针，更高效率地工作，使党员活动从封闭走向开放，党建手段从传统走向现代，党建形式从分割走向联合，党建管理从模糊走向精确。

［主要管理指标］组织建设、学习教育、大屏展示、党建风采、榜样力量、党员之家。

［主要管理目标］实现党建数字可视化、党建工作移动化、组织、党员、群众之间的实时互动，构建数字化、智能化党建工作系统运行全图。

［数据呈现方式］圆环图、列表、动态图表、图片等。

智慧工地管理策略

通过智慧工地管理，实现对人、机、料、法、环等生产要素的全面感知，项目可视、可管、可预、可控的管理，加快项目施工进度，提升安全管理能力、确保工程实体质量、降低目标成本消耗，增强项目精细化管理水平，促进项目标准化、信息化、精细化、数字化、智能化的"五化融合"，实现经济效益和社会效益的最大化。

管理层级化

通过设置不同层级权限的账号，各管理层级账号查看权限范围内项目情况，各管理层获取所需的集成数据及分析资料做出决策。各管理线条,如生产、安全、质量、成本等根据业务不同，均呈现不同层级的自动预警，有效防止关键数据外泄。

平台系统化

平台可实现对各子系统高度集成，通过平台可以实时掌握项目概况、成本费用归集、安全、进度、质量、环保、新技术应用、智慧党建等方面的具体业务数据。

第三篇
数字化与智慧建造管理

内控管理精细化

通过手机端办公、信息共享，降低沟通成本，改变传统现场定期检查方式为线上随机检查方式，强化公司与项目、项目与工区、部门与部门、岗位与岗位间的联动、全员参与，提高管理人员发现问题、解决问题的能力；在成本管控方面，图表分析项目成本经营状况及结算情况，自动生成经营报表，高效反馈出项目效益各项费用组成，能精确找准项目成本管理短板，有针对性地提高管控短板。

安质管理智能化

能自动统计分析出安全、质量隐患风险点、趋势曲线，便于管理层制定有针对性的改进措施，提供考核劳务队伍安全质量管控能力。安全、质量管理数据，是通过智能分析后，实现趋势预测、自动预警，及时掌握项目管理风险，消除安全、质量隐患，提高现场管控水平。

进度管控形象化

系统优化各区段、工点、单位工程的关键工期节点和年、季、月、周进度计划、完成情况的统计及对比分析，通过图表形象展示当天进度和阶段性进度，直观展示实际进度与计划进度偏差分析图表，利于现场施工组织资源的调整。

监测预警自动化

监测预警系统实现监测数据自动采集、实时上传、自动分析、及时预警、在线查询及自动生成报表的功能，通过对各监测点埋设传感器自动采集数据，实时上传平台进行分析成图，真实、全面、实时地反映安全状态。同时，当出现预警情况时，系统会立即根据预警级别向预定人员发送预警信息，提醒采取措施。

BIM 应用实用化

通过 BIM 模型对现场场地进行合理化规划与设计，协助方案设计及交底，通过平台进行三维呈现，同时将 BIM 模型通过云端生成 360° 全景效果图，展示现场及项目施工管理情况。

第四篇 企业商务与项目责任成本管理

企业经济活动以项目商务管理为主线，以成本管理为中心。项目管理是企业管理的基石，项目管理要以责任成本管理为中心，责任成本管理要以技术管理为中心。成本管理强调成本责任，责任中心划分为收入中心、费用中心和成本中心。企业提高经济效益最根本的方法是项目开源创效和降低成本。

企业商务管理

商务管理理念 / 84
商务数字一体化的理念
商务全过程管控的理念
企业"五化"融合的理念
项目责任成本中心的理念

商务管理原则 / 85
企业商务管理以项目经济活动管理为中心的原则
业务链全生命周期管理的原则
商务管理三分离核算的原则
成本管理目标责任制的原则
数字化商务管理的原则

商务管理机制 / 86
项目目标责任制
区域招采平台制
分供方管理机制
成本核算机制
考核兑现机制

商务管理要义 / 90
项目创效管理前置
项目精准策划
项目预算分解
项目过程核算
项目合同管理
项目分供方管理
项目资产盘活管理

项目责任成本管理

项目成本管理理念 / 95
工期就是效益的理念
方案决定成本的理念
大成本意识的理念
开源与节流并重的理念
价本分离，责任成本费用中心的理念
成本预控管理的理念

项目成本管理机制 / 96
责任中心预算分解
目标责任书考核
成本预控
责任制建设
项目结算与回款管理

项目创效策略 / 104
创效方法
各阶段创效要点
创效策划与措施
风险防控

项目过程成本管控要点 / 107
工程数量控制
劳务成本控制
物资成本控制
机械成本控制
临时工程成本控制
责任成本核算制
责任成本考核制
索赔补差创效制

企业商务管理

商务管理理念

建筑企业进入低成本竞争时代，承载市场巨大的竞争压力，企业效益风险愈加严峻，只有不断创新思维，提升领导者的管理理念，向管理要效益，向规模要发展，企业才能迈入高质量发展之路。

商务数字一体化的理念

施工企业业务互联、数据互通、数字化转型是建筑企业内控管理的必然选择，围绕项目将企业业务与项目业务管理互联互通，从市场营销、生产技术、商务成本、财务业务数据共享，实现企业业财资税一体化，确保商务数据真实有效，风险自动预警，让数据产生价值，为项目盈亏分析提供科学判断和有效决策。

商务全过程管控的理念

商务管理不能仅局限于项目生产实施过程，而必须体现从市场经营开始，直至工程完工收款的项目经营管理全生命周期着眼。项目管理要从前期施工方案制定到过程成本管理为中心，实施一、二、三次经营，对应工程投标中标、实施中变更签证索赔、完工结算确权三个阶段，每一阶段的项目工作侧重点不同，通过三个阶段的策划运营管理，最终实现项目盈利及利润最大化。

企业"五化"融合的理念

五化：标准化、信息化、精细化、数字化、智能化。

标准化是信息化、精细化的基础；**信息化**是标准化、精细化的工具；**精细化**是标准化、信息化的目标；**数字化**是信息化、精细化的融合；**智能化**是信息化、数字化的高阶。企业管理创新在于"五化"融合，其途径和方法是通过管理标准化、标准表单化、表单信息化、信息集约化、业务数字化、生产智能化、管理可视化、数据业务化、决策数智化，推动企业转型升级和高质量发展。

第四篇
企业商务与项目责任成本管理

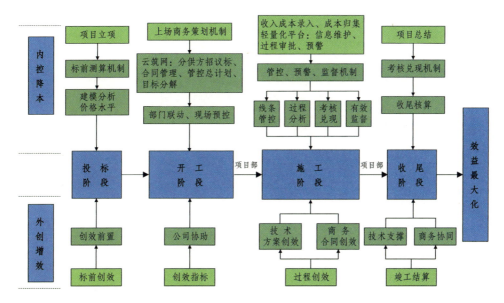

项目经营管理"全生命周期"管理架构图

项目责任成本中心的理念

项目责任成本管理重点在责任,责任在于分解,成本核算可分为预算中心、费用中心、成本中心。责任成本中心是项目责任成本管理的执行层,是进行责任成本核算的基本单元,主要负责项目单位工程责任预算控制和管理。责任的科学划分是解决项目成本管理中责任交叉、问题溯源、考核兑现的关键。

商务管理原则

企业商务管理以项目经济活动管理为中心的原则

项目是企业经济活动的基础,是企业效益的源泉。项目管理是企业管理的底基层,项目管理要以责任成本管理为中心,责任成本管理要以技术管理为中心,成本管理是项目管理的基石,项目目标成本管理是内控外创的综合管理,项目经济效益要通过内控成本、外创效益两条途径来实现。

业务链全生命周期管理的原则

商务管理是一项复杂的系统工程，是一条贯穿营销、施工、结算全过程的价值创造链和管控体系，是一项全员参与、全过程、全方位管理的工作。主要体现在商务合同管理和成本归集管理两大商务管控主线，贯穿和作用于项目全生命周期，围绕降本增效和提高收益来开展工作。

商务管理三分离核算的原则

三分离主要是指管理层与作业层相分离、收入与支出相分离、合同清单与责任成本相分离。**层级分离**是管理层负责目标实施和考核监督，作业层负责执行落实，二者分离有利于区分管控职能，厘清经济责任；**收支分离**是二者既要分开归集，又要对应核算，是成本核算的主要内容；**价本分离**是实施工程项目成本管理的基础，也是理顺项目经营、生产、商务等管理责任划分的重要依据。

成本管理目标责任制的原则

开展目标责任成本管理是现代企业管理最有效的手段，是解决项目效益低下、责任分解不到位的有效方法，是由静态管理变为事前预测、事中监控、事后考核的动态管理。目标责任以控制成本、提高项目收益率为主线，通过目标成本的责任分解控制和终极责任制落实，以提升低成本管理竞争优势，从而实现企业管理竞争力和收益率的目标。

数字化商务管理的原则

在数字经济和智能化时代，以大数据为生产资料、云计算为生产力、互联网平台为纽带，推进商务数字化管理势在必行，实现商务业务的物资集采、合同管理、物资验收无人化、成本表单自动生成、项目盈亏数据智能分析，数字商务管理一体化是企业精细化管理、高质量发展的重要保障。

商务管理机制

企业商务管理围绕项目管理降本增效为主线，控制成本、增加创收、提高

第四篇
企业商务与项目责任成本管理

效益，落实企业制度，推进企业经济运行、监管与考核兑现工作。

项目目标责任制

通过明晰各方岗位职能，合理划分责任中心，层层传递责任，营造"人人管成本"的管控氛围。在企业内部逐步建立与市场经济相适应的竞争机制，通过层层分解传递责任压力，使员工真正把费用指标作为工作目标，把压力作为工作动力，把责任作为工作使命。

【目标责任的层级管理】

[集团（局）]审批特定项目目标责任书、检查所属单位目标责任书签订、检查目标考核兑现。

[公司]项目目标测算与确定、项目目标责任书签订、项目考核兑现。

[项目部]参与项目目标测算、项目目标责任书分解和执行、报送项目考核兑现资料。

【责任预算分解】

责任预算分解是项目经理对项目经营活动管理责任终端的量化责任指标和签订各中心责任书的过程。项目管理的责任终端是项目部各职能部门、项目工区、单位工程、专业化工厂（拌合站、钢筋加工厂）等企业管理人员。项目部对上级编制的责任预算进行分解，与各责任中心签订责任合同，明确双方责、权、利关系。责任预算确定后，公司要以《项目目标责任书》的形式明确项目部效益、安全、质量、工期、环保、水保、上交款等主要控制目标，并约定奖罚标准。

【责任书考核兑现】

项目部责任书每半年考核兑现一次，经过公司商务管理部牵头审核，以半年、年度成本分析资料为依据，以项目目标责任书签订的综合考核利润率为基准，以开累已完工程利润率为基数进行核算兑现。

区域招采平台制

区域实施企业招采平台统一管理，规范物资及专业分包的招议标采购工作。运用平台进行线上招采，降低人工成本、规避投标人围标及恶意压价风险，提高工作效率。

【采购平台及方式】

通过企业采购平台进行集采，内部审批流程有招标公告（投标邀请书）、招标（谈判）文件及审批单。采购模式有公开招标、邀请招标、竞争性谈判和单一来源采购，项目主要采用公开招标方式。

【企业采购平台操作流程】

主要流程： 约标、发标、开标、评标、定标。

评标办法： 采用综合评标法和经评审的合理价法。

分供方管理机制

招议标遵循"公正公平、诚实信用、二次询标、合理价格、关系人回避"的原则。分包合同应遵循"合法合规、诚信履约，统一标准、归口管理"的合同管理基本原则。分包结算遵循"依据合同、实事求是、分级管理、月结月清、成本受控"的原则。商务部门是分包结算管理的归口管理部门。

【招议标机构及分工】

企业成立集中采购领导小组，主要负责企业集中采购的制度建设、体系建设和集中采购重大事项的决策。公司集采中心负责公司层级集中采购的招标文件编制评审、招议标管理、合同签订、数据统计等工作。

【分包结算管理】

遵循无合同不结算的原则，严禁对未签订分包合同的分包人办理任何形式的分包结算，分包合同中的分包工程结算条款一经约定，不得随意调整和变更。必须调整和变更时，应按照规定的分包合同评审程序进行评审，经评审同意后签订补充合同。企业每年对所属各公司进行两次分包结算管理检查。

成本核算机制

成本核算是将项目在生产经营过程中发生的各种费用进行计算和归集，计算项目总成本和单位工程成本。项目成本核算包括收入核算、成本（费用）核算和单位工程的实物工程数量核算。

第四篇
企业商务与项目责任成本管理

【核算内容】

反映项目整体盈亏情况、收入变更情况、成本发生情况、盈亏比例等；反映项目现金流情况、公司垫资情况、债权债务情况、资金缺口以及对项目影响的风险评估等；反映项目工程数量和变更工程数量的节超情况；反映项目材料成本的节超情况及对本项目整体成本的影响；反映项目本级管理费、间接费、税费、临建费等节超情况。

【核算原则】

及时性原则、准确性原则、成本费用支出与责任预算比原则、量价分离原则。

【收入核算】

主要核算初始合同收入、变更索赔收入和其他收入三部分，对应计未计和超前计价进行核算。

【成本费用核算】

成本费用核算是对项目成本的总体核算，要细化至责任中心和单位工程，包括预算成本的核算和对应实际成本的核算。财务部门根据责任中心划分情况进行实际成本的核算，各业务部门在商务部门的组织下对责任中心预算成本进行核算，财务部门进行预算成本和实际成本的归集。

【单位工程工程数量核算】

实物工程数量核算是按照预算分解时单位工程各中心确定控制指标与实物工程数量、与实际执行情况的核算。

考核兑现机制

公平、合理、及时兑换是责任成本管理持续深化的原动力，是成本管理的重要杠杆，通过责任成本管理考核兑现，可以提升员工的责任感，实现个人价值。

【考核机构与时间节点】

对项目进行成本考核与兑现是企业管理项目的重要职责。公司成立"项目成本管理委员会"，对项目责任成本下达、过程责任成本调整及项目最终考核兑现进行审核批准，依据企业相关规定和鉴定的《项目部责任书》，按季度对所属项目进行项目成本考核与兑现。

【考核基本流程】

公司考核责任部门统筹编制项目考核滚动计划→参与现场盘点→项目提交分析资料→进行资料复核→查月度项目成本专题会议纪要→确定考核结果并提出考核意见。

商务管理要义

项目创效管理前置

实践证明，标前创效、工前创效的效果，均优于过程创效。项目要尽早对接业主和设计院总体、地勘、工经等，在合同条款研究、创效目标把握、盈亏细目分析、概预算编制、创效要点梳理以及技术方案比选等方面进行策划，为项目创效和盈利打下基础。

项目精准策划

公司对项目商务策划本着实事求是，精准谋划，成本预控和风险防范的原则，对项目的资源配置、责任落实、创效目标以及成本管控体系、价格控制体系、过程核算体系、预警监督体系等实施有效策划管理。

［公司］编制项目商务策划，组织商务策划交底，指导签证索赔。

［项目部］负责参与编制商务策划，负责商务策划目标分解，办理签证索赔。

项目预算分解

项目部依据公司编制的项目责任预算，根据项目责任中心划分，编制责任中心预算。通过明确岗位职责，细化项目成本管理责任，先划分责任中心，然后分解预算到责任中心岗位，按岗位扛指标，落实责任制。

【基本原则】

推行收支分离、量价分离的原则；实施项目管理层与作业层分级管理的原则；坚持可控性、可量化和责权利相结合的原则；实施动态管理的原则；实施与项目

第四篇
企业商务与项目责任成本管理

组织模式相结合的原则。

【责任中心预算编制依据】

根据现场实际优化后的施工组织设计;生产要素配置;项目部责任预算;审核的责任中心工程量清单及责任范围;劳务合同价及材料实际购入价格等;试验室配合比、主要材料损耗系数。

【责任中心预算编制内容】

［收入中心］由初始合同收入、变更索赔收入和其他收入三部分构成。初始合同收入根据公司责任预算收入金额确定,变更索赔收入根据变更索赔筹划确定,其他收入根据实际情况确定。

［费用中心］包括项目经理费用管理中心、临时工程中心、征地拆迁中心、各业务职能中心。

［成本中心］单位工程或各区段中心。

项目过程核算

项目每月或每季度,由项目经理组织、商务合约管理部门牵头,根据签订的责任书,按照各责任中心承担的指标进行核算。

【核算周期】

项目责任成本核算应以月度为核算期,以上月26日至当月25日为一个核算期间,即每月26日为项目工程量盘点、材料盘点、分包结算、物资采购租赁结算等月成本计算截止日。

【核算原则】

项目责任成本核算遵循工程进度、产值收入与实际各项成本归集的原则。各类预提、摊销类成本与当期收入计列相匹配,依照"权责发生制"原则核算。

【核算内容】

项目责任成本核算分二级目录,其中一级目录设定为五项:人工费、材料费、机械费、现场经费和分包工程费。二级目录设定为:人工费包括实体劳务费、零星用工、辅助用工;材料费包括实体材料费、周转材料费;机械费包括机械设备租赁费、进出场及安拆费、机操人员薪酬；现场经费包括其他直接费、间接费、附加税金；分包工程费包括一般分包、管理费分包、甲指分包等。

项目商务部门牵头，负责每月的目标成本、实际成本及成本降低额业务归集，项目会计作为凭证办理财务入账。

【结果考核】

项目经理负责，商务管理部门牵头，成立项目成本考核小组，实施项目成本考核。考核与兑现流程严格按管理制度或细则进行，做到考核及时、数据准确、流程规范、结果有效。

项目合同管理

合同管理是企业商务管理的核心，强化项目合同管理是企业有效防范内控的重要工作。任何建筑工程项目实施，均以签订系列承发包合同为依据，忽视合同管理就意味着无法对工程质量、工程进度、工程费用进行有效控制，更勿论谈及对人力资源、工作沟通、工程风险等进行综合管理。商务管理以合同管理为核心，才可能统筹调控整个建筑工程项目的运行状态，实现企业目标。

【主合同管理】

［合同洽谈］主合同洽谈由本单位总经济师牵头，相关市场营销与投标人员、法务/商务管理部门与工程技术部门的专业人员，以及拟派的项目经理与商务经理参与。重大项目谈判须按要求编制《合同谈判策划书》，合同谈判结束后立即形成书面记录或纪要，争取双方签字认可，及时锁定过程谈判成果。

［合同草拟］参与主合同起草时，法律事务部门负责合同文稿的草拟、修改，财务资金、工程技术等管理部门予以协助；当主合同文本由发包人提供时，法律事务部门应将其与国家、行业现行示范文本进行全面对比，发现有变动且对合同履行有实质性影响的，应当在合同评审意见中明示。

［合同评审］主合同的审批权限归集于集团（局）和所属子公司两级法人单位层面。子公司承接项目的主合同评审由公司总经济师主持办理。直营公司承接项目及子公司以企业名义承接项目的主合同评审，经公司评审后报企业，由

第四篇
企业商务与项目责任成本管理

集团（局）总经济师主持评审。

[合同签订]主合同经评审批准后，如发包人无要求，除因有利于企业方的合同条件优化谈判而延迟外，通常应于评审完毕后30日内，及时完成签订与用印手续，形成正式合同文件。

[合同交底]对主合同实行两级交底机制，公司总经济师应在合同签订后15天内牵头对项目部进行一级交底，在一级交底后5天内由项目经理组织，项目商务经理向项目部全体人员进行二级交底。

[合同履行监控]对主合同履行实行"风险要素分级监控"管理机制。在建工程项目经理部至少每月应进行一次履约情况自查；公司至少每季度应对在建项目进行一次履约检查；集团（局）法律事务部结合集团（局）经济活动检查每半年应对各公司合同履行管理工作进行综合检查、评定。

【分包合同管理】

[合同起草及评审]合同使用企业或公司发布的标准示范文本。

[合同签订与用印、传递与使用]分包合同在分包方进场前完成签订，没有签订分包合同不得进场实施实际作业。签署后，商务部门专人审核相关评审会签记录、文本内容、授权文件和被授权签字等内容的有效性，提交用印申请，直至签批后进行用印。

[合同交底]分包合同签订后5天内，应由项目经理组织进行交底。

[合同履行监控]项目经理部至少每月应进行一次履约情况自查。

项目分供方管理

随着市场经济的不断发育，建筑业分供方竞争激烈，企业只有加强和完善分供方管理体系，提高自身专业性和竞争力，才能更好地促进企业业务发展。分供方由公司层进行考核评价，每半年应公布合格、不合格分供方目录，集团（局）每年应公布一次，企业各级执行，从而推动企业上下游客户良性运行。

项目资产盘活管理

公司通过企业资产盘活系统，实现对区域空余物资设备进行可周转信息共享，方便公司及项目及时调拨、有效周转，利于企业对剩余资产的管理与使用。

【资产类型】

周转材料、机具、设备、剩余物资、办公用品均可录入资产盘活系统。

【过程实施】

项目剩余资产统一在系统上架（包括图片、数量、金额等数据），公司统一发布在物资集市，可实现跨区域、项目调拨，调拨单完善程序后由财务进行转账。

【应用效果】

解决公司资产供、需之间的信息共享，使项目、区域、公司合理地利用闲置资产。实现闲置资产信息线上（手机、PC）发布、订购、交易、分析，提高工作效率。帮助公司掌握资产闲置、分布情况，合理安排资产采购与调配，减少企业资金占用。

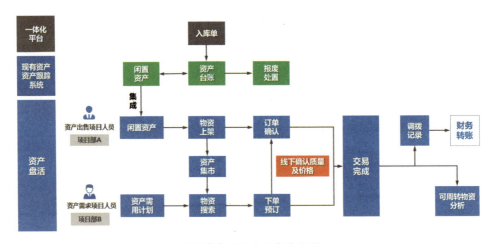

项目资产盘活全业务流程图

第四篇
企业商务与项目责任成本管理

项目责任成本管理

项目成本管理理念

企业成本管理主要载体是项目,贯穿于企业项目管理的全生命周期,管理重点是项目前期策划、过程管控和结算收款。项目管理是企业管理的基石,项目管理要以责任成本管理为中心,责任成本管理要以技术管理为中心,树立履约为先,技术是龙头,工期就是效益,方案决定成本,开源节流并重等管理理念,将对项目责任成本管理起到重要的指导作用。

工期就是效益的理念

项目成败取决于工期,工期就是效益。管理者要围绕工期目标开展各项工作,通过均衡生产,达到工序组织均衡,要素配置一次到位,各结构物、各节点工期均衡,实现将资源投入的生产效率最大化。做到不赶工、不抢工,避免"添油战术"和"突击战",以速度取胜摊薄固定成本,获得最大效益,赢得信誉,实现社会经济效益双丰收。

方案决定成本的理念

技术管理是项目管理的灵魂,项目管理以技术管理为龙头,以成本管理为中心并贯穿于工程项目全过程。技术管理中最重要的内容为方案预控,通过方案策划,明确各工序施工方法、各阶段管理目标、资源组织及解决问题的措施,施工方案确定后,即成本基本锁定,使得项目管理各项业务有规可循、有据可依。

大成本意识的理念

在项目管理过程中,要树立"大成本"意识和系统管理观念,不能只局限于成本本身,要延长企业的整个价值链,站在区域发展和项目总成本的高度,综合考虑项目成本与品牌价值的关系、资源配置成本与工期成本的关系,在"全员成本、总体成本"意识主导下进行成本管控,通过及时采取最小化的成本投入,实现效益最大化,管理者必须具备最科学管理思维与方法。

开源与节流并重的理念

项目管理过程中做好开源与节流并重,实现项目利润最大化。开源是关键,通过项目前期精准策划,项目过程设计、施工方案优化,分阶段推进,实现项目过程创效。节流是日常成本业务工作做到日清月结,精细管理,做好责任成本分级和归集,找准问题所在,从而实现降低施工成本目的,最终达成项目优质、高效、低耗。

价本分离,责任成本费用中心的理念

"价本分离"是投标合同价格与实际成本价格分别核算,是实施工程项目成本管理的基本方法,也是理顺项目经营、生产、商务等管理的重要依据。通过"价本分离",促进项目经理部实施精细化的责任成本费用中心管理,落实岗位责任制,实现"人人讲成本,全员有责任",提高项目经理部全员成本管理意识,实现项目集约化管理。

成本预控管理的理念

预控管理是决定项目成本管控方向及其运行轨道的有效机制,是责任成本管理的关键阶段,也是落实"法人管项目"的抓手。项目开工前,以优化施工组织方案、设计方案、资源配置和生产要素管理为重点,以成本中心管理为主线,进行成本预控管理。项目主体工程结束后,应重新确认项目总成本和附属工程施工成本,以及后期收尾费用和三次创效措施,锁定项目总效益。

项目成本管理机制

责任成本管理是精细化管理之魂,成本管理是商务管理的核心,是企业生产经营过程中各项成本核算、成本分析、成本决策和成本控制等一系列科学管理行为的总称。成本管理包括成本预测、成本决策、成本计划、成本核算、成本控制、成本分析、成本考核等职能;成本管理的目的是充分动员和组织企业全体人员,在保证产品质量的前提下,对企业生产经营过程的各个环节进行科

第四篇
企业商务与项目责任成本管理

学合理的管理,力求以最少的生产耗费取得最大的生产经营成果,促进增产节支、经济核算,改进企业成本管理,提高企业整体管理水平具有重大意义。

责任中心预算分解

责任中心是责任成本核算的基本单元,内容可分为收入中心、成本中心、费用中心。

【收入中心】

由主合同收入、变更索赔收入、新增工程收入和其他收入四部分组成,主合同收入根据公司责任预算收入金额确定,变更索赔收入根据创效策划确定,其他收入根据实际情况确定。收入中心负责按合同约定向业主进行验工、计量和资金催收。

【成本中心】

成本中心按标段工程成本、区段工程成本或单位工程成本进行预算分解,独立核算。主要负责制定科学合理的施工组织设计,做好现场管理、技术指导和文明施工,合理安排工序,配置生产要素,为降低成本创造条件。全面复核图纸设计数量与实际发生工程量,制定有效的变更设计和索赔目标方案,实现项目创收增效。

项目责任成本管理——责任中心预算分解图

建筑企业管理精要
Construction Enterprise Management Essence

【费用中心】

[项目经理管理费用] 项目经理费用中心负责控制优化节余的费用以及难以控制或非正常费用的控制。其组成为公司责任预算和项目二次责任预算之间的差额部分；设计数量与优化数量之间的量差部分等。作为调节基金，调节在责任中心费用分解时产生的偏差与弥补不可控成本的不足。

[成本预算费用] 主要负责编制责任成本直接费预算，参与编制责任成本责任工资预算，拟定责任利润分配方案，制定计价管理办法，合理确定计价收入和劳务成本。

[间接费费用] 主要参与编制责任成本预算，组织制定各级间接费开支标准，并实施成本控制和成本支出的监督检查、考核责任成本预算执行情况，计算、汇总各责任中心的责任成本并进行分析。

[技术费用] 主要负责制定科学合理的施工组织设计与切合实际的施工优化方案（方案预控），做好现场管理、技术指导和文明施工，合理安排工序，配置好生产要素，为降低成本创造条件。

[质量安全费用] 主要负责各责任中心和安全生产及全面质量管理，制定相关工程质量、安全防范措施。制定切实可行的安全措施，避免一般事故，杜绝重大事故，尽量减少因事故而造成的经济损失。

[设备费用] 主要制定切合实际的临时用电实施方案，控制临时用电费用，负责机械设备的日常管理，督促检查完善本部门质量信誉评价所需要的资料。

[物资费用] 主要负责对材料的采购、材料的收/发料、材料的用量核算、周转材料的租赁和回收等进行管理，严格执行材料逐日消耗登记制度，执行材料节超考核。

[试验费用] 主要负责工程施工用成品、半成品材料的试验，保证材料质量符合工程施工要求，避免因材料质量引起的工程质量问题与成本浪费，督促检查完善本部门质量信誉评价所需要的资料。

第四篇
企业商务与项目责任成本管理

目标责任书考核

项目部本着"考核什么,就控制什么"的原则,按编制的责任预算进行分解,并与各责任中心签订责任合同,明确双方责、权、利关系。项目责任预算确定后,公司以《项目目标责任书》明确项目部效益、安全、质量、工期、环保、水保、上交款等主要控制目标,约定奖罚标准。

【责任书考核兑现】

项目部责任书每半年考核兑现一次,由公司商务管理部牵头审核,以半年、年度成本分析资料为依据,以项目责任书签订的综合考核利润率为基准,以开累已完工程利润率为基数进行核算兑现。

【责任成本分析与考核】

项目部按月进行成本分析、考核,责任成本分析、考核包括项目部本级和责任中心两级。

责任预算收入以内部计价的形式确认,确认时间与对业主及对劳务队伍验工计价时间一致。责任中心预算收入按照实际完成工程量及责任中心成本单价计算,据实结转责任中心成本台账收入栏。

责任中心成本按中心成本台账每月汇总,各责任中心成本之和为项目部本级成本。

成本预控

成本预控是以优化施工组织方案、资源配置和生产要素管理为重点,以成本效益管理为主线开展的一项管理活动。

【项目投标预控】

投标预控包括项目选择、标前测算和报价策略三个环节。

五不揽原则： 不揽不符合企业发展战略规划的项目、不揽与管理能力及规模扩张不匹配的项目、不揽垫资或资金不到位的项目、不揽预期亏损的项目（除战略需要外）、不揽风险不受控的项目。

预测项目施工期间工、料、机单价及变化趋势和各项风险,进行标前测算,合理确定投标报价。

【项目上场预控】

项目上场预控遵循"分级管理、方案先行、量价分离、书面交底、动态监控"原则，企业履行指导与监督职能，公司履行预控与业务支撑主体职责，项目部履行预控方案的执行主体责任。

[主要预控内容]项目组织策划、施工方案策划、工程数量预控、变更索赔筹划、劳务预控、物资预控、机械设备预控、临时工程预控、管理成本预控、税收策划。

方案预控是成本预控的基础，没有方案预控，成本预控只能是空中楼阁，无源之水，无本之木。

责任制建设

岗位责任制规范各级管理人员、各职能部门的职责和责任，通过岗位责任制建设，拟定项目预期利润目标，督促实现项目各责任中心预算费用控制，调动各级管理人员和各部门业务的积极性和主观能动性。

【项目责任成本管理领导小组】

定期召开成本分析会，对重大问题制定措施。

【领导小组主要职责】

负责制定项目责任成本管理实施细则和各项规章制度；负责成本中心责任预算调整的审议和批复；负责督促建立和完善责任成本管理台账和报表分析制度；负责对项目责任工资、效益工资的考核兑现，定期分析项目责任成本盈亏。

【责任中心合同签订】

编制二次分解责任预算后，要及时参照《岗位责任预算书》与各责任中心签订责任书，明确责、权、利和奖惩措施，并及时考核兑现。

【责任中心成本归集】

项目财务部要建立项目责任成本总账，会同项目商务部严格按照各责任中心的责任范围归集每笔成本支出。

第四篇
企业商务与项目责任成本管理

项目财务部按照"权责发生制"的原则进行会计核算,填发转账通知书至各责任中心,各责任中心据此登记本中心责任成本台账及相关辅助账,项目财务部据此登记责任成本总账。每月末负责与各责任中心对账。

项目结算与回款管理

树立"开工即结算"和"结算似营销"的指导思想,巧用方法和策略,提高项目结算率和结算利润率双向指标。

【轨道交通项目结算要点】

[工作方法]实事求是原则;时效性原则;有序性原则;可溯性原则;集体性原则。

[结算工作时间安排]在轨道交通项目的施工过程,项目部可根据施工合同、结算办法或其他相关文件,明确结算工作开展的依据,确定结算资料整理、编制的各时间节点。过程中做好分部工程、单位工程施工图工程量清理及预结算工作,在工程竣工后按业主要求时间节点编制上报结算资料。

[竣工结算方式]根据施工承包合同约定的合同价款形式,确定结算方式。

[竣工结算资料组成]施工技术资料、工程数量支撑资料;合同文件、中标清单报价等价格依据资料;费用汇总结算书。

[主要流程]施工单位与监理方初次审核;结算审核方根据初步审核情况,出具审核报告;解决初次核对结果遗留问题;施工单位再次进行对审;整理汇总审核结果;定案。

[注意问题]结算编制、审核时间过长;竣工结算的业务管理水平较低;签证、变更、索赔手续不完善;

[把控要点]加强竣工结算管理的前期准备;加强对设计变更、索赔、现场签证的控制核算;加强对工程资料、档案资料的管理;加强对竣工结算的对审。

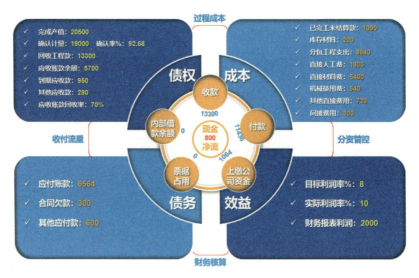

成本归集图

【公路工程项目结算要点】

[项目审计容易出现的问题]新增项目单价套用不合理；大额变更未见省部级主管部门批复；不予计量的工程量进入计量工程量清单；工程量计算错误；避免分部分项工程中新增附属项目；多计或重计以及负变更问题；材料量差和价差问题；变更批复资料滞后；财务业务的问题。

[结算迎审工作重点]合同文件研究，工程量计算规则、计价依据掌握，施工图与清单复核，变更、洽商、签证及索赔等资料手续完善；全面、充分编制结算书；上报结算书前做好自查工作，防范审计风险；做好内审及外审的配合工作，有效解决审计问题。

【铁路工程项目结算要点】

[概算清理重点]设计院最终稿施工图预算，总量是否平衡；概算清理文件定稿前过程Ⅰ类及Ⅱ–a类变更设计是否完全批复；概算清理文件定稿前合同外工程是否已纳入；概算清理文件定稿前征地拆迁、材料设备价差政策性调整、岩溶及采空区处理工程和配合费、地方性收费等其他影响因素调整是否

第四篇
企业商务与项目责任成本管理

已审价到位；纳入概算清理的所有变更索赔事项各种支撑性基础资料是否齐全；各级单位针对纳入概算清理的所有变更索赔事项，编制确保概算清理成果的主要问题及对策方案，加大概算清理跟踪审查、及时反馈意见、沟通协调与足额批复力度。

[概算清理总体原则]概算清理应坚持依法合规、实事求是、遵循合同、风险共担、严格核实、图量一致的原则。

[概算清理主要流程]施工图投资检算；征地拆迁费用清理；Ⅰ类变更设计；Ⅱ类变更设计；计算各类料差；合同外工程；清理咨询检测等其他费用；清理建设期贷款利息；清理有关问题说明费用；业主组织审查批复；工程分批结算。

[概算清理文件组成]概算清理文件（即总册），主要包括概算清理编制总说明、汇总表、分项目汇总表。

[概算清理内容]施工图审核（投资检算）；征地拆迁清理；政策性调整清理；预备费和降造费开支项目清理；风险包干费项目清理；有关问题说明；预备费和降造费的表述内容。

[需要注意的问题]超前谋划，明确分工；资料齐全，实事求是；加强沟通，良性互动；锲而不舍，把握尺度；加强学习，掌握政策。

【收尾项目结算与回款工作要点】

开工要研究合同和计量规则，技术规范，学懂弄通计量结算程序和流程；开工要进行结算工作策划，包括基础资料的过程收集和签证整理等；协调好结算过程中的协调，与业主委婉沟通，据理力争；过程结算要在合同基础上突破，争取超计量，超付款（比例），早收款；注意变更创效和计量结算的结合，争取早进蓝图，早入概算，避免交叉影响；关注上级机构总承包部的概算分劈，价格平衡，对外协调等工作；保持收尾项目结算人员的相对稳定，确保对内对外结算工作衔接和延续；层层落实结算责任，签订结算考核责任状，确保项目"结算率"和"结算利润率"双向目标。

项目创效策略

创效方法

项目商务管理的一项重要工作是开源与节流,开源是核心,节流是基础,双管齐下才能实现项目管理效益目标。创效管理以高效履约为前提,以合同文件及法律法规为依据,优质履约,精准实施,是项目获取效益最大化的有效途径。

【创效理念】

提高站位、统一思想、履约为先、合理创效;未雨绸缪、超前谋划、把握时机、工作前置;迈开步子、敢想敢干、创造条件、做大做优;注重细节、综合收集、合理规范、有依有据;良性互动、换位思考、锲而不舍、把握尺度;合理创效、规范行为、有依有据、环节闭合。

【创效工作依据】

法律依据、政策法规、规范标准、合同文件、设计文件、现场技术资料、工程造价资料、地方政府及当地群众要求。

各阶段创效要点

项目创效可以分为标前阶段、投标阶段、工前阶段、施工阶段、竣工阶段五个阶段,在不同的项目阶段,管理人员应开展有针对性的创效方法,以获得项目效益最大化。

【标前阶段】

变更创效工作前移至该阶段,既有助于投标经营、伏笔埋设、变更创效工作的对接,又有利于实现项目利益的最大化。本阶段工作主体为前期区域市场营销人员和项目跟踪人员等,主要工作为:进行市场分析,确定经营策略;进行项目评估,分析利益风险;了解项目概况,筛选意向标段;做好协调工作,提前介入设计;提前与相关单位沟通,提高限价。

第四篇
企业商务与项目责任成本管理

【投标阶段】

投标阶段是从项目公开发布招标公告至中标通知书发放之间的时段。主要包括以下几项工作：招标文件研读；市场调查；现场踏勘；报价策略及量差；投标报价要点提示；施工组织设计策略；招标补遗。

【工前阶段】

工前阶段主要包括以下几项工作：经营交底；市场调查结果确认；合同谈判；清单项目单位工程成本测算；变更创效方案预控；分析设计优化和工程量进蓝图；迎接审计策划等。

【施工阶段】

施工阶段主要包括以下几项工作：施工图复核；方案优化；新增项目组价；政策性调差；工程变更；工程索赔；施工措施费；税务筹划等。同时，本阶段要注重现场各种原始材料的收集整理，包括各种照片、音像、视频资料；业主、设计、监理召开的会议纪要、电话、通知、文件、指令、记录等；现场施工的照片、测量资料、试验资料、施工日志、气象等配套资料，为施工中变更提供依据。

【竣工阶段】

工程竣工结算阶段主要做好以下几项工作：施工图投资清理、措施费清理；变更补差项目催批；变更补差资料补遗；合同价款清理；应收账款回收；迎接审计准备等。

创效策划与措施

在有初步设计图纸或相关概算资料的前提下，通过完成项目创效策划，分析清单主要盈利子目录和亏损子目录，可以找准项目创效方向和切入点。

【项目创效策划的基本步骤】

合同模式研究→确定项目创效方向→结合现场情况→合同清单研究→盈亏项目分析→施组方案指引→创效思路研讨→创效项目立项→确定责任目标→过程挂钩考核→跟踪推进阶段→创效项目落地等。

【项目部主要工作】

项目部应成立本项目变更补差工作领导小组，由项目经理、总工程师、商务经理、各部门负责人等组成，项目经理任组长，负责本项目部变更、补差管理工作，积极收集相关的签证、补差证据，起草变更、补差申请；领导小组要建立例会制度，每月定期对上一个月的变更、补差完成情况进行总结、分析，并布置下月及下阶段变更、补差工作。

【公司主要工作】

公司对项目创效考核应进行阶段性节点划分，并检查、督导相应的过程奖罚，促进创效目标按计划完成。同时，公司有责任做好对项目创效工作给予技术和方法支撑，必要时需对接高层领导进行创效工作互动。

风险防控

在项目管理的过程中，由于内外部因素的不确定性，往往伴随着各种各样的风险，给项目管理带来不利影响。因此，管理者不但要有识别风险的能力，更要有应对风险的措施，提前预判并采取行动，减少不利因素对项目造成的损失，提升企业抗风险能力和信誉度。

【合同风险】合同模式风险、发包人资信风险、合同条款风险、合同履约风险。

【工期风险】业主违约风险、资源配置风险、不能均衡施工风险、方案调整风险、分包进退场风险、外部环境风险、不可抗力因素风险。

【劳务风险】劳务录用风险、劳务合同风险、劳务履约风险、劳务索赔风险、劳务归属风险、劳务维稳风险、劳务安全风险。

【审计风险】违法分包风险、据实结算风险、以审代结风险、资料风险。

【征拆风险】征拆进度不匹配风险、征拆收费不统一风险、征拆协调困难风险、征拆主体责任不明确风险、征拆超额风险。

【材料涨价及超耗风险】主材调差风险、地材、钢材不调差风险、合同约定不明风险、调差方式风险、材料超耗风险。

【概预算源头风险】概算不足、施工图超设计图、估算风险、概算计量。

第四篇
企业商务与项目责任成本管理

【结算风险】资料缺失风险、方案与实际不符风险、审计减量风险。

项目过程成本管控要点

过程成本管控主要对构成成本费用的诸要素进行规划、限制和调节，通过建章立制，规范管控行为，设置规定动作，及时纠正偏差，达到项目内控成本的目的。过程成本控制基础是岗位责任制的建立，只有各业务线条和岗位责任制的相互协同实施，进行有效的管理，才能实现项目全方位的成本控制。

工程数量控制

工程数量是项目实现收入、控制劳务、材料、机械、临时设施成本支出的基础，在项目责任成本管理中处于核心地位。

【工程数量控制】

中标清单数量、施工图工程数量、变更工程数量、责任预算工程数量、预算分解工程数量和实际完成工程数量的控制。

【工程量逐级控制】

开工前，公司工程、技术、商务管理等部门会同项目部共同对施工图量进行复核，在修正施工图数量后，对设计工程量分单位工程进行统计，作为施工图工程数量；对设计图纸量进行优化，确定责任预算工程数量，责任预算工程数量是项目控制工程数量的最高限值；对公司核定的责任预算工程数量通过施工方案的再次优化和现场实测形成预算分解工程数量；项目部作业层以责任预算工程量为控制上限，按照项目部技术交底指导现场施工，形成实际完成工程数量。

劳务队已完工作内容和工程数量确认的程序为"项目部联合验工、工程部提供数量—工程部负责人复核—安质部门负责人会审—生产经理审核—总工审核—商务管理部复核—项目经理审批"。

建筑企业管理精要
Construction Enterprise Management Essence

【工程量台账建立和登记】

工程量台账要本着满足按月计算工程量节超，满足及时全面反映合同清单工程量、施工图工程量、责任预算工程量、预算分解工程量和实际完成工程量之间关系的原则进行设置，项目工程部门是工程量台账登记的责任部门。

【工程量控制责任制】

建立工程量控制责任制是保证工程量控制机制得以贯彻落实的基础，通过明确项目部各责任体在工程量控制工作中的职责范围，促进全员参与工程量的控制。

劳务成本控制

劳务成本是成本管理的重要环节，是践行严管善待与合作共赢的劳务管理核心理念。在过程管理中，严格监管劳务规范施工，防范安全质量事故；做好劳务技术、测量、试验、物资、设备、结算等保障，当好劳务的顾问、参谋，帮助劳务提高工效，是实现项目与劳务合作共赢的重要手段。

借助信息技术手段，建立企业分包结算深化应用系统，实现现场发生现场记录、审批，解决合同外用工管理不规范，结算不及时，能够有效控制合同外费用。

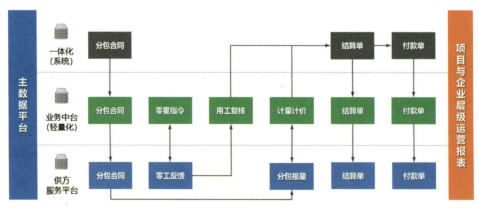

零星用工全业务信息化管理流程图

第四篇
企业商务与项目责任成本管理

【控制措施】

严把劳务入口关。坚持先准入后录用制度，防范资质或等级不符的劳务队承揽工程；认真履行劳务承包模式、承包单价和承包合同审批程序；坚持劳务队先签合同后进场制度；坚持劳务零星用工全业务信息化管理，防范超用工、超结算。

严把劳务结算关。坚持劳务按月结算，防范劳务超设计、超合同、超预算计价；严防劳务超付款；严控零星用工、零星机械台班使用；坚持劳务结算公司审批制度，防止劳务纠纷。

管理部门按时登记劳务结算台账，定期对账。坚持利益回避制度。

物资成本控制

物资管理是项目成本管控的重中之重，物资成本管控措施为：量价分控，项目部控制物资消耗数量，上级公司实施大宗材料等集中采购，有效控制采购价格。主要管控手段：集中采购、计划进货、采收分离、限额供料、日清月结。

【量价分控】

[数量控制] 物资数量主要包括设计数量、采购数量、应耗数量、库存数量和实际消耗数量。

[价格控制] 集中采购是降低采购成本的最主要手段。

【物资重点管控】

[计划关] 做好物资预控，重点是做好物资集采供应方案预控；编制物资采购及供应计划，根据技术变更、施工现场变化动态调整，确保计划及时性和准确性。计划采购基本要求：保证需求，适量库存。严控超预算总量采购等低级错误。

[采购关] 以保障供应、降本增效为目的，大宗材料根据集团（局）集采区域供应规定，分级分区域实施物资集中采购，项目自采物资公开透明，实施公开招标、邀请招标、竞争性谈判等方式。

[验收关]物资进场后必须至少有两个以上人员共同参与，坚持验数量、验质量、验规格、验品种的"四验"制度，及时办理入库手续。

[保管关]建立工地集中料库，合理储备，做到"两齐三清四对口"，即库容整齐、堆放整齐，材质清、规格清、数量清，账、卡、物、资金四对口。

[发料关]坚持限额供料制度，多批次，少批量，限量配送；及时登记供料台账，做到"日清"。

[消耗关]物资消耗核算坚持物资消耗与工程进度同步、与劳务结算同步、与财务核算同步三原则；建立物资同步盘点制度，组织相关人员对料库及现场物资进行实地盘点，汇总各工点当月发料数量，计算实际消耗数量，与应耗量对比，分析节超，厘清责任，做到"月结"。

[处置关]定期清理施工现场闲置、报废物资，在施工现场进行合理调配，无法调配的按周转材料上线交易、区域调拨或及时处理废旧材料。

[核算关]及时进行物资收、发、存、核算及物资量、价成本节、超分析核算，做到账物相符、账账相符。

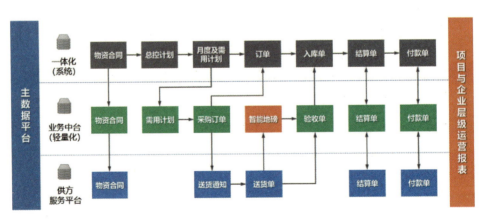

物资采购全业务流程图

第四篇
企业商务与项目责任成本管理

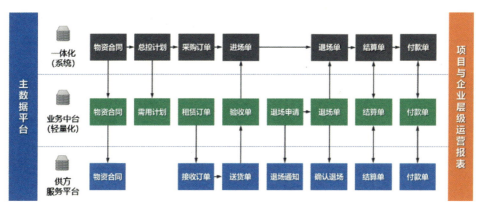

周转材料全业务流程图

机械成本控制

机械管理对工程项目至关重要，不仅影响施工安全和施工进度，同时也对施工成本有很大影响。项目通过过程监控、及时调控、坚持利益回避制度等程序，保证企业生产效率和经济利益，从而保证工程履约和预期盈利目标。

【设备成本控制程序】

［过程监控］项目配置的自有设备、劳务队自带设备等要全部纳入项目监控范围，控制设备投入数量。

［及时调控］根据工程任务的变化，及时调增或调减现场已投入的设备。

［利益回避制度］项目领导以及财务、商务等关键岗位人员的亲戚朋友不得在本项目出租设备。

【设备成本控制关键点】

严格执行企业和公司设备购置审批程序，实施设备集中采购，降低采购成本。

严格执行租赁设备申报、审批制度，合理选择工作量或工作时间结算方式，控制租赁单价。严禁签订不约定保底工作时间的固定价（天或月）租赁合同，严防以小充大、以次充好。不论以哪一种方式结算，项目部必须依据签字齐全的凭证以及出租方提供的合规发票按月结算租赁费。

严格把控桩基、隧道等劳务队设备进场验收关，严格控制设备成新度，老旧、耗油高的设备不许上场和报批，防范设备原因影响项目工期，防范劳务队转嫁工期风险。

严格上场的行走设备、大型特种设备（尤其是租赁和劳务队的设备）必须由产权方投保，避免设备发生事故后，造成巨额索赔，增加不必要成本。

严格在劳务队使用项目自有设备或项目租赁设备时，按规定收取设备租赁费用（可以在劳务队结算中抵扣），不得无偿使用。

严格落实单机（车）核算制度。对自有设备的油料、电力、配件及修理费用等，项目部根据公司的消耗定额，结合现场设备的成新度及现场施工环境，合理测定消耗标准，实行单机（车）核算，做到消耗费用与设备挂钩、设备与人挂钩。

临时工程成本控制

随着项目投资规模的逐渐扩大，业主管理要求不断提高，临时工程和主体工程同标准实施，因此项目要通过公司前期策划、统一标准、计价程序等方面入手，实现有效控制临时工程成本。

【主要工作】进场临建策划、临时设施建设、临时设施分类、临时设施方案确定、临时设施方案实施、临时设施施工、临时设施结算。

责任成本核算制

成本核算是成本管理的重要组成部分，阶段性成本核算至关重要。通过成本核算，从根源上寻找项目管理漏洞，从数据上分析节超原因，以问题为导向，及时将成本超耗苗头消灭在萌芽状态。成本核算需要统一标准和方法，确保核算的公平性和准确性。

【核算体系】

责任成本核算必须建立原始凭证体系和账簿体系，责任成本核算和财务会计核算要同步进行。

原始凭证体系：原始凭证指发票、工程数量表、计价单、发料单、台班签认单等构成费用的单据，原始凭证作为登记责任成本账簿的依据。

第四篇
企业商务与项目责任成本管理

账簿体系：主要指责任成本管理台账，是责任成本管理的重要环节之一，是各责任中心成本控制、分析、考核兑现的直接依据，在信息化平台录入中数字必须做到及时、准确、完整，只有在准确数据信息前提下的核算，才能使项目在管理过程中及时发现问题，提升管理。

责任成本管理台账：主要包括收入台账、工程数量台账、劳务计价台账、材料消耗台账、机械设备费用台账、征地拆迁台账、临时设施台账、管理（间接）费用台账、责任成本总账、收益明细台账和增值税台账等。

【核算周期】

每月按责任成本各责任中心为主体。

责任成本考核制

责任成本考核是责任成本管理的重要程序，通过考核厘清企业责任成本工作现状，揭示企业责任成本管理方面存在的问题与不足，对企业开展责任成本管理工作进行客观评价，以促进企业精细化管理和改进责任成本管理体系、方法，扎实有效地推进责任成本管理工作。

【权责划分】

集团（局）负责授权、监督、检查、指导并考核评价企业所属各单位的项目成本管理工作，执行相关奖罚措施。

公司成立"项目成本管理委员会"，领导和组织下属机构的项目成本管理工作，对所属项目建立过程潜亏和亏损预警管理机制，通过项目过程成本检查、项目过程成本考核、参加项目成本分析会等形式及时进行过程潜亏和亏损的预警、改进。授权、指导、检查和考核评价下属机构代表公司总部进行的项目成本管理绩效并执行相关奖罚措施。

项目部按时、真实、准确编制成本考核资料，配合上级管理机构进行《项目部责任书》规定的过程成本考核与最终项目成本考核。项目经考核后的兑现分配权归项目部，但分配总体原则不得违背公司相关细则的相关要求，且分配方案应经公司总经理审批后执行。

【考核基本流程】

公司考核责任部门统筹编制项目考核滚动计划→发布当期考核计划→考核人员参与盘点→项目提交分析资料→考核人员进行资料分析考核→召开项目成本分析考核专题会议→考核人员确定考核结果并提出考核意见。必要时考核人员可出具考核专题报告，为项目管理提出有效改进意见。

【兑现流程】

公司应根据项目成本考核情况与结果，对不能完成责任利润的项目，须加大管理督导，重点帮扶改进。对超额完成责任利润且具备兑现发放条件的，应及时发放兑现奖励。项目成本考核兑现奖励额应以经考核的项目成本降低额为基础，按《项目部责任书》规定的计奖规则进行计算和提取发放。

索赔补差创效制

变更索赔补差过程就是项目为创效定性、定量和定价的过程。项目管理者要有索赔补差意识，严格遵守索赔补差程序，重视过程中收集索赔补差证据，起到维护企业自身权益、减少损失、提高项目效益的目的。

【索赔补差原则】

项目签证索赔应遵循"勤签证、精索赔"的原则；先签证，若签证不成再进行索赔，签证不成即应进入索赔程序；最佳方式是以签证形式解决问题，减少索赔事件发生；坚持单项索赔，减少总索赔。

【索赔补差体系】

公司应建立健全本单位的签证索赔体系，明确各相关岗位及人员责任机制。通常由项目部技术工程师或现场工程师负责发起提出对发包人的签证索赔，项目部工程部门负责计算工期的签证索赔，项目部商务部门负责计算量、价签证索赔，经项目经理批准后对外报送、跟进、办理。重大索赔事项需报公司，必要时成立索赔工作领导小组，索赔报告经总法律顾问、总经济师审核。

【索赔补差过程控制】

［项目前期］参与投标及经营交底，掌握工作方向、重点及相关方协调工作；

第四篇
企业商务与项目责任成本管理

参与合同谈判；做好优化设计工作；掌握变更索赔工作方向、重点及相关方协调工作。

[项目实施期]建立健全组织机构，组织制订并实施总体方案、工作计划与规章制度；配置并管理好资源，做好过程中的计划、组织、领导、控制、协调、监督工作；完成符合要求的变更索赔报告；做好满足需要的内外部沟通与协调工作；参与总体方案及工作计划的制订与落实；根据工作计划做好牵头部门工作，加强部门间沟通与协作工作；根据变更索赔工作需要做好其他工作；递交符合要求的变更索赔资料，注重跟踪审批情况，发现问题及时上报并采取相应措施。

[竣工决算期]做好收尾工作，完成全部资料编制工作；参与考核兑现工作，完成总结报告并上报资料。

【费用计算】

企业应规范工程签证索赔的工期与费用计算、提交报告文函及证据资料等环节管理办法细则，发包人及合同无明确约定的，应按签证索赔资料模板及相应计算与证据规范等办理，并建立《签证索赔台账》。费用签证索赔计算应按照合同约定的方式或者双方（业主与承包人）认可的其他方式计算。

工期延误若未发生在关键线路上，但此延误改变了原进度计划的关键线路，使得由此延误的发生而影响了工程进度计划，则将此延误事件的进度放入整体进度计划中，计算相应延误工期。工期延误若发生在关键线路上，则直接将此延误放入整体进度计划图中，计算整体工期受到影响的天数，计算出延误工期。

工程签证索赔计算结果应包含对应的经济补偿额度和（或）工期顺延时间具体的计算方法和过程，且应包括签证索赔总额和各分项签证索赔额的详细计算。

【索赔补差要求】

工程签证索赔的证据应当符合真实性、全面性、关联性和及时性要求，并应具有法律证明效力，一般要求证据应是书面文件，有关记录、协议、纪要且是双方签署的；工程中重大事件、特殊情况的记录、统计应由合同约定的发包人现场代表或监理工程师签证认可。

第五篇　标准化建设管理

进入新时代，随着市场需求和管理手段创新的变化，企业管理与发展提出了新的标准化需求，标准化具备系统性、国际性、时代性等特征。标准化要以系统理念为指导，适应数字化技术，规范企业与项目层面的管理行为，提升企业工作品质和产品品质，打造企业品牌和影响力。

管理理念 / 118
管理制度标准化的理念
现场管理标准化的理念
过程管理标准化的理念
人员配备标准化的理念

管理原则 / 123
全面覆盖的原则
施工管理标准化的原则
精益生产的原则
品牌建设的原则

企业标准化管理要义 / 127
施工总承包管理体系
企业分级管控
项目管理工作法

项目标准化管理要义 / 137
项目制度管理标准化
施工工艺工序标准化
项目临建工程标准化

管理理念

企业标准化建设，要求制定者依据企业内部实际，对外部形势、环境有较高的理解，特别是要熟悉国家和地方的有关法律法规、政策、方针，按照本企业的组织机构与组织管理模式，树立先进管理理念，使标准化体系的建立和运行更具科学性和实施性。

管理制度标准化的理念

管理制度标准化是企业管理标准化的重要手段，通过在企业层面及项目层面建立标准化管理制度，保证企业及项目管理目标实现，以信息化管理平台为依托建立标准化库，迅速推广应用企业标准化成果。

【企业层面】

无数企业长期的管理实践表明，管理制度标准化是提升企业管理水平的法宝，制度化管理发展到一定水平后，要制定可操作性较强的管理标准，建立有效的管理制度标准化体系，并运用多种形式向标准化管理的纵深推进，从而保证企业达到和保持行业前沿的管理水平，赢得管理发展的主动权。

【项目层面】

项目标准化制度包括技术管理与生产管理制度，是项目管理过程的核心，是决定项目目标能否实现的关键环节。技术管理是项目管理的灵魂，做到技术为先并贯穿于工程项目全过程。生产管理通过生产组织工作，按照企业目标的要求，设置技术可行、经济合理、环境条件允许的生产系统，达到投入少、产出多的效果，取得最佳经济效益。

【标准化库】

企业标准化建设形成成果后，要迅速推广应用才能收获管理效益。标准化成果以信息化管理平台为依托，以信息化手段来呈现。企业建立信息化管理体系后，在智慧工地平台的内控管理模块设立知识空间，建立标准化库。企业管

第五篇
标准化建设管理

理层、项目执行层等按照知识空间内相关标准履行职责。

现场管理标准化的理念

现场标准化是保障工程顺利实施的重要载体,临建标准化可推动现场管理标准化,展现企业形象,树立良好品牌。

【企业形象】

企业通过推动现场管理标准化,展示企业形象和文化。现场管理是实施标准化管理的重要载体,现场管理标准化以"科学规划、规范整体、环保达标、整体和谐"为原则,制定临建设施、施工过程、文明施工、环境保护等方面标准及操作规程,并以标准和规程为抓手,全面实现现场标准化。

【临建工程】

临建工程标准化包含场站标准化和场地标准化。场站标准化主要包含项目经理部、工地试验室、钢筋加工场、拌合站、预制场便道、便桥等大型临建设施的标准化。施工场地标准化主要包括布置规范、安全防护、文明施工及环境保护等。

过程管理标准化的理念

企业通过编制标准化丛书,统一标准体系,各线条协调一致,指导过程的标准化管理,项目把握技术、进度、设备、物资、绿色环保等关键抓手工作,统一标准化表单,建立信息化工作平台,实现项目现场管理过程标准化。标准化丛书不是一劳永逸的,要定期进行更新,不断优化。

【企业层面】

企业编制标准化丛书,坚持统筹顶层设计,将内部控制、风险管理、三标一体及日常管控等进行要素逐一梳理、制度全面覆盖、标准体系完整。坚持系统编制实施,企业成立董事长为主任、分管领导及各职能部门负责人为成员的标准化管理委员会,既做好统一"度量衡"等基础标准,又强化各线条工作服务战略一致性。内容既是贯彻中建股份管控要求的再细化,又是总结五局以往管理成果的再提升,既是对集团内部成功做法的再推广,又是对企业外部优秀

建筑企业管理精要
Construction Enterprise Management Essence

经验的再复制。是管理成果的"集大成"、运营管控的"根本法"、管理人员的"工具书"。

【项目层面】

［技术管理］技术管理是企业和项目管理的核心，技术管理主要涵盖标准、规范管理、设计交底与图纸会审、工程变更管理、施工组织设计管理、施工技术方案管理、技术交底、技术复核制度、计量器具管理、试验管理、测量管理、技术资料管理、项目技术总结与科技创新、竣工文件的编制归档等工作。施工方案根据设计图纸、国家标准及规范，企业本着"方案先行"的原则结合现场施工进度进行方案编制。施工方案应起到指导施工、明确要点、优化工艺、规范作业的作用。

［进度管理］企业生产进度管理系统按照"统筹规划、分步实施"的原则，结合集团（局）生产管控重点，以单位工程或分部分项工程划分为基础，生产形象进度和重要节点为主线、工程数量管理为源头，实现过程产值计量、材料消耗、分包计量、实际成本统计、积累生产要素数据、企业大数据为目的，实现生产进度的有效管理。

进度管理呈现：一是企业级生产进度监控看板，通过数据可视化等技术手段，实现集团（局）生产管理数据分析，产值、形象进度统一同步，生产管理逐级穿透，预警偏差分析溯源；二是项目级生产管理，通过使用项目生产进度管理系统，规范基础管理工作，实时呈现进度与计划偏差，实现项目现场生产进度管理数字化、信息化、可视化。

［设备管理］设备管理涵盖设备进（出）场管理与日常使用管理两大部分。首先项目部根据施工调查及施工组织设计方案、编制《设备需求计划》，确定设备选型及进（出）场时间。其次设备进（出）场时，项目部应对其完好状态、安全及环保性能进行验收，验收时相关方均需到场并做好验收记录。最后设备使用过程中，项目部应做好设备维护保养等日常使用管理。确定机械设备时，同类设备尽量统一机械型号，以利于维修和配件供应。主要设备与辅助设备合

第五篇
标准化建设管理

理匹配，应选择污染小、能耗低、效率高的机械设备。

[物资管理]物资管理是对各种生产资料的购销、储运、使用等所进行的计划、组织和控制工作，主要有物资计划管理、物资采购与储备管理、物资使用管理三个环节。企业应根据项目上报的物资需求计划，及时组织分供商招标，签订物资采购合同。施工过程中，项目部需设置物资管理专员，做好物资采购、保管、出（入）库等日常管理，定期开展物资盘点工作。物资采购通过在企业采购平台进行集采。平台采购是依托企业及其战略合作伙伴庞大稳定的采购需求、优质可靠的供应商资源和高效便捷的金融支持，致力于开创建筑行业线上交易的全新模式。

[绿色环保管理]企业通过先进的管理手段和技术措施，最大限度地节约资源和减少对环境的碳排放，实现绿色施工。在施工过程中，应由企业牵头组织、项目部负责实施，根据国家有关法律法规，针对性地做好环境管理、绿色施工和节能减排的宣传培训工作，增加员工绿色环保意识。

人员配备标准化的理念

企业构建数字管理模式，通过信息化平台系统统一服务战略，企业部门及人员定编，鼓励业务人员向一线生产管理岗位倾斜；项目管理人员按企业标准配置，建立晋升机制及后备人才制度，激励员工工作积极性，作业层培育产业工人，实现企业人才良性发展。

【企业层级】

作为企业标准化工作的决策层，肩负着整个企业管理的重担，其作用是组织贯彻执行国家的法律、法规、方针、政策，把企业各职能部门和所属二级单位的工作有机地联系起来，共同围绕企业的总方针目标开展工作，使企业标准化体系能正常运转和不断完善，要遵循精干高效、人事相宜、权责对等、引领服务、监督考核等原则，实现扩经营、稳生产、控风险、高质量发展等目标。在人员配置上，为防止总部机构臃肿，应构建数字企业管理模式，逐渐取消业务报表，让平台系统去汇总给各管理人员，适度倾向一线，鼓励业务人员向一线生产管理岗位倾斜,增强基层管理岗位吸引力。

企业人员配备三大举措:一是根据建筑企业管理的特点,设置相应职能部门;根据管理型部门的职能、工作量,设置固定数量的岗位。二是建立企业管理人员的选拔机制,选拔遵循基层经验丰富、业务能力突出、行业前沿管理意识强、数字化管理意识强、业绩优良等原则。三是实施薪酬总额管理机制,根据薪酬总额控制机关员工总数,薪酬总额匹配企业经营发展增速,实现管理人员工资福利与工作效率的双提升。

【项目层级】

项目人员配备标准化是项目良好运行的根本,施工前要根据项目策划、工程内容、规模、特点、工期要求,组建项目组织机构。一般分为三个管理层次:项目管理层、工区管理层(组)、作业队管理层。当工程任务较小时可不设置工区管理层,作业队根据工程类别、专业特点设置。

项目人员配备三大举措:一是从企业层面制定项目人员配备标准,应根据项目合同额、难易程度、项目定位等方面制定项目人员标准配置;二是从企业层面开展好后备项目经理、后备项目班子竞聘,做好公平、公正、公开,激发广大员工的工作动力;三是实施项目员工工资包干机制,企业与项目签订工资包干协议,在符合企业最低标准的前提下,把人员配置权限交给项目团队,进一步激发员工干事创业激情。

【作业层级】

作业层级人员配备标准化是品质保障、安全保障的根本,要遵循专业的人干专业的事原则,实现品质工程、安全工程等目标。企业应重点培育产业工人,形成多支长期稳定跟随企业的作业队伍,实现良性循环发展。一是建立作业人员培训基地,以基地为载体向企业批量输送具有基本专业知识、懂安全质量管理、一定职业操守的作业人员。二是严格落实作业人员进场审核制,对超过一定年龄、身体状况不适的人员不予进场。三是制定年、季、月作业人员的需求计划,过程根据工程进展动态调整需求计划,组织作业人员进场数量以生

第五篇
标准化建设管理

产高效、不窝工为原则。

管理原则

建筑企业为适应市场竞争的需要，不仅工程质量要达到技术标准要求，需要通过管理过程标准化对企业的项目建设过程实施有效的控制，以保证工程质量、安全、信誉的可靠性，增强在市场上的竞争力。标准化通过长期施工实践证明，全面覆盖、规范管理和精益谋划等基本工作原则已逐渐被总结出来，形成一个相互关联的有机整体，在建筑企业标准化实施过程中起着十分重要的指导作用。

全面覆盖的原则

企业以《企业运营管控标准化系列丛书》为载体覆盖全系统，采用信息化技术手段进行业务流程的再造，减少人工业务流程，应用轻量化平台，实现移动端线上办公，借助数字化技术，挖掘数据价值，实现企业转型升级。

【企业标准化运营】

企业标准化运营管控以《企业运营管控标准化系列丛书》为载体分层级建设，纵向管理层应分为集团（局）适用的 A 篇、分 / 子公司适用的 B 篇、项目部适用的 C 篇；A 篇按管理业务类别划分，即公司治理类、市场营销类、生产技术类、财商经济类、投资融资类、人力资源类、风险管理类、党群工作类、企业文化类、海外经营类等建筑标准化手册。B 篇、C 篇形成"横向到边、纵向到底"管理全面覆盖的工作标准体系指南。

【业务流程信息化】

随着企业规模的不断扩大，采用信息化技术手段进行业务流程的再造，将帮助企业推行规模化、系统化、精细化标准流程的有效运行。通过信息化系统的规划管理，使得业务流程更加合理和高效，能大幅消减或减少人工业务流程中的时间、人力等成本和非增值活动。传统的 ERP 系统主要服务于集团（局）

管控，强调利用流程来规范企业业务管理，业务人员主要通过 PC 端来实现系统的应用。由于系统过于庞大，运行效率慢，导致用户在使用时体验感不佳，不能实现业务替代来提升工作效率，推广难度较大。轻量化平台的应用弥补了原系统性能差、用户体验差的不足，能够满足企业个性化管理需求，且利用移动端实现用户线上办公管理。

【设计一键出图】

实现设计一键出图的路径为：一是根据对出图流程的分析和整理，对系统所需数据进行整合处理，建设后台模块库；二是勘察设计掌握现场实际数据；三是根据勘察设计结果进行参数选择和输入，最终实现一键出图。

【数字化建设】

数字化建设是建筑施工企业在当今时代背景下，利用信息技术实现企业数字化转型升级的必然选择。建筑企业数字化建设不是简单的新技术创新应用，而是发展理念、生产方式、管理模式、商业模式、组织方式等全方位的变革，是融合企业业务、技术和组织三大领域的系统工程。数字化建设将实现业务表单报表自动生成，使数据产生价值，达到高效决策、风险预警预控的目的。利用数字化技术不断扩展业务边界，使业务可量化、可视化、可优化，借助数据价值挖掘，用数据驱动业务流程，实现业务模式的优化与创新，提升企业生产能力，引发企业效率革命。

施工管理标准化的原则

企业标准化的对象是企业生产、技术、经营、管理等各项活动中的重复性事物和概念，贯穿于企业的各项活动，只有坚持标准化管理原则，各项管理活动才会按照管理者的意图自动启动、运行、反馈和停止，甚至能够自动进行评估、改进、设计和创新。

【业务流程标准化】

业务流程管理是企业的一种经营管理战略，也是企业文化内容表达之一，相对于传统的管理模式是一种变革，流程标准化就是在工作周期内找出可能最

第五篇
标准化建设管理

高效、最合理的工作组合流程，然后设定流程并推广应用实施。同时在流程执行过程中分析总结，重点分析经常出现的问题或影响效率的环节，提出行之有效的改善方法，使流程逐步完善并优化，从而能够真正起到标准化的作用。

【施工安全风险预警】

以"服务生产、集成应用、智能管控、务求实效"理念为牵引，利用大数据平台、云平台等做好施工安全预警系统信息集成工作，通过电脑终端、手机移动端APP软件实现全生命周期安全监控、预警。尤其在地下暗挖工程、深基坑工程、高大支撑体系工程、大型设备的起重吊装工程等超过一定规模的危险性较大分部分项工程，应用安全风险预警可视化系统，进行智能化安全管控，实现施工项目的自动化、智能化安全管控，达到降低安全风险、提前消除安全隐患的目的。

【员工行为标准】

员工行为标准是实现企业标准化的前提和保证，它通过进一步提高员工的文明行为和综合素养，塑造良好的企业形象，构建和谐企业。通过员工的行为标准，使员工摒弃陈规陋习，改善从业行为，提升施工质量，提高安全环保认知，进一步推动工作效率和工作质量的提高，从而全面、圆满地实现企业标准化。

精益生产的原则

精益生产是通过组织机构、人员组织、合同体系等方面的变革，对施工过程中的工艺工序进行严格把控，使施工组织能很快适应市场的不断变化，并能使施工过程中冗余的工序被精简，最终达到快速建造、优质高效。精益生产的原则可以让施工时间缩短、让施工效率提高、让施工质量提升、让安全指数可控，让工匠精神弘扬。

品牌建设的原则

建筑企业品牌的打造一般应以"名人、名品"为载体，传达企业的经营理念、企业文化、企业价值观念等，通过形成专业化施工管理能力，创建区域示范项目，带动区域市场发展，引领项目标准化管理。

建筑企业管理精要
Construction Enterprise Management Essence

【区域示范工地】

建筑企业往往会在多个区域承接项目，从而实现体量快速增长，但是，开拓一个区域或发展好一个区域，均需依靠企业品牌，企业品牌最重要的宣传载体就是创建示范项目。

区域示范工地具有区域内市场带动、区域外市场辐射作用，将进一步提升企业品牌影响力；示范标准化工地在企业内部也具有引领力，可实现区域项目标准化管理均质化，助推企业标准化管理再上台阶。

区域示范工地应选择高、大、精、尖项目为载体打造，有利于媒体传播与行业认可；可重点打造临建标准化、安全质量标准化、智慧工地建造标准化、新技术应用等。

【专业化施工管理能力】

当前建筑企业中大而全、小而全的公司比比皆是，无论企业大小，分工趋近相同，竞争呈现同质化，"多而不优""集而不专"等现象比比皆是，没有实现有规模的效益、有品质的发展。

如何破解"多而不优""集而不专"难题，形成专业化施工管理能力，增强企业核心竞争力，从某些优秀建筑企业实践来看，主要措施有：一是坚持分公司区域化、子公司专业化；二是分公司在区域市场主战，子公司在区域市场协同作战；三是分公司作为项目实施总承包，子公司专业分包。从而实现了施工企业内部的优势互补、资源最大化的整合，在市场上形成了全专业竞争优势。

【前沿管理品牌】

企业创建品牌是一个漫长的过程，需要企业长时间的积累，传达的是企业的经营理念、企业文化、企业价值观念等。

建筑企业品牌的打造一般应以"名人、名品"为载体，比如：某企业某人当选人大代表、劳动模范、向上向善好青年等，某项目获得鲁班奖、詹天佑奖等，某企业与政府联动，捐资创办小学、扶贫等，都将成为企业对外展示的靓丽名片，获得良好的社会反响，增强社会对企业品牌的认可度。

第五篇
标准化建设管理

"名人、名品"是结果的体现,正所谓"只有时代的英雄,没有英雄的时代"。前沿管理品牌需从企业经营理念、企业文化、企业价值观念着手,形成孵化"名人、名品"的土壤,在经营理念上要与市场方向及政策导向同频共振,在企业文化上要与企情员情同频共振,在企业价值观上要与社会同频共振等。

企业标准化管理要义

标准化是企业的基础性工作,企业在市场竞争中要获得信誉、市场份额和效益,就需要建立标准体系,提高企业管理水平,并在竞争中充分发挥企业管理优势,实现企业的长足高质量发展。

施工总承包管理体系

施工总承包管理能力,体现在企业经营管理中,管理的标准化也是企业文化之一,推进项目"1239"施工总承包管理体系的建设,即12字方针、3大目标、9条路径,固化管理行为,使之成为企业管理品牌,充分展示企业管理能力和水准。

【管理方针】

精准、高效、均衡、创新、考核、兑现。

[精准]策划要精准,即总体工筹策划、施工组织策划、重难点和高风险点方案策划精准,做到资源配置针对性强、可靠性高、可实施性好。

[高效]生产效率高,项目收益高。即项目管理流程简洁适用,指令响应、执行、反馈快速,通过高效的管理形成产出效应。

[均衡]工序组织均衡、要素配置均衡,避免"添油战术"和"突击战"。

[创新]不断突破和超越既有标准,在科技技术上、管理方法上、管理成果上进行工作创新。

[考核]以业绩导向为指挥棒,根据管理目标分解管理责任,定期进行考核,通过考核激发员工潜力、迸发工作激情。

[兑现]管理目标奖惩及时兑现、工作责任及时兑现。

【管理目标】

优质履约、均衡生产、创优创效。

[优质履约]在项目管理中,以履约为首要目标,优质、高效响应业主诉求,以履约为核心促进其他目标的实现。

[均衡生产]各结构物、各工序、各节点工期实现均衡,通过均衡生产将资源投入的生产效率最大化,做到不赶工,不抢工。

[创优创效]创造优质工程,实现效益最大化,通过创优实现企业品牌,通过创效将项目利润空间最大化,促进企业持续、稳健、快速发展。

【管理路径】

策划先行、党建聚力、标化引领、资源统筹、供方遴选、协调服务、成本预控、制度约束、绩效考核。

[策划先行]项目前期抓好现场组织策划、施工方案策划、商务成本策划、资金管控策划等四大策划,根据项目战略定位、实施难度分层级牵头组织,明确管理目标、研究实现路径、制定保障措施。

[党建聚力]通过将国企红色基因的政治优势转化为企业生产力,利用好地方资源,快速推动项目征拆工作。充分发挥党组织的战斗堡垒作用和党员先锋模范作用,发挥政治优势,彰显组织战斗力。拓展职工幸福空间,发挥组织凝聚力。

[标化引领]通过制定现场临建设施、工序工艺、管理流程等标准,根据项目特点选择有代表性的工点进行示范工地建设,推进临建标准化、制度标准化、工艺标准化,利用样板示范工地引领,实现整个项目以及项目实施全过程的标准化覆盖。

[资源统筹]通过总承包部统筹资源,发挥规模采购优势,统一组织大宗材料、主要劳务分包商等的采购,降低采购成本。统一牵头实施高端对接,牵头办理重大方案优化、重大设计变更、重大开源创效,提高创效效率、确保创效

第五篇
标准化建设管理

成果、降低创效成本。

[供方遴选] 通过参与控制性工程的物资、材料、劳务供方等资源引进，选择最优供方，实现重难点工点资源强配，为工程有序推进提供保障。

[协调服务] 通过加强内外部的沟通联系和协调。对下协调好各项目之间的交叉施工、工序衔接、资源调配等关系；对上协调好与业主、设计、监理等有关工期、资金、设计、征拆等的对接；对外协调好与地方政府、行政主管部门等有关单位之间的关系；对内做好接口管理和协调，靠前服务，实现上下级之间、内外部之间沟通顺畅。

[成本预控] 通过成本预控，实现降本增效。一是在工期上预控成本，通过均衡生产，缩短工期，降低管理成本；二是施工方案上预控成本，通过方案优化，以最合理的组织方式和资源配置实现成本节余；三是通过成本归集预防各费用中心超耗造成效益流失。

[制度约束] 配套完善项目工期、安全、质量、文明施工、标准化、创优创效等方面的计划、执行、检查、考核制度，并建立监督和执行机制，通过制度规范管理约束，提升管理效能。

[绩效考核] 定期对项目各部门和各工区、各工点进行检查，对业绩进行考核评估，并予以通报相关单位，实时掌握项目动态。对业绩较差的工区项目部及时采取帮扶措施，予以纠偏。

企业分级管控

随着企业规模不断扩张，项目数量及体量也在增大，企业管理有效性与及时性矛盾突显，管理体系需及时变革，促使项目管理有效可控，企业必然推进管理标准化。

【项目策划分级实施】

明确各级管理机构在项目策划中的相应职责和主要任务，规范项目策划的编制、审核、审批、执行、修正等管理流程，提高项目策划的指导性、针对性、可操作性，促进项目管理的标准化、规范化，全面提升项目管理水平。

建筑企业管理精要
Construction Enterprise Management Essence

项目策划遵循分级组织、逐级细化的原则，根据项目的规模、大小、难易程度等进行集团（局）、公司、分公司分级策划。

［集团（局）级策划］符合下列条件之一的，由集团（局）牵头组织策划：一是项目合同额超过10亿元、实施难度大和实施风险高的项目；二是业主为集团（局）战略客户，合同额超过5亿元的项目；三是设集团（局）级总承包部的项目；四是其他特定情况下需由集团（局）牵头组织策划的项目。集团（局）级策划由集团（局）分管领导牵头，工程管理部负责，公司组织进行项目策划。

［公司级策划］符合下列条件之一的，由公司牵头组织策划：一是项目合同额5亿～10亿元，一般难度和风险的项目；二是项目合同额不超过5亿元的集团（局）战略客户项目和公司级战略客户项目；三是其他需要公司牵头组织策划的项目。公司级策划由公司主要领导牵头，公司分管领导负责组织，公司相关部门、项目部进行项目策划。

［分公司策划］符合下列条件之一的，由分公司牵头组织策划：一是项目合同额不超过5亿元的，一般难度和风险的项目；二是其他需要分公司牵头组织策划的项目。分公司级策划由分公司主要领导牵头，分公司分管领导负责组织，分公司相关部门、项目部进行策划。

【工程履约分级管控】

企业根据项目规模大小，难易程度，确定项目管控等级，共分为三级。集团（局）对一级督导项目实施重点督导，全面关注项目的生产组织、安全质量、文明施工等情况，每月根据项目进展，选取1～3个项目进行现场督导并发布督导通报；对二级督导项目实施协助督导管理，重点关注项目主要节点和产值，每季度通报完成情况；对三级督导项目实施监督管理，重点关注项目产值完成情况，结合年度工作检查进行通报。

各级公司根据实际情况确定各自的重点督导项目，其中集团（局）一级、二级督导项目必须列入各级公司重点督导范围，并根据各项目业主进度要求，每季度制定3个及以上项目重要计划节点，于每季度初报至集团（局）。

第五篇
标准化建设管理

各级公司应制定重点项目督导计划，明确责任人，加强对项目的过程服务和支撑，集团（局）应组织半年生产线检查督导，并将检查结果纳入公司管理评价。

【安全风险分级督导】

［风险分级］安全风险等级从高到低划分为重大风险、较大风险、一般风险和低风险，企业根据项目情况，每季度应公布项目风险等级。

［分级管控］重大风险由集团（局）、公司及项目部共同进行管控。较大风险由公司及项目部共同进行管控，一般风险、低风险由项目部进行管控。集团（局）直接管理的项目，由集团（局）总承包部履行企业职责对各参建单位及项目部共同进行管控。设有三级单位的公司，公司可根据企业实际和管理的有效性委托或授权三级单位对风险进行管控。

【工程质量分级监督】

［分级监管］按分级监管原则，各项目质量的管理和监控由实施项目的公司负主要责任，集团（局）按频次进行项目抽检实施分级监管。

［监管重点］公司按照质量监管分级管控要求落实现场监督检查，重点通过日常监管检查解决现场问题，对查出的质量隐患及时下发整改通知单，用信息化平台实现闭环管理并精准跟踪落实整改情况。对未按期完成隐患整治或因质量隐患整治不当而造成事故的，依照相关规定追究有关人员责任。

项目管理工作法

项目部是企业最基层的一个组织，规范项目管理行为，提高管理水平尤为重要。推行"461"项目管理工作法，即四个策划、六项工作、一个指标。

【四个策划】

现场组织策划、施工方案策划、商务成本策划、资金管控策划。

［现场组织策划］即组织体系策划、管理目标策划、临时设施策划。

组织体系策划：包括总承包部、项目部、工区的体系建设和作业层的劳务队、专业架子队等体系建设。

管理目标策划：依据招标投标文件、施工合同、企业战略等要求，对项目工期、质量、安全、环境、科技、CI、效益、创奖、人才培养等确定明确的指标和目标要求，对有过程质量管理要求、后续工程承接目标以及售后服务指标等类似要求的，均应予以明确。

临时设施策划：主要以大型临时工程为重点，主要包括CI策划、项目驻地建设、混凝土拌合站、桥梁预制场、钢筋加工场、试验室、炸药库、便道等，并绘制平面布置图。

[施工方案策划]即施工总体思路、工程特点及重难点分析、施工平面布置、主要施工技术方案、机械设备配置方案、周转材料配置、施工总进度计划及附图、附表等策划。

施工总体思路：施工总体思路应包含总体施工筹划、施工阶段划分、总体施工流程等内容。根据专业工程特点，分阶段对主要施工内容的施工顺序、空间组织、资源组织进行简要部署策划，并对施工作业的衔接进行总体安排。

工程特点及重难点分析：工程特点可通过对施工图纸和现场环境的研究，从工程规模、地质特征、周边环境、工程本身等方面总结概括。如路、桥、隧所占比重，征地拆迁的难易程度、水电资源的短缺程度及当地环境保护的要求等；工程重难点主要有大型土石方开挖、填筑，特大桥及异性桥梁施工，长大隧道及地质条件复杂的隧道开挖、支护，线路穿越铁路、高速公路等，针对分析的重难点工程，采取特殊措施进行预控。

施工平面布置：主要包括项目驻地规划、混凝土拌合站、桥梁预制场、钢筋加工场、取弃土场、施工便道、便桥、施工用水电线路、油料库及炸药库建设等，策划内容应详尽，包括设备选型的计算，主要临时工程数量表等，要具备可实施性。

主要施工技术方案：明确项目的安全、质量、进度、科技及文明施工等管理目标，围绕管理目标制定总体施工思路，根据总体思路进行方案比选，对于特大桥、特殊桥型、长大隧道、大型路基土石方工程、穿跨越铁路、公路等重

第五篇
标准化建设管理

点难点工程要具体分析，制定专项方案。根据方案比选情况，明确最优施工技术方案，为实时性施工组织设计编制提供指南。

周转材料策划：应依据合同工期、工程类别、节点工期以及既有周转材料可调配情况进行周密、详细的比选和计算，以确保工期为前提，以降低成本为原则进行配置。

机械设备配置方案：根据项目特点配置合理的机械设备，路基土石方工程选择配套的开挖、填筑及地基处理设备，桥梁工程选择桩基施工钻机、桥梁上部结构施工的挂篮、移动模架等特殊设备、高墩施工关键设备，隧道工程选择开挖、装运、支护、衬砌等机械化配套设备，盾构法隧道选择合理的盾构设备及后配套系统。

施工总进度计划：明确工期节点，分析关键线路，以关键线路上的节点工期为重点控制进度计划，总进度计划应以满足合同工期要求为宗旨，内控进度计划应较合同工期适度提前。基础设施关键节点工程主要包括长大隧道、特殊地质条件隧道、桥梁桩基础、预制梁、特殊桥梁、大型土石方工程和路面工程等。

[商务成本策划]即成本控制难点分析、风险点与主要盈亏点分析、降本增效措施、变更创效措施、目标成本明细、风险防范和结算策划等。成本控制要树立大成本意识，要响应投标承诺，满足合同要求，确保安全质量，达到业主满意，实现效益最大化。

[资金管控策划]即项目主合同的主要经济条款、资金组织策划、项目现金流量状况测算、项目现金净流量的优化等。

【六项工作】

优化设计、制订方案、队伍选用、商务合约管理、安全质量管理、变更补差索赔管理。

[优化设计]通过设计方案与现场实际精细比选，可优化设计方案、设备选型、材料标准及相关专业技术方案，做到"技术可行、经济合理"，在满足项目合同要求的前提下，实施方案优化。

在变更发生前应进行深入调查、充分论证，对优化设计变更，在满足规模、范围、标准不变的前提下，在能有效提高工艺质量、节约工期、减少投资、降低工程风险等情况下，在充分论证优化设计对接口影响的基础上决定是否采取设计变更。对被动的变更要对产生原因、可能造成影响进行分析。若决定变更则一次变更到位，避免"反复变更"。

[制订方案]编制科学合理的施工组织设计，指导全过程建造。科学安排，认真组织工序间的衔接，合理安排劳动力，并在建造过程中根据实际情况不断优化施工方案，改进施工工艺，对重点工程施工方案进行技术、经济比选，降低工程造价。

[队伍选用]在合格供方名录库中进行分包招标，择优选取土建、机电、装修、材料、设备等分包商。

专业分包是企业施工总承包项目管理的一项重要工作，分包管理的好坏决定着工程开展顺利与否，管理精细的项目，合同执行好，风险分配得当，工程实施顺利，利润目标容易实现。

不同企业对分包商有不同的管理方法，分包商有效管理是企业管理的核心竞争力。在施工总承包项目管理中，倡导建立总承包方与分包方的战略伙伴关系。以合同为基础，合理分配利润，明确相互职责，以专业互补协同工作，营造项目团队和谐，建立合作共赢的战略合作伙伴关系也符合各方长远发展需要，也是施工总承包项目分包管理的重要理念。

对分包商的管理既要讲合作，也要讲管理。通常总承包企业会建立分包商名录库，并对不同专业的分包商进行履约考核。对分包商一般从合同履约、技术能力、工期节点目标及质量、安全、环保、人力资源等指标进行绩效考核，以此加强合作，形成战略互补。

[商务合约管理]合同管理是项目商务合约管理的一项主要工作，包括合同履约管理和分包队伍的合同管理。一是对总承包合同进行分析与补漏。通过合同评审，找出预期发生争议的可能性，采取协商、变更等予以弥补；二是对总

第五篇
标准化建设管理

承包合同进行分解、交底。依据总承包合同,梳理履约中的关键条款和专业条款,对项目管理的主要人员、各部门进行合同交底;同时制定履约时间节点计划,明确施工各专业工作计划,对关键节点进行预控;三是根据总承包合同、企业管理制度制定并签订各专业责任书。

项目成本管理与企业经济效益息息相关,只有把项目成本费用进行责任分解并进行成本控制,才能有效推动成本的科学管理,进而推动企业的持续稳健发展。在项目管理中,通常实行责任成本管理制度。责任成本管理制度强调对项目实施全过程、全员的管理,对项目总成本按业务和单位工程进行费用分解,将分解后的成本指标落实到每个部门、每个人,公司和项目实行动态的过程成本监控考核管理,并以成本管控结果作为工作绩效和薪酬发放的依据,责任成本管理强调人人扛指标、人人担责任。

[安全质量管理]

质量管理主要内容:质量计划、质量控制、质量保证和质量改进。

质量计划:项目质量计划是根据项目的特点、合同和发包人的要求,编制质量目标、组织机构和保障措施的项目管理文件。明确项目应达到的质量标准以及达到这些质量标准所必需的作业过程、工作计划和资源配置,使项目满足质量要求,并以此作为质量监督的依据。

质量控制:内容有企业层面的质量控制、采购物资阶段的质量控制、施工过程阶段的质量控制、试运行阶段的质量控制。

质量保证:建立工程质量责任制及责任追究制度、施工技术交底制度、工程样板管理制度、工程质量旁站监督制度、隐蔽工程检查和签证制度、成品、半成品保护制度、不合格产品控制制度、质量问题销项、分析例会制度、工程质量奖罚制度、质量事故申报制度。

质量改进:项目依据企业要求和项目实际情况制定实测、实量计划,明确检测部位、检测责任人。实测实量结束后,及时进行实测数据的统计分析,找出现场管理和技术管理上的薄弱环节,做到持续改进。

建筑企业管理精要
Construction Enterprise Management Essence

安全管理主要内容： 建立健全安全管理组织机构和体系、落实安全生产责任制、落实危险源辨识与风险评价工作、落实安全教育与培训、强化应急处置能力、强化总承包对项目安全监督与考核。

建立健全安全管理的组织机构和体系：项目组建以项目经理为核心的安全生产组织体系，组建安全工作小组，制定相应制度并建立责任制。

落实安全生产责任制：以制度文件形式明确项目班子、部门、管理人员在项目管理中具有的安全生产职责，健全安全生产责任制，与工区、劳务分供方签订安全生产责任书，不定期开展安全督导与检查，认真落实安全生产责任制。

落实危险源辨识与风险评价工作：开工初期，项目部要组织管理人员开展风险评估工作，项目生产过程中的危险源辨识和风险评价工作，编制危险源清单和应对措施，督促各参建方加强过程管控并监督实施。

落实安全教育与培训：项目部要始终把全员安全教育摆在首位，组织安全生产培训，举办安全知识学习班，强化专职安全工程师持证上岗，所有项目人员必须经过公司、项目部、施工现场三级安全培训，对特殊工种的上岗操作证进行严格审查，严禁无证上岗，对劳务班组开展工前安全培训交底工作。

强化应急处置能力：项目部应建立应急管理体系，完善应急物资储备，制定有针对性的应急演练制度和预案，按照计划定期开展演练，切实加强项目部和各分包单位的应急处置能力。

强化安全监督与考核：管生产必须管安全，实行管与监分离的原则，严格过程监管，安全隐患按事故对待，安全检查、处理再检查，形成闭环管理。

[变更补差索赔管理] 实施变更创效，审核图纸与现场差异，进行设计优化实施变更；研究合同单价，对结构优化进行单价变更；进行方案变更加快工期，进行创效变更；增加工程措施费，进行索赔补差；对地质、气候变化，进行工程变更；实施变更补差索赔激励机制，制定变更创效管理办法，对开源创效贡献者予以及时奖励。

第五篇
标准化建设管理

【一个指标】

实现项目社会效益和经济效益最大化结束项目管理。

项目标准化管理要义

建立与实施各项管理制度是项目标准化管理最为基础且重要的工作，从提高管理效率的需求角度，以制度标准及其体系的建立健全、实施执行为主要内容，具体实施如中建五局基础设施业务的"九书一册"，即《基础设施项目管理制度指南》《基础设施项目临建工程标准化指南》《路基工程作业指导书》《桥梁工程作业指导书》《隧道工程作业指导书》《路基工程现场管理标准化图集》《桥梁工程现场管理标准化图集》《隧道工程现场管理标准化图集》《施工现场安全质量标准化图集》和《基础设施项目施工管理手册》等标准体系，推动企业标准化管理在项目落地。

项目制度管理标准化

【生产管理制度】

[主要制度]生产进度信息化管理、劳务信息化管理、交接班管理、周／月例会管理、进度考核及奖惩、进度计划落实与纠偏、工程调度管理等。

【技术管理制度】

[主要制度]施工组织与重大危大方案预控、施工技术可视化交底、设计交底与图纸会审、工程变更、技术复核、技术资料管理、试验管理、测量管理、项目技术总结与科技创新、竣工文件编制归档等。

【质量管理制度】

[主要制度]混凝土信息化管理、质量信息化巡检、原材料质量监控、半成品质量管理、成品质量管理、质量过程控制、隐蔽工程质量检查及验收、施工质量验收、首件验收及样板引路、施工测量复核、工程质量事故报告等。

建筑企业管理精要
Construction Enterprise Management Essence

【安全管理制度】

[主要制度]安全可视化预警、安全信息化巡检、危险源管理、安全专项方案管理、安全技术交底管理、安全教育与培训管理、班前安全活动、分包安全管理、安全检查和隐患排查治理、领导现场带班、安全验收管理、安全生产费用管理、特种作业人员管理、消防安全管理、劳动防护用品和设施管理、设备管理、应急管理、职业健康安全管理等。

【物资管理制度】

[主要制度]计划管理、采购管理、验收、贮存及发放管理、不合格品处理、周转材料管理、回收及废旧物资管理、资料管理、分供商管理等。

【商务法务管理制度】

[主要制度]工程预结算管理、项目成本管理、项目风险抵押管理、项目考核评价管理、授权管理、客户资信管理、合同管理、全面风险管理、法律事务管理等。

【财务资金管理制度】

[主要制度]会计核算、银行账户及现金、资金支付管理、会计档案管理、税务管理、进城务工人员工资管理等。

【人力资源管理制度】

[主要制度]人才规划、组织岗位管理、员工职级管理、用工管理、招聘管理、员工招聘、员工调配、入职离职管理、培训管理、人才培养、绩效考核、薪酬管理、社会保险管理、劳动合同管理、工时与休假制度、考勤管理、集体户口管理、人事档案管理、员工奖惩、证书管理、人力资源信息化管理、报表管理等。

【综合行政管理制度】

[主要制度]档案管理、督办管理、公文管理、后勤管理、会议管理、接待管理、信访管理和印章管理等。

【党群文化管理制度】

[主要制度]宣传、党风廉政建设、新闻危机和应急管控、CI管理、创先争优、

第五篇
标准化建设管理

员工福利管理等。

施工工艺工序标准化

【道路工程施工工艺工序标准化】

道路工程是土木工程中最常见的工程实体，道路工程施工包括的内容比较广泛。包含路基处理、路基填筑、路堑施工、路面施工等。

[路基处理]一是路堤填筑前应清除基底表层植被，挖除树根，做好临时排水设施并与永久排水设施相结合；二是路基基底清理后，应测高程报验认可；检测压实度，达不到设计要求应先将土翻松打碎，再整平、压实；三是原地面坡度陡于1：5时，应自下而上挖台阶，台阶宽度不小于2m；四是经过水田、池塘、洼地时，应根据具体情况采用排水疏干、换填水稳性好的土、抛石挤淤等处理措施，确保路堤的基底具有足够的稳定性；五是二级及二级以上公路路堤基底的压实度应不小于90%；三、四级公路应不小于85%；六是路基基底原状土的强度不符合要求时，应进行换填。换填深度应不小于30cm，并予以分层压实，压实度应符合规定。

[路基填筑]路基施工应做好施工期间临时排水总体规划和建设，临时排水设施应与永久性排水设施综合考虑，并与工程影响范围内的自然排水系统相协调。

路基填料应符合要求，填筑前做好土石方调配，尽量做到土石方平衡，减少借土和弃方，路基填筑施工应根据工期要求和现场情况对作出合理的安排，特别要注意土方在冬、雨期施工中的特殊性。填料的挖、装、运、摊、晾晒（洒水）碾压、平整和检验等各工序必须循序渐进、层层把关，并注意施工设备的配套。路堤填筑施工按照三阶段、四区段、八流程的施工工艺组织施工。

[路堑施工]路堑施工从上而下，由中心向两边，逐层顺坡开挖，严禁掏底开挖。开挖过程中随时进行刷坡处理，使边坡一次成型。深挖路堑应修出降坡台阶。在岩层走向、倾角不利于边坡稳定及施工安全的地段，改成顺层开挖，不挖断岩层，采取措施减弱施工振动。在设有挡墙的上述地段，采取短开挖或马口开挖，并设临时支护等措施。在有护坡的边坡，当防护不能紧跟开挖时，

暂时留一定的保护层，待作防护层时再刷坡挖至设计边坡。

硬质岩路堑开挖避免使用大爆破作业，采用光面爆破或预裂爆破开挖。临近既有建筑物地段的路堑石方开挖，采用控制爆破并做好炮孔覆盖和排架防护措施。爆破前遵循易观察、醒目、易懂原则设置警示标志并配设专人瞭望，以确保施工和人身安全。

路槽施工时应采取临时排水措施，确保施工作业面不积水，每挖一层均应设排水纵横坡，挖至设计标高 30～50cm 时，在两侧挖好排水沟，设计有永久性排水要求的要按设计要求做好排水管道预留。

[路面施工]

水泥稳定碎石基层施工：水泥稳定碎石混合料在水稳场站集中拌合，采用大吨位自卸车运输，采用摊铺机梯队作业，按照虚铺厚度一次铺齐，颗粒分布均匀，厚度一致，采用大吨位压路机及时碾压；碾压完成后用灌砂法检测压实度，用塑料薄膜或土工布覆盖养生。养生期不应少于 7 天。

沥青混凝土路面施工：摊铺：铺筑沥青混合料前，检查确认下层的质量。当下层质量不符合要求，或未按规定洒布透层、粘层、铺筑下封层时，不得铺筑沥青混凝土面层。摊铺前根据虚铺厚度（虚铺系数）垫好垫木，调整好摊铺机，并对烫平板进行充分加热，为保证烫平板不变形，应采用多次加热，温度不宜低于 80℃。碾压：沥青混合料的碾压一般分为初压、复压、终压三个阶段。初压应紧跟在摊铺机后较高温度下进行，采用 6～14t 振动压路机进行静压 1～2 遍。初压温度不宜低于 120℃，碾压速度为 1.5～2km/h，碾压重叠宽度宜为 200～300mm，并使压路机驱动轮始终朝向摊铺机。复压应紧接在初压后进行，宜采用 6～14t 高频、低振幅振动压路机振压 1～2 遍，然后采用 16～26t 轮胎压路机碾压 2～4 遍，直至达到规定的压实度。复压温度不宜低于 100℃，速度控制在 4～5km/h。终压紧接在复压后进行，采用 6～14t 的振动压路机进行静压 2～3 遍，至表面无轮迹。终压温度不宜低于 80℃，碾压速度为 3～4km/h。

第五篇
标准化建设管理

【桥梁工程施工工艺工序标准化】

桥梁是提供道路、管线等跨越河流、山谷或其他交通线使用的具有承载能力的构造物。桥梁分下部结构和上部结构两部分，工序分桥梁基础、墩台身、原位浇筑梁和预制梁及架设。

[桥梁基础]

明挖基础： 明挖基础又称为扩大基础，适用于浅层土较坚实，且水流冲刷不严重的浅水地区。其基础土质及地基承载力必须符合设计要求，并严禁扰动，基坑应尽量安排在少雨的季节施工。在施工过程中注意观察坑缘顶面有无裂缝，坑壁有无松散塌落现象。

桩基础： 桩基施工前应将场地平整完成后，填筑钻孔平台并将其压实，按照测量确定的位置埋设护筒，护筒埋设深度根据覆盖层的情况具体确定。桩基钻进机械根据地质情况选择，钻孔至设计标高后，对成孔孔径、孔深、倾斜度等进行检查，满足设计要求后报监理工程师终孔检验，桩基钢筋笼集中制作，现场吊装。混凝土由拌合站集中搅拌，混凝土搅拌运输车运输，导管法灌注水下混凝土。成桩后根据设计要求进行桩检。

[墩台身]

承台施工： 承台采用机械配合人工开挖、清底，大块钢模板立模浇筑混凝土。必要时在基坑周围设置降水井，以防止基坑开挖过程中出现涌水、涌沙等现象。选用放坡、带挡板加支撑、钢板桩防护等方式开挖。承台多为大体积混凝土，容易产生裂缝，施工中采取有效的措施和方法，降低承台内部温度，防止混凝土有害裂缝的产生。

墩台身施工： 墩台身均采用定型钢模板施工，墩身根据其高度及墩形，可采用翻模或滑模施工，墩身施工前，将承台顶面墩身底面范围内凿毛处理，浮浆凿除，冲洗干净，整修预埋钢筋。墩台身混凝土浇筑前，检查模板、钢筋、沉降观测点及预埋件的位置和保护层的尺寸，确保位置正确不发生变形，混凝土浇筑连续进行。

[原位浇筑梁]

支架现浇梁式桥施工：满布支架的地基表面应平整，并应有防排水措施；满布支架位于坡地上时，宜将地基的坡面挖成台阶；在软弱地基上设置满布支架时，应采取措施对地基进行处理，使其承载力满足施工要求。支架宜采用碗扣支架，杆件材料规格及步距应经过计算，满足规范要求，支架安装完成后，对支架及脚手架等承力系统进行预压。

悬臂（挂篮）浇筑：悬臂（挂篮）施工利用挂篮悬臂对称施工梁部主跨，边跨现浇段采用支架法施工。采用塔吊进行材料等垂直运输，混凝土采用泵送浇筑，张拉采用智能张拉设备。挂篮拼装检查完成后必须采用 1.2 倍的设计荷载进行堆载试验，通过施工线形控制确保施工中连续梁结构外观线形和内力状态符合设计要求。梁部合龙前测量高程、温度，连续观测时间不少于 **48h**，满足正常施工温度的条件下，合龙混凝土浇筑应在全天中气温最低时完成。

[预制梁及架设]

预制梁架设：一般有架桥机架设、龙门吊架设和吊车架设。架桥机组装、试运行应按设计使用说明书及出厂使用说明书进行规范拼装。架桥机完成组装后应按规定进行静、运载试验和试运行，合格后方可进行架梁。

运梁（板）施工：运梁台车运送梁片时，两台车上设专人监护，看护支撑，预防梁片支撑松动。梁片重心落在台车纵性中心线上，偏差不超过 20mm。

落梁施工：在桥机架梁过程中，按先边后中的顺序（外边梁－次边梁－中梁），依次架梁。

梁体支护：每片预制梁吊装就位后要进行临时支护，每相邻的两片预制梁要进行横向和纵向焊接，以确保预制梁就位后的安全。

【地下工程施工工艺工序标准化】

地下工程是指深入地面以下为开发利用地下空间资源所建造的地下土木工程，主要包括隧道工程、轨道交通工程、综合管廊等。

第五篇
标准化建设管理

[基坑支护及开挖]

地下连续墙施工：导墙施工应先测量定位,使用机械开挖,不得偏离设计要求。成槽施工要按设计图纸和施工方案进行分幅测量定位,根据相应的地质情况,采用液压抓斗直接成槽和先抓后冲的方法进行施工,严格控制成槽垂直度,槽底清理和置换泥浆结束后,对槽底泥浆取样试验,其比重、黏度、含砂率必须满足规范及设计要求,且槽底沉渣厚度不应大于100mm。

水下混凝土灌注：导管必须经过气密性试验满足规范要求后才可使用,导管安装连接时,应按设计深度匹配导管长度,保证导管底口距槽底距离为30~50cm,混凝土浇筑过程中应经常探测孔内混凝土面高程,及时调整导管埋深,最小埋深任何时候不得小于1.0m。

基坑开挖：须遵循"先撑后挖、随挖随撑、同步对称、及时封闭"的原则,防止基坑变形及周边建筑物变形。基坑开挖过程中严禁超挖,基坑纵向放坡不得大于安全坡度,严防纵向滑坡。加强基坑稳定的观察和监控量测工作,以便发现施工安全隐患,并通过监测数据的反馈,及时调整开挖程序。

[车站主体结构]地铁车站侧墙宜采用单侧大模板施工,使用前应在地面进行模板台车整体分段组装,分段长度根据吊装能力及吊装孔洞尺寸确定,一般为4.5~6m。混凝土应在浇筑完毕后的12h内对其进行覆盖和浇水养护,提高混凝土的抗渗性,有条件的部位采用蓄水养护。混凝土终凝后覆盖塑料薄膜及麻袋,保温保湿。

[盾构工程]

盾构始发：首先进行托架安装及路轨铺设,清理基坑后依据隧道设计轴线安装定位好始发基座。盾构机吊装根据场地布置情况,对盾构机及后备套进行分段起吊组装。盾构机调试在盾构机拼装和连接完毕后,即可进行空载调试,空载调试主要是检查设备是否正常运转。盾构始发先使用管片拼装机进行负环管片安装,为保证管片环面安装精度,负环管片采用闭口环安装方式。

盾构掘进：做好材料运输、轨道铺设、渣土改良、出渣控制、管片拼装、管片螺栓复紧、同步注浆。

盾构到达：控制好土压及出土量，当盾构机刀盘离接收洞门小于100m后，开始降低推力、降低推进速度和刀盘转速，控制出土量并时刻监视土仓压力变化，避免较大的地表隆陷。

［暗挖隧道］

施工中应注意监测围岩变化，软弱围岩严格遵循"超前探、管超前、短进尺、弱爆破、强支护、勤量测、紧衬砌"的施工原则。用先进的探测和量测技术取得围岩状态参数，通过对信息、数据的综合分析和处理，判定地质变化，反馈于设计和施工，实行动态管理信息化施工。对于长大隧道，单口承担任务重时，为开辟施工工作面，加快施工进度，满足全施工过程的通风和分散弃碴等要求，以及运营期间防灾救援的需要，需设置辅助通道。辅助通道分为进口、斜井、竖井、导洞、横洞、出口作业面，洞内掘进、出碴、初期支护及二次衬砌待拉开规定的工序步距后实行平行作业。

按照长大隧道快速施工原则，各施工工序都配置了全机械化作业生产线，主要机械设备包括超前钻探设备、开挖设备、喷锚支护设备、装渣运输设备、仰拱施工设备、防水板铺设设备和二次衬砌设备，以及水沟电缆槽施工设备等辅助设备。

项目临建工程标准化

【场地建设标准化】

临建工程是保证工程项目顺利实施的重要辅助工程，临建的布置、设计直接影响到项目的组织实施、工程进度、成本控制、环境保护、企业形象等，是项目实施方案的重要内容之一。包括项目办公区、生活区、施工便道以及场站的建设规模要求、要点。

项目部占地面积一般不应小于1000m²。合同额10亿元以上的公路、铁路、市政工程等项目可下设两至三个分部。山区公路或铁路自建房和租用民房占地面积可适当调整，但应满足企业CI要求，体现企业文化特点，做到坚固、安全、

第五篇
标准化建设管理

实用、美观，并满足工作、生活需求。

【混凝土拌合站建设标准化】

混凝土是建筑施工最重要的施工材料，通过合理规划、建设、使用混凝土拌合站，实现混凝土的高效率、高质量生产，对于提高施工效率和保障工程质量尤为重要。混凝土拌合站建设标准化包括规模要求、场地建设标准、硬件设施要求、标识标牌标准等。

拌合站规模主要根据施工进度计划，计算出施工过程中高峰期日均混凝土用量，选择适合的拌合楼设备，再根据厂家额定拌合楼设备占地面积来规划整个场地占地面积。

[拌合楼设备配置]拌合楼设备选型时主要考虑单日实际工作时间和拌合楼每小时实际生产量，一般情况下，拌合楼单日工作时间按10h考虑，每小时实际生产量按额定生产量的60%考虑，通过计算确定合适的拌合设备型号。为便于安装、拆卸及运输，建议优先选用整体式拌合站钢结构基础、模块化的主楼框架、平台和装配式料罐。

[水泥罐配置]水泥罐配置主要考虑水泥储存量。日生产混凝土量在$500m^3$以上，水泥储量最少达到日水泥最大用量的2.0倍；日生产混凝土量在$1000m^3$以上，水泥储量最少达到日水泥最大用量的1.5倍；日生产混凝土量在$1500m^3$以上，水泥储量最少达到日水泥最大用量的1.25倍。

【钢筋加工厂建设标准化】

钢筋加工厂是集钢筋设计、生产、加工、配送于一体的场所，通过合理部署、标准化配置可实现资源高效整合、提高钢筋加工质量。钢筋加工厂建设标准化包括规模要求、选址基本条件、硬件设施要求、标识标牌标准等。

项目按需要设置集中钢筋加工厂。钢筋加工厂建设面积主要参考业主要求和实际需要。一般钢筋笼加工区域按平均每$5m^2$每天加工1m长钢筋笼考虑，但总面积不得小于$500m^2$；一般下构、隧道仰拱二衬等半成品箍筋、曲筋、网片加工场地按每天每平米加工0.5t考虑；一般盖梁、墩帽骨架钢筋加工及拼装场地按平均每 150m² 每天加工拼装 1 个盖梁骨架考虑。

钢筋加工厂分为原材料堆放区、加工制作区、半成品堆放区、成品堆放区、废料堆放区、运输及安全通道等，所有场地均进行混凝土硬化处理，顶棚宜采用彩钢瓦搭建，场内各类标识标牌整齐划一，材料堆放整洁有序。

【中心试验室建设标准化】

中心试验室担负着指导现场施工及客观准确反映项目实体质量的重要职责。建设标准化工地试验室可促进试验室内部管理水平和试验检测工作质量的进一步提高，为项目质量管理提供有效保障。项目中心试验室建设标准化包括选址、设备配置、布置尺寸、平面位置、施工检测要点。

一个施工标段原则上只设置一个项目中心试验室（土建工程施工线路跨度超过 15km、路面工程施工单位线路跨度超过 40km，应根据具体情况设置分试验室）。按照合同额大小及获得的授权资质情况建设中心试验室，配置相应的力学室、土工室、沥青室等合同内容满足要求。

试验室宜设置在混凝土拌合站或预制场附近，其场地、通道均应硬化，实验操作台牢固平整，实验室面积的大小应和申请的检测项目数量相匹配，遵循仪器设备布局合理、方便试验操作的原则，试验室应干净整洁，若设备工作相互之间有不利影响时，采取有效的隔离措施。

【预制梁场建设标准化】

预制梁场在桥梁工程建设中具有举足轻重的关键作用，梁场建设应合理布局，满足生产进度需求，预制梁场能否优质、高效、及时供应所需梁型，直接影响桥梁铺架工作能否按时完成。预制梁场建设标准化包括台座数量、模板配置、龙门吊配备、场地规划、硬件设施要求等方面。

梁场规模主要根据预制梁数量和生产周期进行部署，根据进度计划，计算平均每天生产梁板片数，根据施工工艺设置合理的台座使用周期，从而确定台座总数量。

预制梁（板）场建设一般应与混凝土拌合站、钢筋加工厂联合组建。合理

第五篇
标准化建设管理

划分办公生活区、制梁区、存梁区、材料库房等。预制场建设要与桥梁下部结构施工基本同步启动，保证架梁和制梁的同步进行。预制区设置自动喷淋养护设备，采用喷淋养护，预应力张拉应采用智能数控张拉设备，应配备必备的施工辅助设备，包括横隔板钢筋定位模架、钢筋骨架定位模架、横隔板底模支撑架、波纹管定位模架、翼缘板钢筋定位模架等。

第六篇　工程建设履约管理

履约是订单型建筑企业立足市场的根本。高质量、高品质完成订单任务，是企业实现经济效益和赢得广阔市场的前提。提高履约管理水平，防范履约风险是企业实现可持续发展、推动高质量发展的首要任务。

工程履约管理理念 / 150
　履约为先、经济结束的理念
　策划先行、未战先胜的理念
　技术引领、资源要素一次配置到位的理念
　接口管控、均衡施工的理念
　快速施工、大成本管理的理念

工程履约管理原则 / 153
　全生命周期管理的原则
　方案与成本预控的原则
　责权利对等的原则
　科学正确决策的原则

工程履约管理要义 / 154
　施工组织策划管理
　施工组织实施管理
　工程履约基础管理

工程履约管理理念

项目管理是企业管理的基石，项目履约是企业生存的根本，创建一流企业必须具备一流的履约能力。企业的价值创造力、国际竞争力、行业引领力、品牌影响力、文化软实力也基于项目的完美履约，管理者必须树立卓越的履约管理理念，助力企业高质量发展。

履约为先、经济结束的理念

建筑企业市场竞争可以表现为市场资源、施工能力、资金实力等多方面，但归根结底，是履约能力的竞争、成本效益的竞争。我们要用"履约在先"的理念来引导各级管理者从前期项目策划开始就高度重视履约工作，从而避免"走错路""走弯路"。"经济结束"理念则是从系统经营的角度考虑项目效益的问题，项目实施过程中要时刻关注经济指标数据，对成本进行动态管理，研究降本增效措施，最终项目实施的成败，要以具体的经济指标来评价和衡量。

【履约为先，支撑企业平稳发展】

建筑企业要实现高质量发展，必须围绕"稳现场，促市场，提效益"的发展目标，坚持履约为先。坚持全面强化工程项目管理，以良好的履约能力，支撑企业市场拓展，推进企业平稳发展。落实履约为先的理念，需要持续提高履约意识的宣贯和落实，使大家认识履约对建筑企业的重要性，使每项工程，特别是一些战略项目、重点项目，必须全面按期完成承诺目标。规范经营行为，做好过程履约，向业主交付质量、进度、安全符合要求的产品和服务。

【经济结束，不断提升工程项目盈利水平】

工程项目的进度、安全、质量等是各方关注和监控的重点，要加快工程进度，提高安全、质量标准，必然会增加施工投入，影响施工效益。因此，建筑企业的效益与履约在某些方面是对立的。履约为先，并非盲目地加快施工进度，无限制地提高管控标准，而是要在保障履约的基础上，实现履约和效益之间的平衡。

第六篇
工程建设履约管理

管理者要重视经济指标的管理,科学配置资源,均衡施工,提高劳动生产力。其次,施工过程中要严格控制资源消耗,每个单项工程、工序和作业环节都要有明确的资源量化指标,并严格考核、奖惩,实现降本增效。再次,施工企业要加强分包管控和指导,提高分包商履约效率,通过系统集成提高项目总生产力。

策划先行、未战先胜的理念

工程项目管理中,有效而充分的策划既是项目成功的重要保证,又是提升企业盈利水平的有效途径。项目策划是专业知识、市场信息、管理经验的集成,通过策划梳理各阶段的管理目标、实施计划,预测工程实施过程中可能遇到的困难和问题,提前制定解决方案,配置相应的资源、使项目管理有规可循、有据可依、有序推进,实现"未战而先胜"。

【明确目标,精准施策】

企业的使命和任务,必须转化为目标,如果一个领域没有目标,这个领域的工作必然被忽视。工程项目具有建设周期长、环境复杂、不确定因素多等特点,企业在项目策划中明确目标,项目部对目标进行分解,并针对目标提前采取预控措施,最终保证项目建设目标实现。

【超前谋划,谋定而后动】

策划管理应从项目投标时便开始介入,要对项目的背景和条件进行深入细致的调查。提前掌握项目的实施难度、企业管理团队的能力水平、业主方资信、业主方的资金到位情况、过程付款情况等关键信息。

项目进场之初,是项目实施策划的关键时期。在项目开工准备阶段,选配班子、划分区段、明确施工方案、工筹策划、重难点突破、资源配置、大临设施等都要进行周密策划,重大施工方案的选择、地质的研判、设计优化、商务创效等需请专家会诊、把脉。在进场之初将可能遇到的问题和困难逐一梳理清楚,并逐条制定解决的措施,项目管理切忌"脚踩西瓜皮,滑到哪里算哪里",要抓好顶层设计和任务落实。没有全盘策划意识,不建立整体的策划体系,项目遇到问题时就会束手无策,陷入被动局面。

建筑企业管理精要
Construction Enterprise Management Essence

技术引领、资源要素一次配置到位的理念

技术管理是项目管理的灵魂，项目管理以技术为先并贯穿于工程项目全过程。做深做透优化设计、实行方案比选、严格工艺工序管理等工作是实现项目管理目标的前提。以技术为龙头来确定施工组织、施工方案、资源配置等。项目成功的关键还在于施工组织、施工方案能否严格落实，所以首次资源配置能否一次到位至关重要，它是企业资源组织调配能力的重要体现。

接口管控、均衡施工的理念

均衡施工是建筑企业科学组织生产的一个重要体现，是生产计划管理的核心内容。实行均衡施工，能使生产趋于有计划、有顺序、有节奏地进行，以期达到优质履约、降低成本的目的。

实现均衡施工首先应做好工程接口管理。施工场地布置、施工机械与模具配置、专业班组设置等是施工组织过程中的重难点，快速实现接口转换能大大缩短工期。其次应处理好重点与一般工程的关系。厘清关键线路，集中资源突击重点部位。再次做好机械设备和劳动力的平衡调度，安排施工任务时统筹兼顾，全面安排，进行综合平衡。最后要确保工序的连续性。做到下道工序的人、机、料等工作提前到位。

快速施工、大成本管理的理念

工期就是效益，项目每月固定刚性开支的节约率很大程度上决定了项目效益的高低。不应计较小投入，损失大成本，要先干后算，边干边算，树立大成本意识。在成本管理中，不能一味地注重单项成本的高低。在项目管理过程中，要有"大成本"意识，树立系统管理观念，不应只局限于成本本身，要延长企业的整体价值链，站在区域发展和项目总成本的高度，综合考虑项目成本与品牌价值的关系、资源配置成本与工期成本的关系。通过跑步进场、优化设计、优配资源，在"全员成本、总体成本"意识主导下进行成本管控，实现效益最大化。

第六篇
工程建设履约管理

工程履约管理原则

随着经济社会的发展,传统的管理方式已经难以适应时代的发展需求,这就需要从管理原则和方法上进行创新,引用先进科学的管理手段,重新构建管理体系。

全生命周期管理的原则

建筑工程项目全生命周期是指项目从规划、设计、施工、调试、运行、维护、直到废止的全过程。全生命周期管理内容包括对资产、时间、费用、质量、人力资源、沟通、风险、采购的集成管理。

全寿命周期管理具有宏观预测与全面控制的两大特征,它考虑了从规划设计到报废的整个寿命周期,避免短期成本控制行为。同时,从制度上打破部门界限,将规划、基建、运行等不同阶段的成本统筹考虑,以企业总体效益为出发点寻求最佳方案,考虑所有会发生的费用,在合适的可用率和全部费用之间寻求平衡,找出总成本最低方案。

作为建筑企业,必须坚持全生命周期管理的原则,才能与项目业主方在意识上产生共鸣,并在利益上实现互惠共赢,在PPP、EPC等项目模式表现尤为突出。

方案与成本预控的原则

凡事预则立,不预则废,预控是项目管理的重要手段和方法。方案的优劣决定成本的高低,预控方案可以从技术层面达到预控成本的目的。项目进场后,认真复核施工图、技术资料,推行内外部专家治理,优化项目设计方案、实施性施工组织、施工方案,实现策划与施工方案在技术上可行、经济上合理。方案一旦确定,各层级严格组织实施,明确目标,细化责任,锁定成本。项目实施过程中,定期召开成本分析会,制定下阶段成本控制措施。在每一个环境因素变化的关口,进行科学、正确的决策,确保最终成本受控。

责权利对等的原则

责权利对等原则就是要让个体或组织承担一定的责任，就应该赋予其完成责任必需的权力，并给予其与所承担责任对等的利益。只有三者对等统一，形成相互支持、促进，又相互牵制、规范的"等边三角形"，团队建设和工作目标才有可能顺利完成。

责权利三者之间，责任是传导层次，也是关键环节。离开了责任，权力就会落空，当然利益也就丧失了。对项目而言，项目经理是第一责任人，企业应授予一定决策权力，对员工采用责任考核的办法，根据反馈情况对责权利及时调整完善，保持动态平衡。

科学正确决策的原则

科学、正确的决策必须有很强的针对性，要明白问题是什么，根源在哪，怎么样对症下药，这就是科学正确决策的一个重要原则。其次要抓源头、抓根本、抓主要矛盾。

做到科学正确决策，首先应按科学的程序和步骤进行决策，决策中应进行可行性分析，以经济效益为中心，研究投入与产出的关系，把决策对象视为一个系统，以整体系统的总目标来协调各个小系统的目标，用科学的预见来克服没有科学根据的主观臆测。

工程履约管理要义

项目施工组织策划和实施是工程项目建设最关键的两个阶段。要做好项目施工组织策划并有效实施，以工期节点管控为主线，以履约问题解决为导向，以资源要素配置为抓手，以管理责任的界定和划分为根本，以实现社会效益、经济效益的最大化，同时，要稳抓基础管理，助推完美履约。

第六篇
工程建设履约管理

施工组织策划管理

【前期策划】

前期策划应根据项目的类型、规模、工期、施工难度等特点,实行分级管理。施工进场前,应组织召开项目策划编制预备会,由牵头单位领导、相关部门、拟派项目班子人员、营销、投标、商务等人员对参会人员进行交底,同时,明确项目目标、策划要点、责任分工、责任人员及完成时限。策划完成后应组织召开评审会,集中讨论形成修正意见,评审完成后报上级单位审批或备案。前期策划应包括以下几个方面的内容:

[项目目标策划]项目目标是企业各职能部门、项目部执行的纲领。根据项目战略定位、规模、实施条件等制定与项目实际相匹配的各项管理目标,包括工程进度、安全、质量、成本、资金、党建、创优、创效、创奖、人才培养等全方位的管理目标。

[项目实施策划]项目实施策划是实施项目管理的计划性文本。由企业组织各线条人员制定,项目班子人员参加,制定项目各实施阶段的详细策划,项目管理策划共包括四个部分:现场组织策划、施工方案策划、商务成本策划、资金管控策划。

[签订项目部责任书]项目部责任书是明确项目部的职能权限及项目部必须完成各项目标、指标的指令性文件,是对项目团队业绩的考核依据。项目部责任书中应明确项目履约、效益、创优创奖、人才培养等管理目标。

【现场组织策划】

现场组织策划主要包括项目组织管理体系建设和现场临时设施策划。

[项目组织体系策划]主要明确项目部、工区的组织机构和岗位配备,以及项目对劳务队、专业分包单位等的管理模式。项目管理机构应适应项目不同施工阶段的现场特点和管理要求,动态调整。

[现场临时设施策划]现场临时设施策划应遵从整体规划、分步实施、经济适用、适度从紧、原地貌布置、少硬化多绿化的原则。主要以大型临时工程为重点,

主要包括 CI 策划、项目驻地建设、施工便道修建、混凝土拌合站、桥梁预制场、钢筋加工场、弃土场选址等。

【设计、施工方案策划】

[设计、施工方案策划主要内容] 施工总体部署、重难点工程分析、施工平面布置、设计交底和图纸会审计划、主要施工技术方案选择和编制计划、机械设备配置方案、周转材料配置、施工总进度计划及附图附表等。

施工总体部署应在保证质量、工期和安全的前提下，科学划分平行作业段和施工区，合理安排工序穿插，充分发挥施工生产能力和设备使用效率，切实保障合同进度履约。

【商务成本策划】

项目商务成本策划一般包括项目目标成本明细、项目成本管理特点难点分析、项目风险与主要盈亏点分析、预计采取的降本增效措施、将达到的降本增效目标、实现目标的责任中心费用分解等主要内容，并逐步增加现金流、合同风险、结算等策划内容。

【资金管控策划】

[资金管控策划主要内容] 项目主合同付款条款分析；资源组织资金管控策划；项目资金策划节点的确定；项目资金风险识别与控制；现金流量最大化方案；项目资金缺口的应对措施等。主要分析项目合同中关于工程款支付的主要条款，资源组织方面的履约保证、付款方式、支付节点，依据工期计划及施工策划确定资金节点计划，分析项目实际资金管理过程中存在的主要风险并制定措施。

【重大节点策划】

重大节点包括控制性单位工程节点、里程碑分部工程节点、年度工程节点等。根据合同工期要求，建立工期节点管控程序，编制进度计划，加强施工进度管控，设置进度预警，形成节点管理记录，确保比业主要求的工期提前 1~2 个月以上。

项目部应对现场工程进度进行信息化平台管理和形象进度管理，对施工进

第六篇
工程建设履约管理

度信息在综合项目管理系统中及时填报呈现和更新,并对照进度计划,对照节点进度计划进行统计、分析,对项目现场进度情况进行监控,如施工进度出现延误,按照延误程度发布进度管理预警信号,采取措施及时调整资源、加快进度,在确保质量的前提下按时完成各项工作。

【策划执行与评估】

[策划执行]公司负责按策划文件要求组织和配备相关资源,监督、检查和指导项目实现策划目标。项目部是项目实施策划的执行主体,负责对项目资源进行有效组织和有序调配,按计划节点完成相应工作任务。

项目策划执行过程中,因外部条件变化的,可适当对策划进行修正,修正后的策划文件经原审批单位批准后执行。公司每半年对项目策划文件进行梳理,分析项目实际与策划的区别,发生偏离的及时研究制定纠偏措施,每半年需重新调整发布。各级策划单位应对其负责的项目策划执行情况进行监督与检查,跟踪策划的执行落实情况。

[策划评估]依据项目策划与项目部管理实施,每半年要对项目策划效果与不足,对项目策划编制、执行、纠偏情况进行复盘,对项目目标实现情况进行考核,明确项目实施过程中的经验和教训,对项目进行一次综合效益整体管理评价。

施工组织实施管理

【工期节点管控】

[节点预警管理体系及机制]节点预警体系以项目策划中明确的相关节点为依据,分集团(局)、公司、分公司三级预警。预警等级根据节点重要程度、滞后天数、影响程度等综合确定。

对重大工期节点、滞后60天的节点以及影响程度大的节点,实施集团(局)级预警。对重要节点、滞后天数超出可控范围、影响程度一般的节点,实施公司级预警。一般性节点、滞后30天以内、影响程度低的节点,实施分公司级预警。

节点预警管理是一个连续的、动态管理的过程,通过不断分析工期节点报表数据,跟踪检查项目实际进展,对照分级预警体系相关要求启动相应级别预警。

企业对节点滞后项目应进行预警响应,根据管理规定及时进行现场督导纠偏。

[分级履约督导]根据项目战略定位、项目实施难度,对项目实施三级督导。其中一级督导项目为集团(局)战略客户项目和集团(局)承接的重难点项目。二级督导项目为规模和实施难度相对较大的项目,其余项目为三级督导项目。

集团(局)对一级督导项目实施重点督导,全面关注项目的生产进度、安全质量、文明施工等情况,每月根据项目进展,进行现场督导并发布督导通报;对二级督导项目实施协助督导管理,重点关注项目主要节点和产值,每季度通报完成情况;对三级督导项目实施监督管理,重点关注项目产值完成情况,结合半年工作检查进行通报。

【问题库管理】

项目策划阶段,策划组织单位应对项目风险因素进行系统分析,建立风险管理台账,明确相关解决措施及责任单位、责任人员。项目进入实施阶段后,定期对风险因素和措施进行实时更新,指导项目及时化解风险。

[履约问题库的建立]履约问题库主要内容有:问题类别、问题描述、影响程度评价、应对措施、呈报的责任单位(个人)、完成时限等。

问题库首先由项目层级建立,问题自动推送上级相关部门和相关人员。项目部定期对履约因素进行排查,及时发现问题,及时纳入履约问题库进行管理。当发现问题未及时得到解决,表内显示超限时,需进行提级管理,信息系统自动推送上级工程管理部门,纳入上级单位问题库系统,上级工程管理部门调度其他管理线条解决问题,并重新确定解决时限。

[履约问题库销项与统计分析]各层级履约问题库管理专员需定期对问题库进行检索,对已解决的问题进行销项处理,并备注解决的实际措施和时间。各管理层级应对发生的履约问题进行统计分析,对频繁出现的同类问题,要认真进行研究分析,查找系统性管理原因,找出问题重复发生的症结所在,并制定专项措施,从体系上提高防范履约问题的水平。

第六篇
工程建设履约管理

【资源要素管理】

建筑企业项目管理的核心是优质资源的整合，而项目管理的核心是对资源实施有效管理，实现资源价值的最大化。企业的管理应该围绕项目开展，为项目提供可靠的资源支持、技术支持、资金支持。

[项目人员管理]人员管理要遵循职责明确、界限清晰、全无遗漏、细致周密、层级简洁、指令清晰、职责划分的原则，给不同的角色配置不同权限，不同权限对应不同的职责。

项目组织构架应该根据项目规模及实施条件确定，项目人员数量可根据工期要求结合项目规模确定。领导岗位一般设项目经理、技术负责人（总工程师）、安全质量总监、项目副经理（生产）、项目副经理（协调）财务合约负责人等岗位，下设部门包括：工程管理部、技术管理部、财务合约部、物资设备部、机电管理部、协调管理部、质量安全部、信息化管理部、党群工作部和综合办公室。

[设备管理]设备管理分为自有设备管理和租赁设备管理。自有设备按照设备折旧、使用台班进行自有机械使用费的核算；租赁的机械费按照租赁时间和单价核算机械租赁费。

[物资管理]所有物资统一分为主要原材料、低值易耗品和周转材料三大类。项目开工前，项目部应根据项目策划编制物资总需用计划，经项目经理审核后提交公司物资管理部门。大宗物资必须实行集中采购，采购模式可分为区域层面集中采购、法人层面集中采购、集团（局）集中采购三种模式。零星物资实行比价定点采购。项目应根据施工预算，做好总量控制，实行限额领料，商品混凝土也必须实行限额领料制度。限额领料的执行必须由项目经理牵头，并应明确其他人员的职责及奖罚措施，对于堆放现场不能入库发放的物资，每月25日进行实物盘点。

【劳务实名制管理】

[劳务实名制信息化管理]建筑企业应配备实现建筑工人实名制管理所必需的硬件设施设备，施工现场原则上实施封闭式管理，设立进出场门禁系统，采

用人脸、指纹、虹膜等生物识别技术进行电子打卡；不具备封闭式管理条件的工程项目，应采用移动定位、电子围栏等技术实施考勤管理。相关电子考勤和图像、影像等电子档案保存期限不少于2年。

建筑工人实名制信息由基本信息、从业信息、诚信信息等内容组成。基本信息应包括建筑工人和项目管理人员的身份证信息、文化程度、工种（专业）、技能（职称或岗位证书）等级和基本安全培训等信息。从业信息应包括工作岗位、劳动合同签订、考勤、工资支付和从业记录等信息。诚信信息应包括诚信评价、举报投诉、良好及不良行为记录等信息。

[劳务工资管理]建筑企业应依法按劳动合同约定，通过进城务工人员工资专用账户按月足额将工资直接发放给建筑工人。工人工资分考勤基本工资和计件效益工资，项目部应督促分供方（班组）计算出每个月实际出勤（基本工资）及完成的工作任务量（计件效益工资），项目部按月负责基本工资发放，计件效益工资由分供方造表，进城务工人员签字确认，项目部审核代发放。

【管理职责划分】

集团（局）层面，统筹全集团（局）履约工作，主要负责制定全集团（局）履约管控体系，对各公司履约业绩进行考核评价，对重难点项目进行督导管理，对履约管理失职问题进行追责。

公司层面，对公司所有项目全面满足履约要求负责，组织项目部的组建，开展各类分供方资源招标采购工作，根据问题库的问题及时解决项目诉求，全过程对项目履约管理进行指导、督促。

项目部层面，负责履约管理的具体组织和实施。

工程履约基础管理

【信息化应用管理】

建筑业在高质量发展的大背景下，信息化管理和数字化转型是大趋势。信息技术能为企业高效管理提供技术支持，提高企业经济效益和精细化管理水平。工程履约信息化管理的主要内容为履约信息化管控体系建设及履约信息化管理

第六篇
工程建设履约管理

平台建设。

[工程履约信息化管控体系建设]工程履约信息化管控体系包括组织管理体系、信息化项目建设及运维管理体系、信息化应用管理体系及数据管理体系。

组织管理体系：分为战略规划层、管理控制层、执行操作层。数字化转型分为数据收集、数据处理、数据应用三个阶段。组织管理体系与数字化转型的三个阶段之间呈现倒三角的对应关系，即执行操作层实现数据的收集，管理控制层实现数据的处理，战略规划层实现数据的应用。从而构建了以数字化驱动为导向，自下而上的知识链与数据流协同、开放的组织结构。

信息化应用管理体系：包括企业业务管理体系和供应链业务管理体系，企业业务管理体系是按照组织管理体系从项目、公司、集团（局）不同的业务场景具体业务来划分，供应链业务管理体系是按照产业生态链对企业业务管理体系的一种延伸，供应链系统与业务管理体系紧密配合，以加强实物流、信息流、资金流的"三流管控"。

数据管理体系：必须遵照严格的标准体系建设规范，统一的数据管理组织，统一的数据来源和标准，打通数据壁垒，提升数据可靠性与质量，打造数据驱动力与服务力。数据管理体系分为数据标准、数据治理、数据应用三个层级。

[工程履约信息化管理平台建设]工程履约信息化管理平台基于企业信息化管理系统中通用性的组织机构、人员关系、角色管理、权限分配、初始化参数配置等功能，形成项目履约的进度质量安全和成本全过程管理的底层平台，为集团（局）、公司和项目的各类业务管理提供基础应用平台和主数据支撑。工程履约信息化平台分为"企业级履约信息化平台"和"项目级智慧工地建造管理平台"，它们是协同工作的整体。

企业级履约信息化平台，对工程项目履约的管控重点是工程进度、质量、安全和成本的管理，充分应用信息化手段能更好促进项目进度、质量、安全、成本的全方面优质履约，实现项目目标。进度管理方面，主要是工程进度自动预警与管理。质量管理方面，主要是以工序为主线的施工全过程质量管控。安全管理方面，主要是安全风险智能监测识别与预警管理。成本管理方面，主要是综合项目管理系统，围绕项目全过程的商务合同、分包计量、物资设备、结算办理、成本分析管理。

项目级智慧工地就是指运用信息化手段，围绕施工过程管理，建立互联协同、智能生产、科学管理的施工项目信息化生态圈，并将此数据在虚拟现实环境下与物联网采集到的工程信息进行数据挖掘分析，提供过程趋势预测及专家预案，实现工程施工可视化智能管理，以提高工程管理信息化水平，从而逐步实现绿色建造和生态建造。

【履约进度管理】

［进度计划编制］

施工进度编制原则：从实际出发，注意施工的连续性和均衡性；按合同规定的工期要求，做到好中求快，提前竣工；讲究综合经济效果。

进度计划内容：原始资料收集、施工工序划分、工程量计算、劳动量或机械台班数量确定、各工序工作时间确定、进度计划方案编制、施工进度计划图编制。

［资源组织整合］

项目组织管理：项目部组织机构建立后，按满足现场管理、符合成本控制和有利于企业人才培养的原则，拟定项目经理（执行经理）、主要管理人员及数量。岗位设置时可一专多能、一岗多责，适当缩减编制，并依据施工进程进行动态调整。

物资设备组织：由企业组织对分供商进行资格审核、现场考察，考察合格的分供商进入"集采平台"合格分供商名录。项目部对分供商进行过程考评，企业对分供商进行年度考评。项目部根据《项目部实施计划》，向企业申报物资及设备需求计划,企业组织物资及设备的采购或调拨。对于建设方提供的物资及设备，项目部应按合同约定及施工进度计划向建设方提出物资及设备需求计划。

分包资源组织：公司组织对分包商进行资格审核、现场考察，重点考察分包商是否具有一般纳税人资格，以及其施工技术、质量管理、环境管理、安全

第六篇
工程建设履约管理

及职业健康管理、综合管理能力、类似工程业绩等情况。企业按程序评审分包合同或变更，在与分包商签订分包合同、廉政责任书及安全生产责任书后，项目部组织分包商进场施工。

［关键节点管理］节点执行分级管理，将工期节点分为重要节点、控制节点和关键节点。各节点计划由项目部编制，报公司审批，公司与项目签订年度生产责任书，对重要工期节点、控制工期节点进行考核，企业定期召开季度或月度生产会，协调各类资源，帮助项目解决问题，推动项目施工生产。

企业可以利用进度管理系统、协同平台、进度管理 APP 等信息系统建立项目进度管理信息平台，采用信息化的手段，方便、快捷地了解项目进度进展情况、节点履约情况，并实现节点进度预警和进度督导跟踪。

［接口管理］高效管理好项目部与各部门之间的接口是保证进度的基本前提，接口管理主要包括：与当地政府主管部门的接口管理、与征地拆迁单位等部门的接口管理、与甲方的接口管理、与监理咨询的接口管理、与设计的接口管理、与勘察的接口管理、与第三方检测单位的接口管理、与线路跨越铁路、公路部门的接口管理与相邻施工单位之间的接口管理、与后续工程之间的接口管理、内部接口管理等。

【技术管理】

技术管理是项目管理的灵魂，应做到技术为先并贯穿于工程项目实施的全过程和各个环节。

［施工设计优化］设计优化管理贯穿项目实施过程中的始终，设计优化的时段应该越早越好。初步设计阶段是设计优化的重点时段，施工图设计阶段重点关注设计优化措施的落实情况，施工阶段重点根据优化后的设计开展现场实施工作。

设计优化原则： 不降低设计标准、不影响设计功能，确保工程质量、合同工期、投资控制目标的实现以及施工的便利性、后期运营的效率和经济性。

设计优化方法： 利用科研成果、工程经验和广泛的国内外信息，以及设计单位的资源力量，对初步设计、施工图设计提出设计优化的思路和方案；对设计优化内容具体化、明确化，提供充分依据支持设计优化意见，并负责与设计单位进行沟通；对优化设计的内容进行项目全周期的经济分析，包括项目建设、运营阶段，提供充分的依据支持经济分析结果。

[施工方案优化]施工方案优化原则：结合实际、确实可行；技术领先，经济合理；安全可靠，满足工期。

施工方案优化方法：施工方案优化应分阶段进行。施工设计图出图之前，要加大与设计院的沟通，充分考虑现场各种条件，对技术方案进行有效的预先谋划和比选，最大限度地节约成本。施工组织设计和施工方案评审阶段，要从符合项目资源配置水平、技术可行、经济合理、操作方便等方面进行分析，对本项目主要工程的施工方案进行改进、评价。在编制实施性施工组织设计和施工方案时，应依据现场情况进行动态控制，不断优化、修改、补充和完善，保证施工方案始终处于最优状态，最大限度地降低工程施工成本。施工过程中，技术人员要深入施工一线跟班作业，当发现施工参数出现重大变化时，应进行设计变更和重新编制施工方案。

[技术交底管理]技术交底可分为设计交底、施工组织设计交底、专项施工方案（施工方案）交底、安全技术交底和作业工序技术交底。

交底原则：交底遵循"要交底、交到底、交底线、要留底"原则，确保所有分部分项工程有交底，并要交到作业层及具体管理人员，要将原则与作业要求、验收要求明确底线，并要完善签字、归档留底。

交底要求：施工技术交底必须以批准的施工组织设计、施工方案为依据，内容须满足设计图纸、现行规范、规程、工艺标准和业主的合理要求。技术交底必须自始至终结合工程部位和工程质量要求进行交底，保证交底的适用性和可操作性，必要时应结合样板工程进行交底。技术交底必须在工作内容开始前进行，技术交底后，交底人应组织被交底人认真进行讨论并及时回答被交底人提出的疑问。项目应建立技术交底记录台账,并按季度对技术交底工作进行分析,

第六篇
工程建设履约管理

制定纠正和预防措施，对项目技术交底工作进行持续改进。技术交底也可制作成可视化视频，电脑终端或手机移动端通过扫描二维码获取培训学习。

【质量管理】

百年大计，质量为本，工程质量是企业的生命。质量管理是一项系统工程，必须运用一整套质量管理体系、手段和方法进行系统管理。

［质量管理计划编制］

编制原则：工程正式开工前由公司与项目部依据项目策划组织编制项目质量策划。对于中小型工程或施工图纸能够一次到位的工程，项目应于开工初期完成质量计划的第一版编制工作。对于大型工程或施工图纸分阶段到位的工程，一般可按投标阶段或施工阶段来编制项目质量计划。原则上应在该阶段开始施工前一个月内完成。工程施工进行过程中，项目应根据实际情况逐步完善项目质量计划，以确保对项目管理的实际指导作用。

主要编制内容：项目概况、质量目标、质量指标、质量要求、组织机构、质量管理职责、项目质量保证与协调、设计过程控制、采购过程控制、施工过程控制、试运投产准备过程控制、不合格品控制、纠正和预防措施控制、文件控制、现场服务、记录控制等。

［原材料质量管理］

原材料进场时必须附有齐全、有效的产品合格证、检验报告等各项质量保证资料。需进行复检、复试的物资应按有关规定取样，并将样品送交具有相应资质的检测机构进行复试或复验，检查内容包括：产品的规格、型号、数量、外观质量、产品出厂合格证、准用证以及其他应随产品交付的技术资料是否符合要求。不符合质量标准的材料必须及时清退出场，并作相应记录。

［施工过程质量控制］

项目部应坚持"样板引路""日常检查""旁站监督""质量改进""质量培训""质量信息化管理"等行之有效的过程质量控制措施和方法。

样板引路：样板应至少包括"钢筋工程、模板工程、混凝土工程、防水工程、砌体工程"五大工序，其他对结构安全或使用功能影响较大的关键工序或新技术、新工艺、新材料的使用也应列入样板计划；项目样板展示区应设置在现场显著区域，展示内容应涵盖企业红线管理规定要求，鼓励项目设置VR/AR虚拟样板。

日常检查：项目日常检查应每天进行，对发现的质量隐患进行现场督促整改，整改要闭合成环。

旁站监督：凡涉及工程结构安全的地基基础、主体结构和设备安全工程的关键部位和工序，均应实行旁站监督；开工前，项目总工程师要识别需进行旁站监督的部位和工序，组织项目质量工程师编制旁站监督工作计划，明确旁站监督的范围、内容、程序和旁站人员职责。

质量改进：明确质量的主要因素，分别定期制订和实施各层级的质量改进措施；质量改进工作开展的主要形式是进行QC活动，通过QC活动的有效开展，实现项目质量的科学循环提升。

质量培训：质量教育培训的质量体系文件培训、取证培训、再教育培训，一般委托专业教育机构进行。质量专题培训采用各公司集中培训或集团（局）集中培训的方式进行。

质量信息化管理：利用质量管理系统、协同平台、质量管理APP等信息系统建立项目质量管理信息平台，采用信息化的手段，方便、快捷地了解项目现场质量管控情况、质量履约情况，并实现质量问题督导跟踪。

[质量红线监督管理]

质量红线监督包括程序、试验、测量及施工红线管理。主要要求无方案不允许施工；大型临时设施及特种设备必须验收合格后使用；试验室不得超授权范围开展试验工作；不得严重违反检验检测技术规程操作；项目开工必须复测控制网；超过一定规模且危险性较大的专项方案必须进行专家论证通过后方可施工等。

第六篇
工程建设履约管理

[质量复核与验收]

物资进场验收：工程项目开工前，项目技术工程师应编制《物资进场验收计划》，经审核审批后实施。物资进场后，项目材料工程师组织对进场物资进行验收，并由验证人员填写《物资进场验证记录》。

隐蔽验收：隐蔽工程验收工作应在本工序已完成且下道工序施工前，班组自检合格后进行，经验收合格的工序方可通知进行下道工序。

检验批验收：检验批的验收应在施工单位自行检查评定合格的基础上交由监理单位进行；监理工程师组织检验批验收，现场工程师负责填写检验批质量验收记录，经验收合格后方可进入下道工序。

分项工程验收：分项工程由监理工程师组织验收，项目总工程师和质量工程师参加，并由质量工程师负责填写检验批质量验收记录，经验收合格后方可进入下道工序。

分部工程验收：分部（子分部）工程由监理工程师组织验收，验收完成后，由项目总工程师填写分部（子分部）工程验收记录，参加验收人员进行审批。

单位工程验收：单位（子单位）工程验收时要求所含所有分部工程质量全部验收合格。单位（子单位）工程质量验收合格后，应协助建设单位在规定时间内将工程竣工验收报告和有关文件报建设行政管理部门备案。

[半成品、成品保护]

成品保护工作包括进场原材料、半成品、施工过程已完工序、分项工程、分部工程及单位工程。项目部应在施工组织设计中制定成品保护措施或编制成品保护专项方案，确定保护对象、明确保护方法和责任人，科学、合理安排施工生产，减少交叉作业等人为因素造成的半成品及成品破坏。

[质量事故处理]

质量事故应根据造成的人员伤亡或者直接经济损失确定事故分级，并应根据事故等级采取分级管理的方式，质量事故处理具体包括事故分级、应急响应、事故调查、确定处理方案、事故处理、责任追究等工作内容。

建筑企业管理精要
Construction Enterprise Management Essence

【安全管理】

施工安全是工程项目管理工作的重要基础，施工过程安全是保证工程进度和质量不可或缺的关键环节，遏制和消除安全隐患是杜绝安全事故的根本，通过信息化技术实现安全隐患排查—整改—销号闭环管理，是提升安全风险管控的有效手段。

[安全组织管理体系建设]全面落实"党政同责、一岗双职、失职追责"的安全工作要求，集团（局）以及下属二级单位均要设立安全生产委员会，主任由董事长或总经理担任；项目部要设立安全生产领导小组，组长由项目经理担任，成员由项目班子和各职能部门主要负责人组成，亦可根据需要增加下属单位主要负责人为成员。

[安全风险评估]开工前应对本项目危险源进行辨识，进行风险评估，编制相应的风险控制策划。项目部应成立危险源辨识、风险评价小组，在工程开工前或工序施工前必须对施工现场的危险源以及市场行为潜在的风险进行辨识，建立项目《危险源清单》。

项目部要对辨识出的危险源进行风险评价，安全风险等级从高到低划分为重大风险、较大风险、一般风险和低风险。重大风险由公司和项目部共同管控，较大风险由公司和项目部共同管控，一般风险和低风险由项目部管控。项目部应对危险源实施动态管理，及时掌握危险源及风险状态和变化趋势，实时更新危险源及风险等级，并根据危险源及风险状态制定针对性防控措施。

[安全教育培训]企业应建立安全教育培训制度，明确教育培训的类型、对象、时间和内容。对安全教育培训的计划编制、组织实施和记录、证书的管理要求、职责权限和工作程序等作出具体规定。安全教育培训对象应包括各级领导干部、项目经理、专职安全管理人员、实习学生和作业人员。根据岗位的不同，培训内容也会有所差异。

培训组织部门要采取现场操作、笔试、口试、工作绩效评价等方式对培训效果进行考核。

第六篇
工程建设履约管理

［安全监督制度］集团（局）、公司要严格按照国家法律法规及规章制度开展安全监督工作，核查各级单位是否严格遵照各级安全制度要求。

安全检查： 工程项目要实行逐级安全检查制度，包括日检、旬检、月检等；公司要对项目实施定期检查和重点作业部位巡检，做到安全生产检查制度化、标准化、经常化。

检查实施： 安全检查应依据充分、内容具体，认真填写检查记录，做好安全检查总结。

隐患整改： 对查出的安全隐患和问题，被检单位应按"五定"原则（定责任人、定时限、定资金、定措施、定预案）立即落实整改。对整改情况应进行复查，跟踪督促落实，形成闭环管理。

［安全信息化管理］利用安全管理系统、协同平台、安全管理APP等信息系统建立项目安全管理信息平台，采用信息化的手段，方便、快捷地了解项目现场安全管控情况、安全履约情况，实现安全问题督导跟踪。

［安全红线监督管理］针对项目现场施工易形成重大质量、安全与环境等隐患的行为，依据国家法律法规，经企业识别后划出不可触犯的现场施工红线，项目必须严格遵守。

［文明施工管理］坚持"以人为本，标本兼治"的原则，建立健全文明施工管理制度，依靠科学、规范的管理和技术进步，推动城市建设文明施工工作的开展。

文明施工管理内容： 落实工地标准化管理、施工现场和生活区实行封闭管理、规范施工场地管理、现场材料管理、机具设备管理、作业面管理、宿舍管理、食堂管理、厕所卫生管理、CI形象管理。

［应急救援与事故处理］施工企业应当根据建设工程施工的特点、范围，对施工现场易发生重大事故的部位、环节进行重点监控，制定施工现场生产安全事故应急救援预案。实行施工总承包的项目，由总承包单位统一组织编制建设工程生产安全事故应急救援预案，工程总承包单位和分包单位按照应急救援预

案，各自建立应急救援组织或者配备应急救援人员，配备救援器材、设备，并定期组织演练。

【环境管理】

近年来，国家越来越重视环境保护工作，建筑施工企业施工现场必须通过建立健全环境管理体系，有效规范施工生产行为，实现环保绿色施工。

［环境管理体系］环境管理组织机构由集团（局）、公司、项目三级构成，各级设置环境管理分管领导、主管部门和主管人员。项目经理为环境保护的第一责任人，生产副经理、施工负责人直接承担环境保护管理具体工作。

［环境管控策划］项目部根据公司对项目明确的节能减排计划指标，按《项目实施策划书》及工程承包合同、当地环保法律、法规的要求，以及办公、生活和生产的需要，对环境管理进行策划，主要内容包括：环境目标指标；针对目标指标采取的具体方法和措施；责任部门、人员职责和工作流程；所需的资源（资金、物资材料、主要设备）要求；制定各方法和措施的进度安排及完成时间；绩效测量方法和要求；必要的纠正措施。

［环境管理信息化］项目可在施工现场安装环境监测系统，实现对施工现场的环境监测管理。常见的监测方式有：视频监控、温湿度检测、风速风向检测、扬尘检测、噪声检测、光、二氧化碳、PM2.5、PM10等。

【收尾管理】

项目收尾管理是项目管理过程的最后阶段，也最能体现企业和个人的综合管理能力。

［收尾工作策划］公司成立收尾项目管理工作小组，总经理任组长，分管生产副总经理任副组长，各部门负责人及相关职能人员为组员，小组办公室设在公司工程部。项目部成立与之对应的项目收尾工作小组开展工作，项目经理为项目收尾工作小组组长，组员由项目部人员组成。在工程正式移交前一个月，项目经理会同小组主要管理人员制订项目收尾计划，项目收尾计划经项目经理审批后实施。

第六篇
工程建设履约管理

项目收尾工作应包括现场附属工程清理、工程档案资料归档及移交、工程移交、项目部退场和保修服务等，收尾策划至少应包含完成上述五个方面的工作安排、责任人、计划完成时间。

[现场清理原则] 项目部应根据项目收尾工作计划进行工程清理，工程清理包括未完工程的清理和临时设施拆除、场地恢复等工作，现场清理工作由项目部工程管理部门负责，项目部安全、质量、合约、工程部门共同跟进，对照清单逐项清理、验收销项。

[工程移交程序] 项目部在工地清理完成后，项目经理向公司提出移交申请；公司对工程进行移交前检查验收，确认满足合同要求具备移交条件后，公司会同项目部向业主正式移交工程，办理工程移交手续；移交后，项目部按照合同与业主协商交工后服务形式，完成工程移交后服务。

[资料归档及移交] 项目部归档资料包括《工程技术资料》及《项目部管理资料》两部分。《工程技术资料》归档按国家及地方建设行政管理部门有关工程档案管理规定进行。项目部应将项目实施过程中的《项目策划书》《项目部实施计划》及成本管理、技术管理、分包管理、材料管理、进度管理、安全环保管理等项目部管理资料整理归档，建立数据库，移交给企业档案管理部门或其他有关部门。

第七篇　新型建筑工业化规划管理

企业新型建筑工业化业务的发展，是企业未来发展的增长级，也是提升企业竞争力的有效手段，不可能一蹴而就，需要进行数字化和顶层架构及实施路径设计，制定提升企业一体化、专业化、精益化、智慧化的管理策略，并持续推进，用建筑工业化支撑创新发展。

发展理念 / 174
标准化先行的理念
全产业链支撑主业发展的理念
绿色低碳高效发展模式的理念
全专业协同发展的理念
数智化运营管理的理念

管理机制 / 181
自动化生产线建设机制
资本股权机制
全体系联动机制
全要素匹配机制
人才队伍配套机制

实施策略 / 186
研发＋一体化支撑
集成＋专业化设计
平台＋精益化生产
数字＋智慧化管理
目标＋阶段化培育

发展理念

新型建筑工业化是通过新一代信息技术驱动，以工程全寿命期系统化集成设计、精益化生产施工为主要手段，整合工程全产业链、价值链和创新链，实现工程建设高效益、高质量、低消耗、低排放的建筑工业化。新型建筑工业化是传统建造模式升级，必须用新发展理念，配套智慧管理平台，实现互联、互通、共享、共创的全寿命期管理，用新发展理念推进新时代建筑业管理升级，用新的发展格局推动新时代建筑业智能建造，用建筑工业化支撑建筑业创新发展。

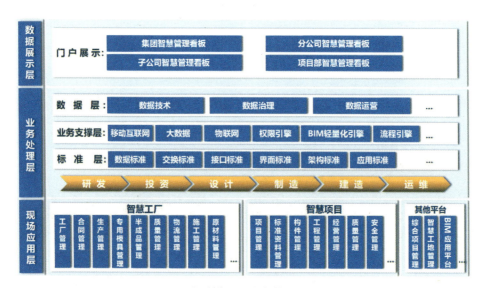

智慧管理平台架构图

标准化先行的理念

标准化是新型建筑工业化发展的基础，只有将建筑结构、部件尺寸和材料选型等进行统一，才能够实现工厂的集约化生产和现场的智能化管理，从根本上提高效率、提高品质。

第七篇
新型建筑工业化规划管理

【技术集成管理标准化】

新型建筑工业化的技术集成要秉承标准化和模数化的理念，从方便工厂集约化生产和便于现场安装的角度开展技术管理工作。企业要通过数字化设计手段推进建筑、结构、设备管线、装修等多专业一体化集成技术，避免二次拆分设计，提高建筑整体性，确保设计工作符合生产和施工要求，发挥新型建筑工业化系统集成综合优势。对装配式结构的构件生产应按照标准化与个性化相结合的生产方式，绝大部分的构件生产加工要按照标准化的方式，少部分构件可以采用个性化方式加工。

【设计产品标准化】

完善设计选型标准，实现建筑平面、立面、构件、部品部件和接口的标准化设计，推广少规格、多组合设计方法，以学校、医院、办公楼、酒店、住宅、桥梁、隧道、地铁、站房等为重点，强化设计引领，推广装配式建筑体系。推进型钢和混凝土构件以及预制混凝土墙板、叠合楼板、楼梯、隧道管片等通用部件的工厂化生产，满足标准化设计选型要求，扩大标准化构件和部品部件使用规模，逐步降低部品部件的生产成本。

【厂房建设标准化】

企业要建立自身新型建筑工业化工厂的设计和建设的标准化体系。在工厂的建设方面，除满足传统的生产需求外，还要在节能、降噪、环保、安全等方面进行综合考虑，不断提升作业环境和科技含量；同时要对厂区、办公、宿舍等区域的外观和企业标识等视觉识别系统进行规范统一，形成企业自身特色。在生产线的设计和布置方面，要在房建、基建和机电装饰等板块进行精确定位，找准企业自身特色和着力点，同时做好对采购设备的特色化定制，形成企业自身的工艺标准和生产流程。

【生产作业标准化】

生产作业标准化的关键，就是要建设符合实际特点的智慧工厂管理系统，形成工厂管理、项目管理、合同管理、生产管理、专用模具管理、半成品管理、质量管理、成品管理、物流管理、施工管理、原材料管理等标准化管理流程，借助信息化手段实现从标准化到信息化、到数字化、再到智能化的升级。

【项目建造管理标准化】

推行新型建筑工业化项目建造管理标准化，是检验建筑企业管理水平的重要环节，要通过研发与精益化施工相适应的部品和部件的吊装、运输与堆放、部品部件连接等施工工艺工法，推广应用钢筋定位钢板等配套装备和机具，在材料搬运、钢筋加工、高空焊接等环节提升现场施工的工业化水平。要完善与新型建筑工业化相适应的精益化施工组织方式，推广设计、采购、生产、施工一体化模式，实行装配式建筑装饰装修与主体结构、机电设备协同施工，发挥结构与装修穿插施工优势，提高施工现场标准化管理水平。

全产业链支撑主业发展的理念

建筑企业的主业是以施工为主，发展新型建筑工业化的目的，就是完善自身产业链建设，提前谋划新型市场布局，建设产业园区，补充优化相关重点专业，打造企业核心竞争力，为企业高质量发展积累技术经验、管理经验、项目业绩和人才团队，为企业做大做强做专做优主业做好支撑。

【项目全寿命期的管理模式】

新型建筑工业化业务发展的重点，将从工厂生产向标准化体系的建立转移，从单一专业、单一结构向全专业、全产业链转移，将工业化理念方法融入建筑施工的各个环节和建筑的全寿命期，做到从项目筹划、设计、生产、运输、施工的全过程监管，实现项目建造的全过程跟踪和实体质量的全流程追溯。企业要着手升级管理平台，确保与政府端平台对接的数据标准，实现项目端与政府监管端数据互联互通，依托企业级智能管理平台贯穿供应链、产业链、价值链，为所有在建工程项目提供管控中枢，涵盖合同管理、设计、算量计价、招标采购、生产、施工以及运维环节，实现项目建造信息在建筑全寿命期的信息高效传递、交互和使用与管理。

第七篇
新型建筑工业化规划管理

【上下游资源的全面整合模式】

推行新型建筑工业化项目建筑师负责制，由设计单位提供项目的全过程咨询服务，优化项目前期技术策划方案，统筹规划设计、构件和部品部件生产运输、施工安装和运营维护管理。建筑施工单位和工程总承包单位以建筑最终产品和综合效益为目标，实现产业链上下游资源共享、系统集成和联动发展。

【国家政策和企业实践协同推进的探索模式】

近年来，国家和住建部持续出台关于推进新型建筑工业化的指导意见和经验做法清单，财政、金融、税收、管理等方面的激励机制也在逐步完善；各省市的推广和落地力度也逐步加大，实施路径也愈发清晰，这些都明确了发展理念和发展方向，坚定了发展信心。作为建筑施工企业，要充分发挥自身优势，以项目为载体，以企业研究院、设计院为支撑，做好相关技术和设计的研发、集成和应用，及时发现并解决存在的不足和痛点难点，形成各具特色的企业标准，共同推进行业的不断发展。

绿色低碳高效发展模式的理念

建筑业是国民经济的支柱产业，但近几十年来技术体系和管理模式创新相对较慢，粗放式的管理、高指标的排放、低要求的门槛，严重制约了建筑业高品质发展，转型升级和创新驱动成为建筑业在新时期的必然要求。

【打造绿色环保的现代化施工模式】

发展新型建筑工业化，其重要目的就是要建立绿色环保的现代化施工模式，实现建筑行业向环保、节能、高效、安全和高质量的建造升级。绿色环保的现代化施工模式，不仅是建造活动的资源节约和环境保护，也是建造文明的发展进程，更是建筑业摆脱传统粗放建造方式，走向现代建造的可持续发展之路，其最终目标是实现精益化建造的发展模式，倡导现代建造文明的新时代工匠精神。

【降低建筑企业碳排放探寻路径】

根据中国建筑节能协会《中国建筑能耗研究报告（2020）》统计，2018年我国建筑全过程碳排放总量49.3亿t，占全国碳排放总量的51.3%，其中：建材生产阶段和建筑施工阶段排放量占到建筑全过程排放总量的 57.2%。作为国内的建筑企业，无论是国企还是民企，都应该主动担当、践行使命，认真研究关于新发展理念和探索碳达峰与碳中和工作的相关要求，助推国家战略实施；要按照国家政策导向，从建材生产、现场施工、后期运维一体化推进、全过程实施，这既是建筑业商业模式、增长方式、生产关系转变的要求，也是企业自身未来生存和发展的要求。

【实现产品的高质量、高效率生产】

集合人、机、料、管等关键生产要素，对新型建筑工业化进行资源整合和统一配置，以节俭、约束、高效为价值取向，达到节约资源、降低成本、提高效率、实现整体效益最大化。在构件生产的过程中，要按照新型建筑工业化构件和部品部件相关技术要求，推行质量认证制度，健全配套保障制度，提高产品配套能力和质量水平。在施工过程中，要加强构件和部品部件进场、施工安装、节点连接灌浆、密封防水等关键部位和工序质量安全管控，强化对施工管理人员和一线作业人员的质量安全技术交底，通过全过程组织管理和技术优化集成，全面提升施工质量和降低工程成本。

全专业协同发展的理念

工业化是新型建筑工业化的基础，是建筑产业现代化的主要标志。发展新型建筑工业化是建造方式的重大变革，变革的技术路线和创新方向，是从传统粗放建造方式向新型工业化建造方式转变，是建筑业整体素质的全面提升。

【主体建造模式的装配化】

在现行的施工体系和标准下，依然是做好装配式混凝土建筑、钢结构建筑以及钢混建筑，完善适用于不同建筑类型的装配式混凝土建筑结构体系，加大高性能混凝土、高强钢筋和消能减震、预应力技术的集成应用。完善钢结构建筑防火、防腐等性能与技术措施，加大热轧 H 型钢、耐候钢和耐火钢应用，推动钢结构建筑关键技术和相关产业全面发展。

第七篇
新型建筑工业化规划管理

【现场施工方法的工业化】

区别于传统装配式的概念,新型建筑工业化将现场的工业化施工方法也纳入了涉及范畴,国内相关机构、优秀企业也都在探讨施工现场的工业化建造技术,如采用铝模、爬架、造楼机等大型集成化、机械化的施工平台,在运输、喷涂、砌筑、应急管理等方面机器人的研发应用,以及智慧化物流和数字化建造等领域的探索,这些在减少现场劳动作业人员和环境影响的现代新型施工技术理念指引下,所实施的现场施工,实际上也是一种工业化的建造模式。

【机电与装饰装修一体化】

机电、装饰、幕墙等专业板块要作为新型建筑工业化的一个重点部分进行培育发展。在装配式建筑、绿色建筑工程项目上进行大力推广,发展成品住宅,倡导菜单式全装修,满足消费者个性化需求。当前,业内已经在大力推进装配化装修方式在商品住房项目中的应用,推广管线分离、一体化装修技术、集成化、模块化建筑部品,有效提高装修品质,降低施工和运行维护成本。

数智化运营管理的理念

数字化和智能化战略将新发展理念作为企业高质量发展引擎,始终贯穿新型建筑工业化业务发展的各个环节,助推建筑工业化智能建造平台的搭建及应用。

【数字化与智能化的深入融合】

发展新型建筑工业化业务,工业化是基础,数字化是核心,智能化是目标。从建筑业未来发展看,建筑工业化与数字化、智能化深度融合,将必然推进传统建筑业的生产方式更新、改造和升级,提升建筑业整体运营管理能力。实现这一目标的基础和关键,就是要打造新型建筑工业化智能建造平台。

新型建筑工业化智慧管理平台包含智慧工厂和智慧施工两大业务管理系统。智慧工厂管理包括:工厂管理、项目管理、合同管理、生产管理、专用模具管理、半成品管理、质量管理、成品管理、物流管理、施工管理、原材料管理等模块;智慧施工管理包括项目管理、标准资料管理、构件管理、工程管理、经营管理等模块。

平台可划分为三个层级：现场应用层、业务处理层、数据展示层。其中：现场应用层充分利用物联网、移动互联网技术提高施工现场管控能力。业务处理层包含标准层、数据层、业务支撑层。标准层规定了平台的数据标准、交换标准、接口标准等规范，数据层通过数据接口抓取智慧工厂管理与智慧施工管理模块产生的业务数据，将数据已交至业务支撑层，与现场应用层实现交互，实现数据流转与业务协同。数据展示层主要是将集成的各类应用数据，利用大数据分析能力，根据不同的管理要求，以图形化、表格化的方式呈现，形成企业级、项目级看板，实现现场管理可视化和智能化，优化项目资源配置，辅助智能决策与服务。

【信息化手段的系统性应用】

要加快推进 BIM 技术在新型建筑工业化全寿命期的一体化集成应用，充分利用社会资源，共同建立、维护基于 BIM 技术的标准化部品部件库，实现各个管理阶段的信息互联互通和交互共享，提高建筑行业全产业链资源配置效率。在构件生产环节，建立预制装配式建筑构件编码体系，通过二维码实现构件从深化设计、订单、生产、运输、安装全过程。在现场施工环节，项目部可以直接通过 BIM 模型进行构件的全过程管理，根据项目现场安装计划，基于 BIM 模型分批次下订单给工厂，工厂完成生产运送到项目现场，实现构件验收、堆放、安装、竣工交付等全流程管理。

【工业化建造体系集成】

提高新型建筑工业化的集成化水平，国家将会进一步推动大数据技术在工程项目管理、招标投标环节和信用体系建设中的力度，依托全国建筑市场监管公共服务平台，汇聚整合和分析相关企业、项目、从业人员和信用信息等相关大数据，支撑市场监测和数据分析，提高建筑行业公共服务能力和监管效率。同时，推动传感器网络、低功耗广域网、5G、边缘计算、射频识别（RFID）及二维码识别等物联网技术在智慧工地的集成应用，发展可穿戴设备，提高建筑工人健康及安全监测能力，推动物联网技术在监控管理、节能减排和智能建筑中的应用。

第七篇
新型建筑工业化规划管理

管理机制

企业新型建筑工业化业务的发展,不是一蹴而就的事情,而是一个长期的、需要全产业链协同配合的发展过程,需要进行数字化和新型建筑工业化的顶层架构和实施路径设计,建立适合企业的管理机制,分步骤循序推进,实现企业新型建筑工业化发展处于行业领先地位。

自动化生产线建设机制

自动化生产线的不断升级是确保产品品质和生产效率的有效途径,要从智能化生产设备、数字化管理体系和智慧化运营理念三个方面总体推进,实现产能、产效和产品质量的最优化。

【应用智能化生产设备】

加快新型建筑工业化与高端制造业深度融合,搭建建筑产业互联网平台,开展生产装备、施工设备的智能化升级行动,是新型建筑工业化未来发展的方向和动力。企业在实践过程中,可以主动尝试应用建筑机器人、工业机器人、智能移动终端等智能设备,在提高生产效率和品质的同时,推动科技研发,不断提升产品生产效率和品质,降低生产与管理成本。

管理机制建设图

建筑企业管理精要
Construction Enterprise Management Essence

【应用数字化管理体系】

实现自动化生产线的高效运行管理，必须借助企业数字化管理平台，把建筑工业化智慧管理平台与企业数字化平台融为一体，按照企业"统一规划、统一标准、统一建设、统一管理"的原则，依托新一代信息技术，打通装配式建筑项目研发、设计、生产、运输、施工全过程，实现精益化生产和智慧化管理。业务管控实现自动在线分析、在线检查、在线考核、线上预警，最终形成装配式建筑产业"标准化、产业化、集成化、智能化"。

【应用智慧化运营管理】

新型建筑工业化项目和企业的运营，可以采用信息技术和业务双轮驱动，实现专业化协同、多层次呈现。在项目的运营方面，面向装配式项目、构件工厂，针对装配式项目智慧施工全寿命期进行管理，实现互联、互通、共享、共创；在产品的研发方面推广智能家居、智能办公、楼宇自动化系统，提升建筑的便捷性和舒适度；在综合管理方面，借助企业智慧管理平台，采用微服务技术架构体系，集成BIM和物联网等技术，实现基于BIM的装配式项目的构件生产和现场施工集成与数字化运营管理融合。

资本股权机制

为推动新型建筑工业化业务在当前阶段能够得到快速发展，企业可导入资本和股权的合作机制，借助多方资源优势，快速形成自身产品体系和品牌，为企业未来发展提高市场占有率，提升企业品牌度，扩大市场业务覆盖范围。

【提高产业定位】

企业对新型建筑工业化业务的定位，不能仅局限于构件生产或者装配式项目的施工，而是要作为行业和企业未来发展的主要支撑进行培育，作为全产业链竞争中的重要战略进行定位，从被动的订单式服务向规模化、专业化、智能化的方向进行升级。只有提高战略思维，做好新型建筑工业化顶层定位，才能吸引更多的投资伙伴，让强强联合成为产业链品牌。

第七篇
新型建筑工业化规划管理

【扩大合作范围】

新型建筑工业化业务合作范围，不能仅仅局限于生产构件或项目建设，而是要有系统性思考和谋划。在业务范围方面，要将输出产品与输出品牌、输出技术、输出管理、输出理念相结合，增加服务深度和产品附加值，提升企业知名度和品牌。在合作伙伴的选择方面，主动寻求与政府平台公司、业内优秀企业及其他有实力和意愿的优秀企业进行合作，实现产业联合和资源共享。

【建立共赢机制】

在共同合作的框架内，各股东方可享受正常的投资收益外，还可以共享产业联动带来的收益，以及研发成果和人才培养所带来的红利，形成企业的核心竞争力，以此实现战略合作共赢的目标。

全体系联动机制

新型建筑工业化的业务发展，除了全产业链的协同外，更加需要全社会资源体系的集成，以此提高行业的认可度和专业度，实现从行业发展推广到市场接受的发展升级。

【打通行业壁垒，实现优势互补】

受当前建筑工业化施工体系、产品成本和工艺质量等方面的影响，社会认可度还有待提升，对现有装配式体系的"偏见"和"抵触"依然存在。但是我们要清楚地看到，中国人口老龄化的趋势不可逆，建筑业一线从业人员数量的减少不可逆，产业工人工资的持续上涨是必然趋势。由于建筑业当前国民经济中占比较大，发展的问题会影响和波及各个行业，所以新型建筑工业化需要各个行业的共同支持，实现优势互补和共同发展。建议培育集电子化招标、网上交易、供应链金融、物流服务于一体的工程物资采购类产业互联网平台，将传统线下询价、招标投标、订单、合同、结算等业务转移到线上交易，改进传统建筑物资采购的交易流程与交易时间，降低企业采购的交易成本。

【打通专业限制，做好系统集成】

实现新型建筑工业化的持续发展，必须做好把企业内管理平台逐步向社会化平台互联互通的信息技术准备，与行业的功能模块标准一致，逐渐打通各个专业之间的限制。目前，国内多个省区已经建立统一的装配式建筑全产业链智能建造平台，推动全产业链高效共享各种要素资源，企业可以利用该平台进行 BIM 正向设计，通过链接标准部品部件库以及生产和施工管理系统，初步实现标准化设计方案一键出图，设计数据一键导入工厂自动排产，施工进度与 BIM 设计模型动态关联，施工高危环节远程实时监管和动态预警。

【加强实践应用，实现产业升级】

企业要做好自身研发成果和业内先进技术在项目上的实践应用，通过打造国家和省市级示范项目，邀请业内专家进行综合评审，形成企业自身的新型建筑工业化标准体系，拥有自主知识产权的产品，在工作实践中不断进行优化，完善其技术的痛点与难点，推进产业技术升级。

全要素匹配机制

当前，国家大力倡导新型建筑工业化，就是要从传统粗放建造方式向"新型建造方式"转变，实现"三个一体化"，即：结构、机电、装饰一体化，研发、设计、生产、施工一体化，技术、管理、市场一体化。要达到这些要求，就要在以下"三大要素"上进行匹配。

【全体系总览】

在企业总部层面，组建培育发展新型建筑工业化的业务部门，负责统筹推进相关业务的开展，形成覆盖总部、分子公司、工厂和项目的管理架构。

借助信息化、数字化平台的管理优势，将业务边界延伸到项目研发、投资、设计、生产、建造、运营的全寿命期，以及房建、基建、安装、装饰装修、新材料应用等全专业板块，形成总部部门协同、机构上下联动、专业协同配合的系统推进体系。

【全产业链布局】

［研究工厂区域布局］围绕企业发展战略和国家投资热点，在长三角、珠三角、京津冀、长江中游和成渝等城市群进行布局，实现东、南、西、北、中全

第七篇
新型建筑工业化规划管理

面覆盖，打造区域研发生产核心园区、市场营销平台和人才储备基地。通过核心园区发展，结合实际情况孵化配套工厂，实现覆盖面的逐步扩大。

[加强战略资源整合]立足自身发展，与社会各界广泛协同，做好与知名院校、顶尖专家、优秀研究院和设计院、业内领先企业以及上下游产业链的战略合作，共享先进经验，推进行业发展。

[做好工厂差异化定位]根据企业发展战略和经营范围的不同，对所需专业进行合理布局，力求实现房建、基建、钢构、幕墙、装饰、机电等全专业覆盖。

【全商业模式推进】

[对企业管理架构进行优化]建立符合新型商业模式的现代化管理体系，打造全专业的建筑工业化产品，形成建筑主体+现场工业化现浇+装配式机电+装配式装修的工艺体系。

[创新项目运作模式]实施新型建筑工业化项目运作时，采用资本+产品+服务的理念进行业务拓展，将技术研发、平台应用、优质资源进行整合，实现研发、投资、设计、生产、建造、运营一体化，围绕绿色建造、低碳社区、城市更新等创新型项目，打造新产业模式。

[拓展商业合作模式]新型建筑工业化项目推进EPC管理模式时，应导入创新理念和建造模式，增加产品附加值，锤炼创新型业务的策划和实施能力，探索投资+EPC等产业模式，拓展市场。

人才队伍配套机制

人才队伍的建设是创新型业务发展的关键，无论是管理人员还是产业工人，乃至上下游合作伙伴的成长，都要纳入整体的人才队伍建设范畴，为企业新型建筑工业化的发展提供完备人才配套机制。

【管理人员培养机制】

在管理人员培训上，提高前瞻性和覆盖范围，制定符合客观情况的薪酬体系，建立核心人才库。一方面每年定期对企业建筑工业化从业人员进行分层级培训；另一方面鼓励引进优秀专业人才，使企业在特定领域的专业水平得到快速提升。

【产业工人培训机制】

在产业工人的培养上，依托公司、工厂和专业劳务公司三个层级，做好新技术的应用培训，不断提高一线作业人员的工匠精神和综合素质。完善建筑业从业人员技能水平评价体系，打通技术工种的成长及发展路径，帮助从业人员实现学历证书与职业技能等级证书融通衔接，不断壮大产业工人队伍。

【合作伙伴协同机制】

做好上下游资源联动，加大新型建筑工业化的推广力度，从技术、研发、管理、培训等多个角度服务各层级合作伙伴，特别是在体系研究、设备研发、新材料应用等关键环节积累资源，实现全产业链的协同发展。结合企业自身情况开展校企合作，共建现代产业学院，研究建筑行业发展新需求、新业态、新技术，开设建筑工业化相关课程，创新人才培养模式，提供专业人才保障。

实施策略

新型建筑工业化的产业化发展是一项系统性工程，要从研发、设计、生产、管理、培育等多角度入手，企业需制定切实可行的战略规划，确立实施路径，制定提升企业一体化、专业化、精益化、智慧化、阶段化的管理实施策略。

战略实施策略图

第七篇
新型建筑工业化规划管理

研发＋一体化支撑

企业由总部统领，成立研发机构，对新型材料、建筑结构、体系和相关技术进行研究，特别是在关键技术和标准体系的全产业链技术系统集成上进行深化与应用。

【房建 PC 构件及新型材料研发应用】

实现混凝土 PC 构件、新型墙体材料、房建钢结构等主要专业及结构模式的研究和协同推进，不断完善产品种类。

【基础设施构件预制及钢结构体系研发应用】

在实施各类混凝土构件或盾构管片预制的同时，加大对预制桥梁、预制车站房、预制管廊等业务的研发推广，做好装配式钢筋混凝土＋钢结构叠合技术的实践应用，不断扩大新型建筑工业化产品的应用范围。

【专业板块整体装配体系的研发应用】

积极推进各专业新型建筑工业化业务，研发生产高端幕墙、装饰、机电产品，增强产品附加值。

集成＋专业化设计

加强专业支撑，在企业总部设立统揽新型建筑工业化设计业务的管理部门和设计院或专业分院，负责系列产品集成和设计标准、设计体系的建立。

【设计体系建设与系统应用】

总部设计院以设计体系建设及专业技术应用为主，吸纳整合先进国家和地区装配式建筑设计理念，掌握成套技术理论，促进行业与地方标准以及检验、验收规范的落地实施。设计专业人员应在一个统一的平台上进行设计，实现所有图纸信息单元的统一性，提升设计效率和设计质量。

【产品工艺设计与集成】

研究面向设计、建造、施工融合的智能设计系统，开发以参数驱动方式实现构件高效设计的 BIM 工具。关注各专业领域的集成产品和设计理念，将全专业、全寿命期的理念植入整个设计过程，做好对装配式部品部件工厂加工和现场施工的引领，将复杂的工艺流程进行工厂制作，将简易的工艺流程进行现场作业，实现项目主体预制率、机电和装饰装修一体化占比的全面提升。

【管理配套与 BIM 轻量化技术】

做好对自动化生产设备、工业机器人和智慧化管理系统的设计整合应用，深化各个业务端口核心技术，掌握未来市场发展的主动权。研究 BIM 轻量化技术，实现统一数据标准与统一数据应用，实现多专业协同，降低 BIM 应用的复杂程度，让 BIM 数据可以适用于多场景的信息化系统和管理平台，拓展 BIM 技术的应用场景。

平台＋精益化生产

工厂管理是新型建筑工业化业务承上启下的关键环节，要做好工厂建设的顶层设计和规划，实现从机械化到自动化再到智能化的逐步蜕变。

【自动化生产线的建设】

不断探索工厂生产线的增效与装备升级，通过自动装模、自动布料、智能养护、自动脱模等生产设备研究以及生产管理系统研究，实现装配式建筑生产车间的智能计划排产、智能生产过程协同、智能设备互联互通、智能生产资源管理、智能质量过程管控、智能决策支持等功能，实现装配式建筑预制构件的智能制造。

【5G＋物联网的模式探索】

拓展智慧管理平台，通过 5G 的低时延网络与云端实时传输，基于 5G 工厂打造设计、生产、施工、运维、智能区块链平台，利用云端海量存储和超强算力进行设计加工快速处理，再通过人工智能后返回决策结果，实时决策生产运输贯穿数据的产生、传输、读写、分析、决策的全流程。通过提升产能和市场分析全域数据调度能力，打通云、边、端的界限区隔，全链路动态协商与治理保障各个模块间的有机协同，突破资源配置极限，形成一站式物联解决方案。

【研究推广柔性智能制造】

研究装配式建筑柔性智能制造生产线，实现不同建筑体系混凝土 PC 构件

第七篇
新型建筑工业化规划管理

在单一生产线上进行自动化的共线柔性智能生产，提升智能化水平和降低新型装配式建筑构件成本。开发自动装模系统，满足预制构件生产的刚度、强度和整体稳定性，解决装配式建筑预制构件质量隐患问题。

数字＋智慧化管理

新型建筑工业化的项目施工，要以数字化、智慧工地管理和运维相结合，从理念上倡导现代建造文明和工匠精神，从根本上扭转传统粗放的建造与管理方式。

【推行项目的智慧建造管理】

运用信息化技术，通过项目智慧管理平台对工程项目进行精细化管理，建立互联协同、智能生产、科学管理的施工项目信息化生态圈，在虚拟现实环境下与物联网采集到的工程信息进行数据挖掘分析，实现工程施工可视化智能管理，提高工程管理数字化能力，逐步实现绿色建造和生态建造。将更多人工智能、传感技术、虚拟现实等高科技技术植入到建筑、机械、人员穿戴设施、场地进出关口等各类物体中，形成"物联网＋""互联网＋"相结合，实现项目管理的智慧化向智能化管理迈进。

【推行工程总承包管理模式】

基于新型建筑工业化建造特点，企业要紧跟国家政策，推进工程总承包管理模式。要加强建筑设计、专业工厂、现场施工的一体化联动，明确设计、采购、建造各个环节的主体责任，确保工程质量、安全、进度、成本的可控性，实现设计、采购、施工的深度融合。

【实现智能化的项目运维】

以BIM模型为载体，融合物联网的实时运行数据，将各类零碎、分散、割裂的信息数据，包括建筑本身的基本信息、消防、强弱电、暖通、给水、排水、污水、安全保卫、能源、设施设备、资产、隐蔽工程等，引入到楼宇、建筑空间等业态的日常运维管理功能中，创造一个基于BIM模型的建筑空间与设备运维管理，同时将BIM的静态属性与互联网的动态属性相结合，提升智慧管理平台的应用能力,为安防、消防、楼宇智能监控提供全数字化、智能化的建筑设施监管体系。

目标+阶段化培育

新型建筑工业化是一个新兴的业务板块,从战略上,企业要明确长期和短期的发展目标;从实施上,要进行阶段化的培育,短期内不能以纯粹的经济指标进行考量。

【明确发展目标】

在发展前期阶段,建筑企业发展新型建筑工业化的目的应该是完善产业链、支撑主业发展、研发实践应用和人才积累培养,以打好管理基础、积蓄发展动能为出发点。实现新型建筑工业化智能建造与管理;实现新型建筑工业化支撑未来企业主业发展;实现新型建筑工业化业务处于行业领先地位。

【体系制度保障】

为确保新型建筑工业化业务的培育和发展,企业应当出台相关激励政策,确立战略方向,做好顶层设计。从考核机制方面,给予建筑工业化业务一定的培育和发展期,短期内不以纯粹的经济指标进行考核,根据企业战略规划,主要考核实现完善产业链、支撑主业发展、专业实践应用和人才培养培训的递进指标。在投资建厂、技术研发、人才引进方面进行政策倾斜。

【总结阶段性成果】

新型建筑工业化业务需要持续发展和创新,企业应当按照发展规划和实施要点,对建筑工业化业务的阶段性成果进行阶段性总结,特别是对研发成果、设计成果、管理成果和项目实践等进行分析研究,对业内的先进经验进行集成,确保各项能力持续优化,始终保持在行业相对领先的地位。

第八篇　建筑企业风险管理

建筑业进入"品质制胜时代",高质量发展大势所趋,企业面临需求、模式、技术、政策等诸多挑战,需要对"不确定性"进行精确管理,处理好不确定性中的"风险",寻求并抓住不确定性中的"机会",就能战胜风险、赢得发展。

企业风险管理理念 / 192
风险管理纳入企业顶层战略的理念
风险管控是企业行稳致远核心要素的理念
风险预警是企业内控管理支撑的理念

企业风险管理内容 / 194
风险类型划分
风险管理体系建设

企业风险管理要义 / 200
建筑企业风险管理原则
建筑企业风险识别
建筑企业风险分析
建筑企业风险评估

企业风险管理策略 / 210
项目管理风险
财务风险
投资风险
合同风险
市场风险
政策法律风险
国际化经营风险
项目潜亏和亏损风险

新时代建筑施工企业步入转型升级的快速发展阶段，生产经营风险较大，管理者需具有一定的风险管理意识和理念。风险管理是对企业产生的各种风险进行识别、预警、分析、评估并进行及时管控，用最经济合理的手段把风险处理到可控范围，更好地对企业外界存在的风险加以预判、预警，使企业获得更大的经济和社会效益，有效顺利推进企业战略目标达成，提升企业综合竞争优势。

企业风险管理理念

危机永存。有人说企业最重要的管理是风险管理。面对百年未有之大变局，市场形势日益严峻，建筑行业竞争日益激烈，企业内外部都面临诸多风险。风险管理能力关乎企业生死存亡。要想在激烈的竞争中脱颖而出，成为剩者和胜者，就必须高度重视风险防范和管理，增强全面风险意识、内外风险意识、全员风险意识、领导干部风险意识。企业管理者要将风险管理纳入企业顶层战略。风险管理是企业行稳致远的核心要素，风险预警是企业内控管理的支撑。要注重风险管理的重要性、前瞻性及必要性；要用信息化手段有效识别风险，及时自动预警，把风险事后处置变过程风险防范，保障企业运行有序。

风险管理纳入企业顶层战略的理念

风险管理要有前瞻性。建筑市场竞争形势激烈，建筑企业不能只关注当下企业面临风险，还应站在行业战略层面进行规划设计，从企业战略出发，统一风险度量，规划研究企业风险和制定应对策略，将风险管理纳入战略管理范畴。建立管理体系及部门，与各业务线条管理同频共振。充分识别合同风险、财务风险、投资风险、市场风险、政策法律风险、舆情管控风险、经营风险及项目管理风险，支撑企业战略目标的实现。

风险管理是企业管理的重要组成部分。风险管理提前预控，未雨绸缪，能保障企业经营管理目标顺利实现，促进企业经营效益提高，能提升企业化风险为抓住机遇的能力，促进企业的资源合理分配、提升企业内控水平。通过明确风险管理职责,形成自我运行、自我完善的风险管理机制,将风险管理责任落实到企业的各个层面、各个环节。

风险管控是企业行稳致远核心要素的理念

企业必须高度重视风险管控。随着市场形势日益严峻,企业风险系数也在同步增加。尤其我国大中型建筑企业,往往大而不强、全而不优、同质化程度高,这些问题造成企业自身竞争力不强,一旦出现重大风险,将是致命的、灾难性的,如质量、安全、资金、市场、舆情等风险,都可能导致企业出现生存危机,很多大型企业或知名企业因为一次风险应对不力而消亡的例子并不少见。

风险管控工作不是孤立的,而是企业的一项系统工程。风险与企业领导、班子团队、业务线条、每个管理者乃至全体员工都息息相关。建筑企业应建立风险防控协同处置机制,由各个业务线条部门牵头负责其领域内风险的识别、处置工作,专职部门加强与其他业务部门之间的协调配合,共同应对。要防止风险在业务领域之间转移和扩散,通过上下联动、部门协同,及时化解、处置风险,化风险为机遇。

风险预警是企业内控管理支撑的理念

风险预警是风险管理的核心。问题常起于毫末,祸患常积于忽微,风险一开始并不显眼,也不会造成巨大的危害,但如不能及时发现、处置,则可能会酿成重大损失、甚至威胁到企业的生存。风险预警从企业的经营目标和业务实际出发,监控可能产生重大不良影响的风险变动趋势,评价各种风险状态偏离阈值预警线的强弱程度,实现风险的量化、日常化和可视化管理,为决策者提供前瞻性的风险预警信息,过程中及时预防提醒,便于企业管理者及时采取预控对策,控制好风险,将事后风险变为过程风险,确保风险可控。

运用信息技术进行风险预警监管。对重要业务进行风险预警监控,避免企业管理者做出可能产生风险的决策,用信息平台智能呈现风险等级,提高决策质量,降低重大决策的风险;对日常工作进行风险预警监控,针对出现预警信号的业务及时采取应对措施,进而使企业减少业务流程的中断,优化企业管理效率和过程，防范危机事件发生。通过风险预警监控，可以预测一定时期内的潜在风险，通过对高风险领域进行集中监控、提前防范及进行应对，以减少危机事件的发生，使企业的运作更加稳健，为企业战略实施保驾护航。

企业风险管理内容

风险类型划分

企业对风险进行科学的分类，可以使员工更好地把握风险的本质及变化的规律性，是对企业风险实行科学管理，确定科学防控措施的必要前提。可以按照企业不同的标准，从不同的角度对风险进行分类。

【按风险环境划分】

［企业外部风险］客户风险、竞争对手风险、政治环境风险、法律环境风险、经济环境风险。

［企业内部风险］安全质量风险、营销风险、财务风险、项目亏损风险、组织与管理风险。

【按风险性质划分】

［自然风险］洪水、冰雪、风暴、地震。

［经济风险］合同亏损项目、安全质量事故、投融资。

［政治风险］国际政治风云变幻，海外项目的国家内部政治、政策变化。

［技术风险］技术方案、安全方案。

【按风险潜在损失标的划分】

［主要风险划分］潜在型风险、延缓型风险、突发性风险、转移型风险、竞争性风险。

【按企业目标不同划分】

［主要风险划分］战略风险、经营风险、法律风险和财务的报表失真、资产降低、舞弊风险。

第八篇
建筑企业风险管理

风险管理体系建设

风险管理体系是指企业围绕总体经营目标,通过在企业管理的各个环节面临的各项风险进行有效控制的管理体系。是组织管理体系中与管理风险有关的要素集合。风险管理体系从本质上是一个赋能体系,它的作用是让人和组织持续拥有理解风险、应对风险的能力。从而更好地在风险环境中生存与发展。

【组织架构】

[企业治理层面]由董事会、审计部、风险管理部、监事会及下属单位内设的有风险管理职能部门或岗位构成,将全面风险管理要求落实到位。

[运营管理层面]由经理层、业务线条、纪检巡察等构成。

【体系建设】

[建立健全领导人责任体系]落实企业主要领导人员风险管理工作第一责任人职责,形成领导有力、职责明确、流程清晰、规范有序的工作机制。

[建立健全依法依规治理体系]依法依规治企是国家治理体系和治理能力现代化在企业治理体系中的具体体现,是企业风险治理体系的重要组成。当前还存在风险治理体系没有完全建立、制度建设有待进一步健全等问题,依法治企、依规治企显得尤为重要。

[建立健全企业规章制度体系]建立制度定期更新机制,根据新业务、新变化、新问题,及时做好制度的废、改、立工作,明确重要业务领域和关键环节的内控要求、风险应对措施及违规经营投资责任追究规定,增强制度的刚性约束。

[建立健全企业纪检巡察监督体系]对内不断健全完善纪检巡察、监督、审计监督、法律监督、生产安全监督等监督方式,形成巡查监督合力,通过专业监督与综合监督相结合,使监督工作覆盖到风险管理的每一个环节,基于风险导向,对企业的全管理领域、全业务、全过程实施全面监督。

[建立健全企业人才队伍建设保障体系]基于建筑企业风险管理的复杂性,需要建立一支专业能力、综合能力较高的风险管理团队,成员主要有建筑工程

项目负责人、风险管理人员以及其他不同部门、不同层级的相关人员，也可以聘请一些专家，从而建立自上而下的风险管理体系，通过科学、合理、先进的手段对风险进行有效控制。

［建立健全企业数字化运营风险管理预警体系］要加强风险管控信息化建设力度，实现内控管理工作的信息化，提高风险信息收集、风险评估、风险监测、风险应对、风险报告以及风险管理评价、整改跟踪、责任追究等工作的效率和效果，要逐步探索利用大数据、云计算、人工智能等技术，实现内控体系实时监测、自动预警、监督评价等在线监管功能，进一步提升信息化和智能化水平。

［法人企业人员配置要求］企业总法律顾问设置率100%，专业化率100%，企业法律事务管理机构设置100%，法律人员持证上岗率100%，配置生产与经营管理人员专干。

【风险管理实施架构】

根据识别的经济类、施工类、投资类、海外类风险等，设定风险规划设计目标，以风险预控管理为主线，对战略目标、财务、市场经营及信誉等风险进行提示预警，同时对合同、经济、工期、成本、合规性等进行基础性项目内控防范管理，依据国家法律、地方法规、企业制度、各涉外法律等法律法规管理支撑，系统建立信息化风险管控平台，对投资、宏观经济、客户信用、国际化经营、疫情、舆情等数据进行分析，提前预判、识别、评估、化解风险，有效规避并降低企业风险。

【建筑企业主要风险】

在风险管控中，有些外部风险很难管控，企业风险管理主要针对可控风险进行管控，建筑企业可控风险包括企业层级主要风险、投资主要风险、项目管理主要风险和国际化经营主要风险，并对风险进行分级管理。

第八篇
建筑企业风险管理

风险管理实施架构图

企业层级主要风险

一级风险	二级风险
战略风险	投资风险、政策风险、国际化经营风险、战略管理风险、宏观经济风险、产业结构风险、改制风险、并购重组风险、公司治理风险、组织结构风险、集团管控风险、社会责任风险、企业文化风险、公共关系风险、合作伙伴风险
财务风险	现金流风险、资金管理风险、预算管理风险、会计与报告风险、成本费用风险、担保风险、税务管理风险、关联交易风险、资本运作风险、制度规范风险、会计核算风险
市场风险	竞争风险、价格风险、汇利率风险、市场供求风险、衍生品交易风险、市场营销风险、行业前景风险、客户风险、品牌与声誉风险、行业政策和体制风险、技术开发风险、固定资产投资开发风险、经营投资产业开发风险
运营风险	健康安全环保风险、人力资源风险、其他项目管理风险、技术安全风险、工程交付风险、资源保障风险、保卫保密风险、研发与开发风险、存货风险、信息系统风险、运行控制风险、稳定风险、执行力风险、采购风险、业务伙伴风险、生产管理风险、采购链风险、工程项目管理风险、资产管理风险、审计监察风险、公司治理风险、质量管理风险、工程建设风险、信息管理风险、经营监督风险、不可抗力风险
法律风险	合同管理风险、法律纠纷风险、合规风险、知识产权风险、重大决策法律风险

投资主要风险

一级风险	二级风险
战略风险	政策风险、国际化经营风险、宏观经济风险、产业结构风险、业务合作伙伴风险、法律法规风险、投资立项风险、市场拓展风险、投资法律风险、投融资利率风险、项目唯一性风险
工程履约风险	团队选择风险、工期风险、资源配置风险、社会环境风险和自然环境风险、征拆协调风险、资金配置风险、项目策划风险、分包选择风险、安全质量事故风险
财务风险	财产管理风险、资金管理风险、预算管理风险、成本费用风险、税务管理风险、制度规范风险、会计核算风险
商务风险	招标投标风险、采购风险、概预算风险、分包管理风险、成本控制风险、工程结算风险、合同管理风险、变更索赔风险、价格波动风险、债务风险、合同条款设置风险、合同谈判风险、合同履约风险、资信风险、授权风险
技术质量风险	设计技术风险、设计质量风险、施工技术风险、工程质量风险、技术人员风险、技术储备风险
安全风险	工程结构实体风险、自然灾害风险、水文地质风险、安全生产风险、人员安全风险、设备安全风险、责任制度风险、管理监督风险、安全考核风险、安全技术措施风险

项目管理主要风险

一级风险	二级风险
工程履约风险	团队选择风险、工期风险、资源配置风险、社会环境风险和自然环境风险、征拆协调风险、资金配置风险、项目策划风险、分包选择风险、安全质量事故风险
财务风险	财产管理风险、现金流风险、资金管理风险、预算管理风险、成本费用风险、税务管理风险、制度规范风险、会计核算风险
商务风险	招标投标风险、采购风险、概预算风险、分包管理风险、成本控制风险、工程结算风险、合同管理风险、变更索赔风险、价格波动风险、债务风险、合同条款设置风险、合同谈判风险、合同履约风险、资信风险、授权风险
技术质量风险	设计技术风险、设计质量风险、施工技术风险、工程质量风险、技术人员风险、技术储备风险
安全风险	工程结构实体风险、自然灾害风险、水文地质风险、安全生产风险、人员安全风险、设备安全风险、责任制度风险、管理监督风险、安全考核风险、安全技术措施风险

第八篇
建筑企业风险管理

国际化经营主要风险

一级风险	二级风险
政治风险	政局变动风险、政策风险、政治体系风险、政治关系风险、社会治安风险
汇率风险	货币币值变动风险、汇率政策变动风险、利率变动风险、交易风险
生产经营风险	投标风险、报价风险、劳务风险、人力风险、技术风险、工程履约风险、成本掌控风险、质量安全风险、工程结算风险、合作方资信风险、人才短缺风险、法律诉讼风险、人员伤亡风险
文化风险	宗教信仰风险、风俗习惯风险、文化背景风险、法律环境风险、商业规则风险、种族和民族主义倾向风险、业务沟通交流风险
技术标准风险	工程材料选购风险、施工方案风险、验收标准风险、工程造价风险

【企业风险考核评价】

企业风险考核评价是一个复杂的、动态的、系统的问题，其关键在于考核评价指标的选取与计算方法的确定，而权重的确定又是计算方法的重中之重。科学地进行考核评价，需要注意多主体参与，注意考核结果的运用。

企业风险考核评价是收集、评价和反馈组织及成员在风险管控工作岗位上的行为和成果信息的过程，以及工作优缺点的一种系统描述。可以使企业风险管理工作由"虚"变"实"总任务量化；由"柔"变"刚"软任务硬化；由"压力"催生"动力"把约束性与自觉性有机地结合起来。可以促进企业风险管理同其他各项工作紧密结合，保证把风险控制和其他各项任务落到实处，并不断提高管理能力和管理工作水平。

[制订考核评价标准]从体系建设、制度执行、问题整改等全要素、全过程设定合理、有效的考核评价标准，并纳入企业绩效考核体系，对企业造成重大损失或涉及违法、违纪的，依据企业相关规定实施问责。同时要加大追责力度，严肃惩治，在考核标准中对追责的具体内容进行明确，并尽可能做到量化。

[制定考核评价量化指标]除企业业务相关指标外，还应考核合同管理类指标，如客户资信调查率、合法合规决策率、优先受偿权、重大风险合同谈判参

与率等均达到100%；合规类管理指标，如制度完善率、体系及专职人员配置率等均达到100%；其他类管理指标，如顶层设计规划与运行执行率、定期通报预测预警率、后台监督检查（审计、纪检、巡察巡视、业务线条检查）率等均达到100%。

［考核评价结果］企业每季度应评价一次，评价结果主要内容包括风险顶层设计规划（施工类项目风险、投资类项目风险、海外类项目风险）、影响程度分析、发生可能性分析、风险提示等方面，形成企业风险管理考核评价报告。

企业风险管理要义

大型建筑企业风险管理是一项重要管理工作，应成立专门的管理部门筑牢企业风险防线。确立风险防控总目标的架构体系，统领风险管理进行识别、规避和防范，提升风险的识别力、驾驭力、防控力。控制风险目标是顶层规划设计的纲领，风险预控是主线，业务线条内控风险管理是基础，法律法规是风险管理的支撑，最终用信息化手段来进行风险的呈现，进行平台化的风险预警、管理。

建筑企业风险管理原则

【战略导向原则】

企业在构建业务领域风险防控体系及开展日常风险管理工作时，风险管理以实现企业发展战略规划目标为指导原则和核心，时刻与企业发展战略指标保持一致，不能一味地为控制风险，谨小慎微，反而丧失了企业发展的机遇。

【全面性原则】

企业风险管理作为一项系统性工程，涉及面广，应注重顶层设计，涵盖企业所有业务活动、涉及所有单位和人员，渗透到决策、执行、监督、反馈等各个环节，做到事前、事中、事后的预控、监管和防范相统一。在实施中，要强化风险管理意识，构建各业务领域的风险防控体系和风控指标。

第八篇
建筑企业风险管理

【重要性原则】

企业风险无处不在。全面风险防控和管理应以其核心业务为防控重点，评估各类风险严重度，实现重点控制，将其控制在可接受的范围内。在建立全面风险防控体系时，也可按照重点突出、分步实施的方式进行构建。关注安全、质量、环保、财务、投资、项目亏损、融资等重点领域、关键环节，加强重点领域的风险防范工作。

【经济性原则】

风险管理需要成本付出，风险可接受程度越低，控制成本越高。企业在开展风险管理时，必须同时考虑成本和绩效，根据风险严重程度和风险管理绩效决定风险控制成本，过度控制只会造成企业成本过高，形成浪费，企业风险管理的目的不是消灭所面临的所有风险，而是将其控制在可接受的范围内。实际工作中，要把握好风险接受度与风险控制成本之间的平衡，防止和纠正忽视风险、片面追求收益而不讲条件、范围，同时，也要防止单纯为了规避风险而放弃发展机遇，其中最为重要的就是处理好安全风险管控和生产效益之间的平衡。

【兼容性原则】

风险管理工作不是一项独立于企业日常管理之外的工作，不能脱离于企业现有的管理体系、制度、流程，而是应将风险管控体系措施融入日常制度流程中，进行不断提升、整合、优化原有的管理，方能取得实效。如果将风险管理独立于企业管理体系之外，会使企业管理人员和执行人员产生失落感，自身价值未得到认同，风险管控就成为空中楼阁。

【预防性原则】

风险不是突然降临，而是长期形成的，企业风险管理工作应注重风险事前防范，坚持预防为主的原则，在风险发生之前或风险损失产生之前对经营业务活动进行风险全流域控制，建立风险预警机制，合理设置预警指标，用信息技术实现风险实时预警监控。

【及时性原则】

由于风险的不确定属性，风险事件具有突发性，及时应对至关重要，处置应对不及时、不恰当，会不断发酵，产生风险外溢和扩散，给企业造成重大损失。因此企业在风险管理时，应时刻保持警惕，制定各类风险应对预案、及时应对风险突发事件进行演练，一旦发生突发重大风险，及时采取措施进行处置，就能够减少风险损失和防止风险扩大。

【协同性原则】

风险管理工作不是一个领导、业务线条之事，而是整个企业、上下各级乃至全体员工的事情，风险后果也不是仅仅影响一个人、一个部门、一个业务领域，也不是其能够单独处置和应对的。因此企业必须建立风险总牵头协同处置机制，各个业务主管部门应牵头负责其领域内风险的识别、处置工作，并注重与其他部门之间的协调配合，实现风险信息共享，风险责任共担，共同应对处置，防止风险在业务领域之间转移和扩散。

【持续改进原则】

风险不是固定不变的，风险随着环境的变化会产生变异，风险管理措施也不是固定不变的，随着风险管理手段的不断迭代，也需与时俱进。企业应对风险实行动态管理，对风险不断地识别评估，调整风险防控重心，建立风险预警机制，合理设置预警指标，实现风险实时监控。综合运用信息技术的智能分析、预警管理手段，持续强化风险管理。同时根据风险管理部门和相关监督部门的风险监督评价结果，不断完善管理漏洞，持续改进。

建筑企业风险识别

【风险识别的基本理论与方法】

风险识别是在风险事故发生之前，企业运用各种措施和办法，进行系统、连续、有效认识所面临的各种风险潜在原因。对建筑企业而言，风险识别是根据企业组成结构特点和各类经济数据进行分析，综合内外环境等各要素的关系，运用一定的方法，判断企业已面临和潜在的风险。风险识别过程包含感知风险和分析

第八篇
建筑企业风险管理

风险两个环节。风险识别是风险管理的基础,只有在正确识别出自身所面临的风险的基础上,企业的管理者才能够主动选择适当有效的方法化解和消除风险。

常用的风险识别方法包括德尔菲法(问卷调查法)、头脑风暴法、核对表法、流程梳理分析法、数据分析法、信息技术智能分析法等。

【收集与识别风险】

建筑企业进行风险管理,首先应广泛、持续不断地收集与企业风险和风险管理相关的内部、外部初始信息,包括历史数据和未来预测,把收集初始信息进行统筹规划管理。

在战略风险方面,应广泛收集企业内外公司战略风险失控导致企业蒙受损失的案例,并收集与本企业相关的宏观经济政策、技术环境、市场需求、竞争状况等方面的重要信息,重点关注企业发展战略和规划、投融资计划、年度经营目标、经营战略,以及编制战略、规划、计划、目标的相关依据。

在财务风险方面,应广泛收集同企业内外公司财务风险失控导致危机的案例,收集与企业获利能力、资产营运能力、偿债能力、发展能力指标的重要信息,重点关注项目成本核算、资金结算和现金流管理业务中曾发生或易发生错误的业务流程或环节。

在经营风险方面,应广泛收集同企业内外公司忽视市场风险、缺乏应对措施导致公司蒙受损失的案例,收集与企业产品结构、市场需求、竞争对手、主要客户和供应商等方面的重要信息,对现有业务流程和信息系统操作运行情况进行监管、运行评价及持续改进,分析公司风险管理的现状和能力。

在法律风险方面,应广泛收集同企业内外公司忽视法律法规风险、缺乏应对措施导致公司蒙受损失的案例,收集与企业法律环境、员工违规、重大协议合同、重大法律纠纷案件等方面的信息。

建筑企业风险分析

【风险分析方法】

经营企业,风险无处不在,管理者必须时时做好风险管控及风险分析,充分发挥管理团队以务虚的方式研讨风险；邀请专家解读风险；应用信息技术的管理平台系统；用大数据进行风险预警提示；用信息技术呈现各种风险趋势图、风险点，实现风险智能呈现，为领导者提供风险管控依据。

[风险分析方法]头脑风暴法、德尔菲法、情景分析法、核对表法、流程图法、财务报表法、SWOT分析、故障树分析法。

【企业风险分析】

近年来我国建筑业的发展逐渐成熟，建设市场体系逐步完善，市场竞争日渐加剧，各种影响因素变得越来越复杂，从而增加了工程项目的不确定性，项目及项目风险呈现出新的特点和规律，导致施工企业风险也变得更加复杂。建筑企业面临的主要风险有：

[来自业主的风险]企业资信风险、企业垫资风险、不遵循施工客观规律、外部协调事务多等风险。

[来自勘察设计的风险]勘察设计工作不深入，现场地质条件与施工图设计不符；设计不完善及刻意降低设计成本，设计质量不高不充分；设计图纸供应不及时，导致进度延误窝工等风险。

[来自监理单位的风险]工作效率低或过于苛刻，拖欠签署支付；责任心不强、擅离职守，影响现场工序衔接；廉洁自律意识弱，影响正常工作。

[来自分包商的风险]分包商违约不能按时完成分包工程；分包商协调组织工作做得不好而影响全局；分包商的技术和施工能力较弱等风险。

[施工企业自身引起的风险]组织体制风险、管理风险、市场营销风险、企业领导人员风险、财务风险、安全质量风险、技术方案风险、合同风险、项目亏损风险等。

[来自社会的风险]国家产业政策风险；行业内部竞争风险；通货膨胀、外汇浮动、税收政策、物价上涨等经济风险；涉外法律风险；知识产权风险；民营地产风险。

[来自自然的风险]异常恶劣的雨期、冬期等气候条件，不可抗力引起的大

第八篇
建筑企业风险管理

风暴、洪水、地震、泥石流等自然灾害等风险。

建筑企业风险评估

【评估技术的选择】

建筑企业风险评估技术常用有调查与专家打分法、模糊数学法、层次分析法（简称AHP法）、信息化数据模型法和影响趋势图等多种方法。

［调查与专家打分法］该方法简单、常用且易于应用，首先通过风险定量辨识将所有风险列出，设计风险调查表；再依据"德尔菲法"的基本原理，选择企业各方面的专家，采取独立填表选取权数的形式进行打分，利用专家经验，对各个风险的重要性进行评估，并运用数理统计的方法进行检验和修正，再综合成整个项目风险。

［模糊数学法］采用模糊数学模型，先进行单项指标的评价，然后分别对各单项指标给予适当的权重，最后应用模糊矩阵复合运算的方法得出综合评价的结果。建筑企业潜含的各种风险因素很大一部分难以用数学来准确地加以定量描述，但都可以利用历史经验或专家知识，用语言生动地描述出它们的性质及其可能的影响结果。并且，现有的绝大多数风险分析模型都是基于需要输入的定量技术，而风险分析相关的大部分信息确实很难用数学表示的，却易于用文字或句子来描述，这种性质最适合于采用模糊数学模型来解决问题。

［层次分析法（AHP法）］首先把评价因素分解成若干层次，接着自上而下对各层次的诸评价因素两两比较，得出评价结果。然后，通过计算，自下而上把各层次的评价结果综合在一个评价因素，即评价目标下，即可获得诸系统方案的优劣顺序，供决策者决策时参考。

［信息化数据模型法］通过运用信息技术、建设大数据平台将信息技术工具嵌入业务流程，实时收集过程发生行为，将管理规范转化成数字表达方式，对风险因素量化，用数据呈现出来。再从海量数据中定义标签关联风险指标，建立风险预警分析模型，通过设置指标阈值对风险进行识别、分析、评估、预警，从而预防、控制风险。本方法适用于企业内部管理标准化程度高，已建设成熟

的信息化管理系统的企业。

［影响趋势图法］用于评估风险等级。风险因素识别出来后，对风险发生可能性的高低和风险对目标影响程度进行定性或定量评估后，依据评估结果绘制风险图谱界定风险等级，也可基于历史数据做未来预测分析。

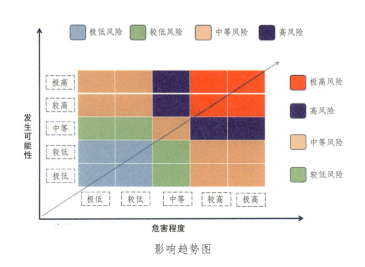

影响趋势图

【风险评估技术在生命周期各阶段的应用】

［招标投标阶段］对建筑企业而言，工程施工招标投标阶段不仅涉及其能否参与工程的建设，而且涉及工程项目风险分配方式的选择等问题。招标投标阶段建筑企业面临的主要风险为评标方法风险及施工合同风险。

评标方法风险：一是建筑企业要增强治本的反应，不断改善经营管理，提高技术水平，加强成本核算，苦练"内功"，以提升企业的市场竞争力，提高企业资源配置效率；二是全面提升企业的自身素质，任凭评标委员会如何分配指标权重，企业的得分都处于较高分值；三是建立起完善的企业定额体系作为内部估价支撑，避免出现评标过程中企业报价不合理等问题。

施工合同风险：一是建筑企业投标前积极进行调研工作，找出潜在风险，完善专用条款；二是针对合同条款中双方权利义务失衡的风险，施工企业要敢

第八篇
建筑企业风险管理

于提出合理的请求或与业主约定补充条款；三是尽量采用严密的语言表达；四是就合同类型带来的风险，建筑施工企业可以通过调节报价来降低风险。

[实施阶段]对建筑企业而言，项目实施阶段面临的主要风险包括内部管理风险、自然因素风险、经济活动风险、施工技术风险、合同管理风险、项目亏损风险等。

内部管理风险：建筑企业必须结合自身实际情况构建一套完善高效的风险管理制度体系，确保各部门的工作得到有力支撑；要严格监督施工全过程，对风险进行实时评估与动态调整，最大限度地减少企业损失，避免材料、人工和机械设备浪费；要建立健全人力资源管理体系，坚持以人为本的管理理念，不定期对员工进行专业培训以提高他们的专业素养，为项目全过程的风险管理打下坚实的基础；要建立健全资金管理运用体系，确保在项目实施的各个环节中合理分配与高效利用资金，合理控制项目各方面的施工成本。同时，还要和各有关方面保持有效的沟通以减少矛盾冲突，为提升风险管理效率创造良好的工作环境。

自然因素风险：建筑企业项目负责人要深入施工一线，对工程项目沿线的自然地理环境展开全面调研分析，根据发现的问题采取有针对性的预防措施。

经济风险：建筑企业要及时了解原材料价格、人工费、机械设备台班费等。同时，还要考察评估业主单位的资金支付能力，将经济风险控制在允许范围内。

施工技术风险：在项目施工的全过程，要科学合理地运用先进的施工工艺，在提高工作效率的同时提高工程质量；建立健全施工全过程的安全风险防范机制，并在施工过程中不断完善；对施工技术方案进行全面评估，保证方案的可行性，不断学习应用先进施工技术；对现有的技术进行完善创新，保证施工工艺满足施工全过程的需求，同时要求工人严格按照规范和技术交底要求施工。

合同管理风险：建筑企业要加强对合同签订的审核与管理，强化对合同签订过程中各个环节的管理与控制，认真阅读合同条款，避免模棱两可的条款，尤其是索赔条款与风险转移条款，确保出现问题时将责任落实到人，最大限度地减少合同纠纷，不断完善合同风险管理机制，为工程项目施工全过程提供约束载体。

[竣工结算与交付阶段]对建筑企业而言，项目竣工结算与交付阶段面临的主要风险包括结算文件资料不全、依据不充分，竣工结算谈判工作的组织不到位，结算错误，造成经济损失等。

对于竣工结算与交付阶段存在的风险，建筑企业一是要加强施工合同管理，根据自身的能力，预测合同风险，预防管理漏洞，对于较苛刻的施工合同，应提前采取措施予以应对；二是要做好施工阶段价款结算的管理，及时、准确、全面地收集相关的结算文件和资料，为竣工结算奠定良好的基础；三是要应做好充分的准备，根据谈判内容制定恰当的策略，精心策划谈判工作，掌握谈判主动权，保证谈判质量；四是要严格做好竣工结算各个环节的把关，在递交竣工结算文件前应做好内部审查工作，防止出现漏项而减少项目的应得收入。

【风险评估技术的类型】

风险评估技术分为三种类型，即基准风险评估、基于问题的风险、持续风险评估。

基准风险评估：它是有计划、有组织、全面的风险评估，结果是形成一套完整的风险评估概述。

基于问题的风险：它是对基准风险评估中所确定的具有重大风险活动进行详细的评估研究，即所谓的专项风险评估。

持续风险评估：是经常性的风险评估。

【企业风险信息管控架构】

建立风险信息管控平台是企业健康发展中的重要保证之一，可从海量数据中获取关键信息替代人工管理经验，提前预判、识别、评估、化解风险，实现有效规避降低企业运营风险。但是建筑企业风险信息系统不能简单地用计算机代替手工应用，需要从全集团（局）维度梳理整个业务流程，其范围覆盖风险管理的全过程，面向企业内、外部的所有风险，通过数据整合与企业智慧项目综合管理平台互联互通，依托各业务模块，采集数据，定义数据建立数据分析

第八篇
建筑企业风险管理

与监测中心，设定风险阈值，一旦企业风险监控指标达到预警临界值，信息管控平台自动提醒管理工作者进行风险识别，帮助企业实时发现运营风险，采取合理的应对策略，包括经营策略调整、内部控制、监控预警和风险对冲等方式，最终把风险控制在企业风险承受度的范围之内，激发生产经营活力，为企业可持续发展保驾护航。

风险信息系统建设要以保障实现企业发展战略目标为核心，具备兼容性，充分结合企业各层面已有管理体系和工作机制，进行全面风险管理，实现全面风险管理体系与现有管理机制的融合，避免管理"两张皮"现象。

按照风险影响目标不同，将风险分级管理，通过管理维度授信，可将企业风险总体分类为项目管理风险、企业运营风险。其中**项目管理风险**可分为项目经济活动风险与项目生产履约风险；**企业运营风险**可细分为战略风险、法律法规风险、财务风险、资金风险、合同风险、投资风险、经营风险、审计风险、市场风险、舆情风险等。总体业务流程从基于企业内部管控条件到目标设定、风险评估、风险预警、风险应对、控制活动、信息与沟通、控制等活动单元。

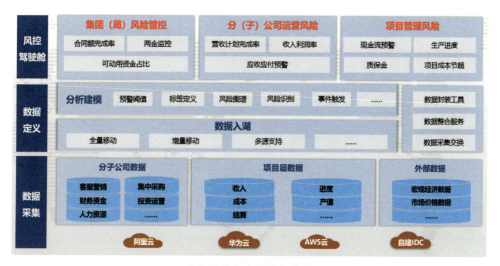

企业风险信息管控架构图

企业风险管理策略

企业根据自身条件和外部环境，围绕企业发展战略确定风险指标、配置风险阈值、设置风险有效性标准，选择风险承担、风险规避、风险转移、风险转换、风险对冲、风险补偿、风险控制等适合的风险管理工具的总体策略，并确定风险管理所需人力和财力的配置原则。

建筑企业管理风险主要包括项目管理风险、财务风险、投资风险、经营风险、合同风险、市场风险、政策法律风险、舆情管控风险，企业风险管理借助信息化管理平台，建立风险分析模型，层级管控，并设置阈值标准，对各类风险用图、表来呈现，实现风险自动预警。

企业管理风险预警模拟图

项目管理风险

项目管理是企业管理之基石，项目管理风险评估尤为重要。企业应分层级管控、分子公司每月进行一次检索评估。各层级制定考评办法，进行项目风险

第八篇
建筑企业风险管理

排序，集团（局）每季度通报各分子公司情况，企业应用信息化管理平台，对项目生产履约风险和项目经济活动风险进行预警。

项目生产履约风险预警图

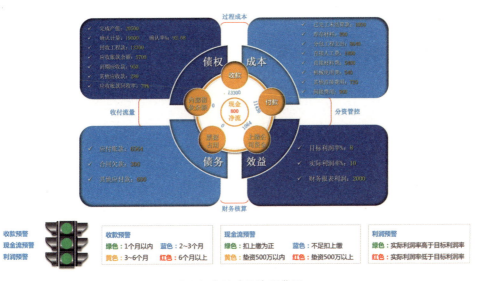

项目经济活动风险预警图

建筑企业管理精要
Construction Enterprise Management Essence

【工期履约风险管理】

履约是"订单型"企业立足市场的根本，企业履约风险主要表现为：一是项目管理粗放，项目管理机构管理能力较弱，未严格履行项目管理职责，导致现场无序施工，工期履约风险增加；二是管线迁改、征拆协调落实不到位、建设单位资金不到位等因素，导致施工企业无法正常施工作业，造成工期履约风险显著增加；三是前期策划不到位，整体资源配置不足，分包队伍选择不当，产生一系列问题，造成工期滞后；四是安全质量管理不到位，施工过程中施工标准不严，管理混乱，安全质量事故频发导致停工，影响项目履约。

[主要防范措施]一是明确工作职责，确保项目履约正常推进。结合履约风险级别，明确管控主体单位，梳理项目履约、分包管理等问题，指导项目制定风险管理措施，并实施跟踪；二是建立月报机制，及时收集项目风险信息，建立风险项目动态化管理台账；三是建立例会机制，实时沟通项目进展情况、存在问题、下一步措施和工作计划；四是建立考核机制，采用日常考核和年度考核相结合的方式，对项目履约风险管控不当的给予处罚，对降低项目履约风险的给予奖励；五是应用信息化平台，对生产履约风险进行预警。

【安全风险管理】

安全是企业的生命线，安全责任重于天，企业安全风险主要表现为：一是安全认识不到位，管理监督责任不明确，安全管理松懈构成风险；二是安全责任制度不到位，安全考核淡化构成风险；三是总包方监督不到位，以包代管构成风险；四是安全技术措施不到位，落后的生产技术构成风险；五是安全教育培训不到位，安全知识缺乏构成风险；六是工程安全事故频发，直接构成企业管理风险等。

[主要防范措施]一是加强安全生产责任体系运行和考核工作，二是加强企业安全生产科研和技术开发投入，三是加强安全教育培训，提高全员安全意识和防护技能，四是运用现代信息技术建立新的安全闭环管理方法和手段，五是保证安全生产资金必要投入，六是加强重大危险源工程安全监督管理，七是处理好安全与规模、安全与质量、安全与进度、安全与效益、安全与工程实施过程的关系。

第八篇
建筑企业风险管理

【质量风险管理】

质量是企业的命脉,质量终身制。建筑工程质量风险主要归结于施工过程中的质量控制不严、工程完工后维修工作难以实施等原因造成。按照风险产生的后果划分,质量风险主要包括影响建筑安全的质量风险、影响使用功能的质量风险、影响环境及健康的质量风险等。按照风险的表现形式划分,质量风险主要包括施工管理失误或不到位带来的质量风险、施工技术水平与认识不足产生的质量风险、物资材料不合格造成的质量风险、施工方法和工艺不正确造成的质量风险等。

[主要防范措施]一是以事前预控为基础、以过程监控为重点、以治理质量通病为手段,对质量风险进行总体管控;二是加强原材料管理,防止不合格原材料投入使用;三是集团(局)、分子公司建立试验检测中心,制定试验检测制度,明确自检体系、抽检频次等;四是建立项目质量管理信息平台,采用信息化手段,方便、快捷地了解项目现场质量管控情况,并实现质量问题督导跟踪,运用信息技术,实施闭环管理;五是设定质量管理红线,包括测量、试验、施工等红线,超红线不允许施工;六是进行质量复核和验收,按照检验批、分项工程、分部工程、单位工程的顺序依次验收。

【成本风险管理】

成本管理是项目管理的核心,企业成本风险主要表现为:一是责任成本费用未分解、未考核;二是成本费用数据归集不及时、不准确;三是项目每月末召开成本分析会;四是企业未有预警监督有效办法;五是技术方案没有经济技术比较;六是分供方选择不当;七是物资设备招采不及时;八是临建费用管控不严;九是成本未及时归集考核。

[主要防范措施]一是建立集团(局)、公司、项目部三级责任成本管理体系,分级管控,同时确定责任成本费用目标,对责任成本费用进行分解,明确各岗位的成本责任,以业绩考核和效益考核相结合的形式对各岗位进行考评;二是各项目按月及时将成本录入项目综合管理信息化系统,并召开项目月成本分析会和晒成本工作,提前发现成本失控风险,及时调整、纠偏;三是通过信息

化系统，自动对各项目成本、效益、债权和债务进行分析，形成经济活动预警图，对项目进行预警；四是对项目技术方案进行工期、质量、安全、效益等比选，选出最优方案，施工过程中严格按方案施工；五是企业层面建立合格分供方库，为项目分供方招标时提供资源，同时建立分供方分类分级管控体系，引导分供方提升管理水平，实现合作共赢；六是项目进场后编制物资设备招采计划，并根据项目进展情况动态调整计划，确保项目正常施工；七是进行临建方案比选，选择最优方案，临建施工过程中进行精细化管理，合理配置资源。

财务风险

财务资金是企业运行的命脉，较大风险的出现将是致命的。财务风险主要有坏账风险、流动性风险、潜亏风险、偿债风险、资金风险、融资风险、票据风险、资金内控管理风险等，各项风险需建立风险指标、预警阈值、预警方式和预警层级。

主要财务风险预警表

序号	风险类别	风险指标	预警阈值（模拟值）	预警表达方式	预警层级
1	坏账风险	逾期应收账款	0	红/绿双色预警	集团（局）/公司/项目
2		质保金	0	红/绿双色预警	集团（局）/公司/项目
3	流动性风险	项目净现金流	负5000万、负3000万、正流	红/黄/绿三色预警	集团（局）/公司/项目
4	潜亏风险	利润总额	预算利润额	红/黄/绿三色预警	集团（局）/公司
5	偿债风险	资产负债率	预算值	红/绿双色预警	集团（局）/公司
6	资金风险	存量资金占资产总额比例	0，0.5，1，1.5	红/黄/蓝/绿四色预警	集团（局）/公司
7		可动用资金占资产总额比例	0，0.5，1，1.5	红/黄/蓝/绿四色预警	集团（局）/公司
8		资金集中	5%，10%，15%	红/黄/绿三色预警	公司
9		到期还款资金覆盖	1，1.2	红/黄/绿三色预警	集团（局）/公司

第八篇
建筑企业风险管理

续表

序号	风险类别	风险指标	预警阈值（模拟值）	预警表达方式	预警层级
10	融资风险	带息负债	预算90%	红/黄/绿三色预警	集团（局）/公司
11		表外融资	预算90%	红/黄/绿三色预警	集团（局）/公司
12		贷款集中度	预算90%	红/黄/绿三色预警	集团（局）
13		保险集中度	预算90%	红/黄/绿三色预警	集团（局）/公司
14		票据逾期	0	红/绿双色预警	集团（局）/公司

【现金流流水管理】

企业对现金流风险的认知程度和重视度不高，对于现金流风险管理工作开展不够完善，无法准确地控制与现金流风险预警，现金流风险预警机制不健全、现金流预算管理实施不足、信息化风险监督管理及工作效果亟待提高。

［主要防范措施］一是健全现金流风险预警制度。企业的风险预警机制需要分别通过风险管理体系以及现金流管理体系来共同构建，保证企业能够及时发现现金流风险并有相应的应对机制。现金流风险预警体系构建要具有实效性、具有可追溯性、与企业战略目标充分结合、注重成本效益。现金流风险预警体系具体建设指标有偿债能力预警指标、获现能力预警指标及现金流结构预警指标。二是加强现金流预算管理。企业需要进行现金流全面预算管理，通过对企业经济活动实施全面科学规划，充分参考企业每年的预算资金来开展相应工作，细化专项预算编制工作。现金流预算管理分为资金预算、筹资预算、投资预算、人力资源成本预算及管理费用预算，专项预算与综合预算相互衔接。综合预算是企业整体工作的预测，专项预算是企业专项工作的预测，做好专项预算是做好综合预算的必要条件。三是实施信息化管理。企业通过建立信息化现金流管理和风险管理平台，对企业进行各项经济活动产生的数据及时归集，优化以往仅仅依靠财务人员收集相关报表数据的局面，保证财务数据及时、真实有效管理。四是加强现金流监督管理工作。企业需要积极构建针对现金流管理的监督机制，

通过更强有力的监督管理工作提高管理工作的规范性和实效性。

【货币资金存量管理】

企业持有货币资金量过大，则将导致企业整体盈利能力下降。企业持有的货币量过大，说明企业没有投资思维和理财观念，会影响到企业的整体运营发展，也直接会影响企业的盈利能力。现金持有量是一把双刃剑，现金持有量过少会危及企业的生存，企业现金持有量的额度管理是衡量领导者的理财能力。

［主要防范措施］首先要从经营战略上高度重视资金短缺风险。一是优化资本结构，长钱长用，短钱短用，避免因资金占用与资金供应在期限上搭配不当而造成资金短缺风险。二是提高预算特别是现金预算的编制水平，尽可能准确地预计企业所需的外部融资额和融资时间。三是加强经营性营运资本的管理、拓展融资渠道、保持财务弹性。其次，企业要提高货币资金使用效率，防范货币资金风险。通过提高预算管理水平，加强应收账款的催收实现快速回笼资金，利用"现金池"管理方式盘活企业资金，谨慎投资有价证券，分派现金股利进行股份回购的方式实现。

【"两金"增长管理】

企业两金是企业的存货资金和应收账款资金。主要是组织管理体系、机制不健全，导致经营管理活动中"两金"和其他各类应收款不合理产生的风险。管控责任和措施不落实，可能导致企业经营风险、市场营销风险、项目实施风险、各类应收款累加增长和久拖不清的风险。

［主要防范措施］将"两金"控制在合理范围内。一是加强企业财务管理，落实责任。二是加强催收防欠管理，建立健全"两金"和其他各类应收款催收防欠工作责任体系和管控机制，从市场经营前端、运营管理中端、欠款催收后端预防、管控"两金"和其他各类应收款。三是加强逾期欠款管理，多手段、多途径清理逾期欠款，降低工程款回收风险。四是加强分析与预警管理，确保数据的及时性和真实性，对相关数据进行分析对比和预警管控。

第八篇
建筑企业风险管理

【企业债务管理】

企业债务风险主要体现在对债务风险管理的重视度、对债务风险的抵抗能力、融资方式、财务预警等方面。

［主要防范措施］一是建立科学的债务风险管理制度，结合债务风险特点和自身发展实际，逐步建立起一套科学完善的债务风险管理制度，要由"管报表风险"向"管隐性风险"转变。二是建立完善的债务风险预警机制，结合财政部的绩效评价指标体系，从企业自身发展实际出发，进行指标和权重的设置，建立起完善的债务风险预警机制，减少甚至避免债务风险的发生。三是采取多元化方式化解融资风险。坚持稳健安全的财务战略，统筹做好企业融资安排。密切关注市场利率变化情况，充分运用金融优惠政策，优化融资结构，统筹平衡好直接融资与间接融资、短期融资与长期融资、债务融资与权益融资、高风险与低风险融资业务的关系，在防控融资风险的同时降低融资成本。四是加强对存量债务融资管理，建立银行债务管理台账并定期更新，提前做好银行债务还款来源相关资金筹划，确保企业融资渠道通畅，融资成本处于相对优势。

投资风险

"投融资"带动施工总承包，是建筑行业一道亮丽的风景线。今天以城市综合体开发、片区开发、F+EPC、投资+运营等方式在业界大行其道。"投融资"在建筑业深受甲乙双方欢迎，一个是"投融资"模式为地方政府提供了基础设施建设的资金来源，解决了地方政府的燃眉之急。二是"投融资"模式作为一种新型的营销武器，能够给企业带来大体量大额度的新签合同，同时短期内营业收入和盈利能够快速增长，让企业短期的财务表现非常亮眼。正是因为上述两个原因，即便在"去杠杆"政策下，各类变形的"投融资"模式仍在市场游走，很多施工企业"投融资"对营业收入的带动作用达到了30%以上。

由于市场优质的投融资项目寥寥无几，大多投融资都是"文件中的优质"，运作中的劣质，问题多多，只是这种问题当期没有爆发，所以大量经营投融资项目也是一种短视行为。目前部分的投融资项目夸大了其经营收益性，导致企业在玩"时间换空间"的游戏，随着时间的推移，企业腾挪的空间越来越窄；另还有大量的投融资项目是政府兜底的投融资项目，由于地方政府财政能力弱，未来支付能力存在风险。

[主要防范措施]建立投资能力评价体系，实行在手项目与新拓展项目联动管理。一是在投融资领域培育专业化管理力量，以专业来抵抗风险，以金融的风控思维打造投融资专业化队伍；改变投融资作为营销手段的功能定位，让投融资回归价值本质，注重投资项目全生命周期的资金管理以及投资回款；在项目选择上，宁缺毋滥，选择现金流自平衡的投资项目。二是进行区域化管理，深入市场需求，研究市场需求，形成市场纵深，提高客户黏性，提高资源配置效率。三是选择绿色化、新型建筑工业化和智能化等科技创新方向进行重点投资，将资金布局在国家战略目标及大数据、物联网、人工智能等信息技术实现智能建造的发展方向上。

合同风险

【合同条款设置管理】

在新时期建筑市场形势下，建筑企业在施工合同中存在各种风险，要有针对性制定有效的防范和控制措施，企业才能良好地生存和发展。合同条款设置存在的风险主要有合同条款设置不清、不平等合同条款设置、合同条款设置隐含条件风险、不同的合同价款约定方式设置风险、合同中的垫资条款设置风险、材料供应条款设置风险等方面。承包商要仔细研究合同条款，尤其对于业主在何种情况下可以免除责任的条款应认真研究，切忌轻易接受业主的免除条款。在策略安排上，承包商应善于在合同中限制风险和转移风险，达到风险在双方中合理分配。

[主要防范措施]一是规范合同审查、文本，控制风险。在合同正式签订前进行严格的审查把关。合同条款中要明确己方的违约成本、权利义务对等情况。对于合同的计价方式，在可以谈判的情况下，尽量满足己方的要求，以达到降低风险的目的。工程范围不确定的风险，采用固定价格合同，双方在专用条款

第八篇
建筑企业风险管理

内约定合同价款包含的风险范围和风险费用的计算方法，在约定风险范围内合同价款不再调整。二是合同条款研究准备充足，规避风险。应对投标文件进行全面透彻地分析和研究，详细调查工程项目及业主的经营状况和工程的竞争情况，以便做出准确的决策。在项目投标阶段，要认真研究招标文件的各项条款，找出招标文件中存在的各种风险，并在制定投标方案时，科学合理地利用各种有效方法规避或转移风险。对招标文件研究后要认真审查图纸，详细勘查现场，复核工程量，分析合同条款制定投标策略，减少中标后合同订立的风险。三是建立企业内部风险评估机制。不管是业主或承包商，风险评估是企业对即将面临的各种风险加以分析和决策的过程。企业应该建立相应的风险评估小组，将项目的风险管理落实到相应管理部门。

【合同谈判管理】

在取得建设工程合同资格后，施工企业应把主要精力转入到合同谈判签约阶段，其主要工作是对合同文本进行审查，结合工程实际情况进行合同风险分析，并采取相应对策以及最终签订有利的工程承包合同。

[主要防范措施] 一是施工合同谈判前，承包人应明确专门的合同管理机构如投标中心、商务管理部、法律事务部，负责施工合同的审阅。在合同实质性谈判阶段，谈判策略和技巧是极为重要的，应选择有合同谈判能力和有经验的人为主进行合同谈判。二是通过合同谈判，使合同能体现双方的责权利关系平衡，尽量避免业主单方面苛刻的约束条件，并相应提出对业主的约束条件。虽然合同法赋予合同双方平等的法律地位和权力，但在实际的经济活动中，绝对的平等是不存在的。权利还要靠自己去争取，如有可能，应争取合同文本的拟稿权。三是在合同谈判阶段，最好签订开口合同，如可变价格合同，或者材料价格据实调整等条件。四是对业主提出的合同文本，应对每个条款均作具体的商讨，切不可把自己放在被动的地位。在这个阶段可以要求具有建筑专业知识的律师参与，共同把好签约关。

建筑企业管理精要
Construction Enterprise Management Essence

【合同履约管理】

实施合同的过程也是合同履行的过程,在履行合同前,必须对合同进行交底,使参与项目的团队成员都明白合同在履行过程中存在哪些风险,如何正确地行使合同权利和履行义务。

[主要防范措施]一是承包人应认真研读施工合同,切实加强工程签证工作,确保发给发包人及监理单位的函件均有签收原件。二是充分认识补充协议或会议纪要的重要作用,慎重订立补充协议或会议纪要。三是积极行使法律所赋予的建设工程价款优先受偿权。

【资信风险管理】

资信风险主要是业主经济恶化,合同履约差、无力支付工程款;另外就是业主信誉差、不诚信,不按约定支付工程款,致使工程被迫中止;或因业主管理运作能力差,经常改变设计方案、实施方案,打乱工程施工秩序,且又不愿意支付承包商费用等。

[主要防范措施]一是要加强标前调查,对拟投标项目的资信风险进行充分的分析,进行详细的资信调查,包括财务能力、信誉信用等。二是要深入了解业主的资金信用、经营作风和签订合同应当具备的相应条件。可通过工商、银行、税务等部门以及合作伙伴、媒体报道、律师专业调查等了解业主的信誉、实力等。对有疑惑的业主,最好要求业主提供工程款支付保函等举措。三是项目及时确权,费用及时归集,针对多区域、多项目客户建立单独台账,定期分析风险,制定相应措施。

【授权风险管理】

大型建筑企业规模大,合同签订不可能集中于法定代表人或负责人,企业需要预先给与子公司、分公司授权,以方便其在适当的时候签订合同,授权管理不规范,由此会产生后果将最终由授权企业承担责任。

[主要防范措施]一是建筑企业要建立合同委托授权管理制度,自上而下建立合同授权体系。二是合同授权体系需实现风险的防范,不仅考虑外部法律、

第八篇
建筑企业风险管理

财务等风险的防范，对内也需要防范个人决策、徇私舞弊等风险。三是授权体系不仅包含权限的设定，还应该建立对后续授权执行过程的持续跟踪和监督机制。四是用信息系统来实现合同授权管理，将合同审批流程固化在业务管理系统中，实现风险有效管理。

市场风险

市场是企业赖以生存与发展的沃土。随着市场经济、社会的迅猛发展，建筑企业的市场环境越来越复杂，企业如何提升自身竞争力，应对市场风险的冲击，是企业在市场获得份额的关键。

【市场拓展管理】

建筑企业市场拓展在主营业务稳增长的前提下，需要多元化经营，提升企业盈利能力，降低企业金融风险和充分利用相关资源。但由于建筑行业的外部环境和自身特点，会遇到一些行业特有的风险，从而影响建筑企业的稳定与发展。

建筑企业在实践多元化的过程中，应增强风险意识，可以通过发展互补产业、合理利用剩余资源、提升主营业务核心竞争力等方式来应对多元化过程中的风险。发展多元化的过程的方式主要分两种：一个是纵向发展，向产业链上下游扩张，如建筑设计行业、地产业、运营行业；二是横向发展，扩展到其他并行行业，如水务环保行业。建筑企业在发展多元化产业的时候应充分考虑风险所带来的影响，制定相应的风险策略。

[主要防范措施]市场拓展关乎企业运营全盘，营销团队要时刻保持旺盛的战斗力，这也是企业的核心竞争力。一是扩大差异化竞争优势。要将客户的深度需求，转化为细分领域精准的数字"画像"，交付满足多元需求的产品和服务，给客户必然选择我们的理由。二是提高低成本竞争能力。突破传统价值局限，在客户效益与企业效益之间寻找"平衡"，推动社会效益最优化，通过低成本竞争实现多赢。三是坚定不移调整任务结构、业主结构、区域结构，持续向优质区域、优质客户、优质项目转型。四是建筑企业要集投资、建造、运营"三商一体"融合发展，高品质、高质量拓展主营业务，提升企业核心竞争力。

建筑企业管理精要
Construction Enterprise Management Essence

【市场环境管理】

目前国内建筑市场处于发包方卖方市场环境,建筑施工企业数量逐年急剧增长,导致"僧多粥少"的局面,使得建筑企业的市场环境压力加剧。体现在建筑市场主体行为不规范导致各类市场违规问题,业主方的强势要求使得施工企业面临挑战,企业对供应商的议价能力偏低等方面。企业主要从市场营销底线管理、招标投标管理和客户管理三个方面控制企业市场环境风险。

[主要防范措施]一是全面提升营销品质,从源头上控制企业经营风险,企业坚持实行营销底线管理,针对客户性质、合同额大小、付款条件、预期利润、硬垫资额度、工期延误罚款以及非现支付比例等多个维度,对项目质量进行阶梯划分,不同的项目分类对应不同的管控标准以及审批与上报流程。二是企业要加强投标过程中对企业经营风险的控制,建立投标评审流程审批制度,规范投标用印、投标保证金办理等投标工作。三是为引导企业市场聚焦"高端市场、高端业主、高端项目",提高政府类、企事业单位、大型央企等项目比例,通过营销品质的逐步提升,加速企业向政府及政府平台、优质的企事业单位和优质地产企业的多元化高端客户结构的转型。四是开展业主资信调查管理,在项目承接之前对客户的性质、社会评价、资产状况等方面进行详细调查和评分,通过把控业主资信从而控制企业经营风险。

【市场竞争管理】

建筑企业竞争力就是企业在市场经济竞争环境中,相对于其他竞争对手所表现出来的生存能力和持续发展能力。在市场经济体制逐步规范和完善过程中,由于建筑市场日益国际化和竞争日趋激烈,建筑施工企业面临的不确定因素和经营风险日渐增多,低价中标、恶意投诉、围标、串标等过度竞争的现象频发。

[主要防范措施]建筑企业要有较强的市场核心竞争力,方能在同行业竞争者中获取胜利。一是密切关注综合布局和多元化发展,从房屋建筑到基础设施,从国内到国外,从一个领域到整个领域,从PPP到EPC,从单一企业到工业城镇,从销售到自持物业,建筑企业要向多行业、多区域转移及更多业务发展。二是

第八篇
建筑企业风险管理

不断维护和发展战略客户，实现互利共赢。三是建立深厚的企业文化底蕴。企业竞争力的文化底蕴是其他企业在短期内不能轻易地建立起相类似的能力，会让企业拥有在其他历史时期成立的企业所不能模仿的优势。四是富有价值的科技创新。以科技为先导，不仅在硬件上要能够承接各种高、大、难、新、特等类工程的施工，而且在软件上还能够着眼未来，加大科技开发、知识更新等方面的工作力度，以展示企业的技术优势，提高企业的竞争力。五是采用先进的生产经营方式和管理方法，提高企业产品质量，增强企业的市场竞争能力、抵御风险能力和发展后劲。六是建立优秀的人力资源。竞争往往是通过产品的优劣和价格形式表现出来，但实质上隐藏在其背后的却是人才的竞争，因此，建筑企业要树立适应市场竞争的人才观，注重智力投资和开发市场营销干部的智能资源，开拓更大的市场。

【品牌信誉管理】

企业在运行过程中，时刻经受各种风险的考验。纵观国内外成功企业的发展，无一不是企业品牌信誉逐步扩张的过程，而被无情淘汰的企业，尽管有这样那样的原因，却是因为失去品牌信誉而丢失市场，导致企业没有立足之地。中国建筑业渐渐进入形象竞争、品牌竞争时代，企业信誉的锻造被越来越多的企业所重视。企业信誉展示了企业的综合形象，具有不可估量的市场价值，也体现一个企业的综合素养，不是一个建筑施工企业的规模和业绩所能简洁替代的。

［主要防范措施］一是树立品牌信誉意识。品牌是建筑施工企业施工水平、管理水平、营销水平、科技水平及竞争能力等诸多方面的全面体现，也是企业通过工程、产品或客户服务赐予业主或客户的一项重要承诺。项目建设品质成为企业与业主、客户的无形纽带，没有项目管理品牌就不能立足于市场，项目管理品牌就是企业信誉，就是企业形象，就是行业占有率，就能赢得市场。二是制定战略性的品牌经营策略。领导者一定要从观念上、管理上、经营上改变过去的企业运作常规，将品牌经营作为企业运作的中心，全力打造强势品牌，

将企业的核心理念予以推广，以此推动企业品牌管理体系的变革。领导者要找准企业本身在本行业中的定位，实施差异化竞争，对专业品牌个性以及想要在客户心中占据独有位置进行精心谋划，以建立不同于其他竞争对手的差异化优势。三是加强企业资信管理。企业使用、维护资质的过程中，建立企业信用管理平台，及时关注全国性平台、各级地方政府平台的信用管理以及各级政府、部门发布的信用信息，指定专人进行网络舆情监控管理，发现问题及时处理。

政策法律风险

【经济调控风险管理】

宏观经济形势、政策的好坏，直接决定建筑业市场容量的发展变化。特别是固定资产的投资规模，对于建筑业的发展有着决定性的影响。政府刺激经济采取的适度宽松货币政策及环保调控政策也将造成建筑行业原材料价格上涨。再者国家对劳务工人的劳动保护政策，也使得人工费价格不断攀升，增加建筑施工企业的劳务成本，政府宏观调控对建筑业的盈利环境影响较大，企业要不断优化产业结构，夯实内控管理，防范政策风险。

［主要防范措施］一是把握城市群+新基建为建筑业发展带来新机遇。随着我国城镇化进程迈入中后期阶段，国家政策对城市群和中心城市建设做出重要部署，建筑企业需大力拓展新型城镇化建设。加强新型基础设施建设，发展新一代信息网络，拓展5G应用，建设充电桩，助力产业升级。二是建筑企业要积极探索PPP、EPC等项目合作模式，未来传统EPC和施工总承包模式将逐步向"投建营一体化"转型，行业的发展将由成本驱动型向创新驱动型转变，合作创新、融资创新和技术创新将成为行业发展新的推动力。三是加强建筑业人才培养和用工制度改革。四是要大力由施工总承包向工程总承包转型，加快装配式建筑发展、绿色建筑发展及信息化建设，提升建筑业全产业链管理水平，增强企业发展能力。

【法律环境管理】

国家各种建筑行业法律、法规的出台，进一步健全和规范了工程建筑市场，

第八篇
建筑企业风险管理

对企业也提出了更高要求，要求企业规范经营管理，符合法律、法规要求。由于建筑施工企业处于弱势群体，使得建筑领域里的每一个环节都存在着法律风险，工程款拖欠、转包、虚假招标、阴阳合同等违背法律的行为依然存在。风险防范一般采取控制风险、转移风险和保留风险。司法保护是企业维护自身权益的最后一道防线。

[主要防范措施]一是要敢于用法律维护自己的合法权益，在法律诉讼有效期内及时提起仲裁或诉讼，避免错过法律时效；二是在签订合同时就要想好日后发生纠纷怎么办，从工程开工就注意积累和保管好各种相关资料，做到有备无患，同时在仲裁机构或管辖法院选择上，要有意识地选择对自己有利的条款；三是仲裁机构或适时采取财产保全措施，保证财产的安全；四是为了避免仲裁或法律诉讼时间的风险，应积极选择庭外调解等方式解决经济纠纷；五是积极运用《合同法》，依法采取工程留置并争取优先受偿权，维护企业合法权益；六是加强履约管理，避免违约行为，从自身管理减少经营风险。

国际化经营风险

【政治风险管理】

企业在进行跨国投资、承揽工程施工过程中，由于东道国政局变动或者所采取的政治性措施出现变化，抑或是与第三国的政治关系等因素发生重大变化，将给企业带来投资财产及其权益损害或损失的可能性。最为重要的是政策变动风险，直接影响到企业进行对外直接经营的竞争力。

[主要防范措施]一是企业在承揽国际化工程前，进行实地考察，收集东道国经济发展水平、政局稳定性等方面资料，对资料进行分析、评估，重点关注所在地区的政治活动、其他企业在该地区的经营历史，以便对政治风险做出科学的评估；二是工程施工过程中，积极与地方政府沟通，实时关注东道国的政策变动；三是选择当地的合作伙伴，减少东道国对工程的管制侵害；四是购买政治保险，将战争、民变等风险转移给保险公司。

【汇率风险管理】

当企业经营涉及外币时，就可能因该国货币币值变动造成财务损失或获得额外财务收益，即汇率风险。只要拥有以外币表述的资产、负债或收益流，企业就处于汇率风险之中。汇率风险可以归结为交易风险和经济风险两种类型。从事海外经营的企业，特别是在国外有投资项目的企业，经济风险比交易风险更为重要。

[主要防范措施]一是货币选择采用收硬付软，以汇率稳定趋升的货币为计算收入或债权的货币，以汇率趋降的货币为支付或构成债务的货币；二是国际经营多样化，有助于了解各国经济发展和各国货币购买力变动的不均衡，及时对之做出有竞争力的反应，可以使各国汇率变动引起的风险全部或部分相互抵消，降低总风险；三是在签订合同中规定一种或一组保值货币与支付货币之间的汇价，如支付时汇价变动超过一定幅度，则按支付当时的汇价调整，以达到保值目的。

【文化风险管理】

企业跨国经营存在文化风险，风险分为内部文化风险和外部文化风险。企业面临的外部文化风险主要是东道国文化与母国文化存在的较大差异，东道国存在的种族和民族主义倾向。企业面临的内部文化风险主要是对东道国文化不够熟悉，对东道国商业习俗不够了解，不同文化的业务交流存在隔阂，有效沟通与合作存在难度，难以形成共同的企业文化。

[主要防范措施]一是要重视文化分析，识别文化差异。分析东道国文化与母国文化，找出两国文化的差异，根据差异分析两国文化的相容性，并制定一系列的经营方法和经营目标，针对制定的经营目标和经营方式进行评价，从而选择最恰当的方法予以实施；二是企业内部的跨文化沟通与整合。由于文化差异的存在，促进企业内部的跨文化沟通有利于来自不同文化的人了解对方的文化传统、思维模式、行为准则等文化背景，有利于双方建立共同的企业准则，从而降低文化风险促进企业的发展；三是挑选合适的海外经理人员，海外经理

第八篇
建筑企业风险管理

人员要求能够贯彻企业战略和维护企业利益，同时具有丰富的海外专业知识和管理经验，具备在多元文化环境下工作的特定素质。

【技术标准风险】

技术标准在国际工程中是一项非常重要的内容，它决定了工程材料的选购、施工方案的确定、验收标准以及工程造价等。各国技术标准存在差异，给国内建筑企业海外施工带来不便。

[主要防范措施]一是尽快熟悉相关内容，收集工程所在国类似项目的资料，保证设计进度满足工程的总进度要求；二是在项目实施过程中尽量减少工程变更，减少对工期的影响，风险自留。

项目潜亏和亏损风险

项目成本管理是项目管理之基石，成本费用及时归集是项目防止亏损的重要管理手段。项目每月的各类风险、潜亏项目、亏损项目风险进行预警，集团（局）每季度的分子公司亏损项目风险进行预警。

【管理团队选择风险管理】

项目管理团队作为实施工程项目的项目组织，一个优秀的项目管理团队不仅有利于降低内耗成本、提高施工效率，而且在确保质量和安全的前提下有利于缩短工期、高效完成各项任务指标。若是管理团队松散，管理能力薄弱，可能导致项目整体策划实施不到位、现场管理杂乱，不能及时预测项目风险、合理规避风险。

[主要防范措施]一是选择有类似经验的在建项目经理，能让团队成员迸发工作的激情，勇于自我奉献、自我牺牲，推动整个团队的融合与创新，凝聚团队合作力；二是项目管理团队成员之间建立相互信任，能有效地进行沟通，并善于总结和学习；三是项目管理团队的组织结构清晰，职责分明、分工明确，并有完善的绩效考核评估机制；四是企业开展项目管理团队教育培训，建立优秀的团队文化，形成人才梯队，加强各线条专业技术培训，为企业培育可持续发展的优秀项目管理团队。

建筑企业管理精要
Construction Enterprise Management Essence

【资源配置风险管理】

施工资源配置的好坏关系到工程建设质量、成本以及经济效益，关系到工程建设的成败。资源配置风险主要表现为：一是项目上场首次资源配置不足；二是资源供应与施工进度脱节；三是机械设备与实际配置不匹配；四是物资材料质量不达标等问题。

[主要防范措施]一是落实项目策划，新项目进场时，各单位主要领导要亲自牵头组织策划，注重项目组织机构的建立和项目主要资源的配置，确保首次资源要素配置一次到位；二是对资源适时、适量优化配置，并按照施工进度和施工方案、工艺要求投入，以满足生产需要为原则，避免过早投入造成浪费；三是对资源进行优化组合，将各种资源在施工过程中合理搭配和协调，形成最有效的生产力；四是对资源实时动态管理，合理调配，按需要协调使用，避免资源浪费，使其发挥最大作用。五是将资源配置纳入成本管理，进行经济价值分析，研究最佳配置方案，合理、节约使用资源，降低施工成本。

【外部因素风险管理】

项目施工外部因素风险包括两大类，社会环境风险和自然环境风险，社会环境风险主要有宗教信仰的影响、社会治安的稳定性、劳动者的文化素养等，自然环境风险主要有工程地质和水文地质的影响、不良气候的影响、自然灾害的影响等。

[主要防范措施]一是加强与地方政府、村民的沟通，熟悉当地民俗，并融入其中；二是加强保卫工作，设置视频监控和电子门禁系统，同时对施工人员加强教育和管理，杜绝或减少破坏公私财物、打架斗殴、酒后滋事等事件的发生；三是坚决执行国家颁布的关于进城务工人员工资发放的规定，按时足额发放工资，并主动为进城务工人员解决问题，关心进城务工人员的生活；四是重视对勘察报告、设计图纸的研读、分析，掌握工程所在地的地质特点、预测可能出现的不利因素、制定有针对性的技术措施；五是关注天气情况，提前做好应对不良气候的准备、避免或减少不良气候对项目工期的影响，并制定应急预案，减少因自然灾害对工程造成的损失。

第九篇　科技与设计管理

科技是企业发展的第一动力。建筑企业应加大科技创新力度，充分发挥科技赋能和创新引领示范作用，抢抓信息化、新能源、新材料等带来的建筑行业新一轮技术革命和项目模式变革的重大窗口期，以新发展理念引领高质量发展，实现建筑企业的转型升级和业务板块的优化，培育新的业务增长点，实现可持续发展。

科技与设计管理理念 / 230
科技是企业发展命脉的理念
技术管理是企业优质履约保障的理念
设计是企业优质资源的理念

科技与设计管理内容 / 232
科技研发管理
设计资源管理
工程技术管理

科技与设计管理机制 / 237
科技研发考评机制
设计成果评价机制
工程技术管理机制
方案优化与专家论证机制
变更设计责任机制

科技与设计管理策略 / 240
企业研究院研发能力培育
企业设计能力培育
技术方案预控
专家治理

科技与设计管理理念

科技是推动社会不断进步的原动力，科技创新能使人们观念从根本上发生迭代性变化，能极大改变人们的生活方式、工作方式。建筑企业更是如此，一项新的创新能使企业起死回生，源源不断的创新能使企业立于行业顶端，甚至引领行业发展，企业具有更强的可持续性发展，科技拓展了企业的生存空间。空中造楼机的出现使高层建筑施工不再困难，TBM、盾构机很大程度上解决了地下工程的安全和质量问题，建筑工业化、智慧化的创新理念将使一些企业从中获益。未来，建筑企业开展以碳达峰、碳中和为目标的科技活动无疑是新趋势。一个有生命力的企业必须以科技创新为主要途径。

设计是科技创新成果进行价值转换的桥梁，及时运用科技创新成果也是设计创新的重要表现，科技成果的运用能综合提高设计科技感，甚至引领设计潮流，科技创新成果是提升设计质量的重要基础。设计人员必须掌握行业最新的科研成果，结合具体设计环境，融入人文、绿色等理念，使科技创新成果价值充分得到彰显。建筑企业的科技与设计密不可分，尤其在PPP项目、EPC项目中，在设计环节植入先进的科技成果将使设计质量得到极大提高，设计成果得到广泛认可，推动企业行稳致远、优质发展。

科技是企业发展命脉的理念

随着建筑行业市场竞争规则的深刻变革，科技对企业发展的基础性、决定性和先导性作用日益凸显；科技不仅影响着企业当今的生存发展和兴衰成败，更决定着未来的发展走向和生命周期。

科技创新工作贯穿于建造施工的全过程，只有强化管理，动员广大技术人员立足工程项目，积极投身于科技创新活动，突破工程中的关键技术难题，加强科技成果的推广应用，才能切实增加企业技术创新和自我发展的能力，使科技成果转化为生产力，取得更好的社会和经济效益。

第九篇
科技与设计管理

建筑企业应加快科技创新，增强竞争力，以企业为主体，以市场为导向，积极构建技术创新体系，加大开发自主知识产权的力度，实现自主创新、自主制造的主动局面。加快转型升级，深化创新驱动，在核心技术领域持续实现突破，掌握更多具有自主知识产权的关键技术，掌控发展主导权，为企业高质量发展提供强有力支撑。

技术管理是企业优质履约保障的理念

技术管理工作的主要作用和任务就是建立正常的施工生产技术秩序，杜绝技术失误，严格控制工程质量，强化安全保障技术措施，避免质量返工和安全技术事故损失。只有确立技术管理在项目管理过程中的灵魂地位，把技术工作作为一切工作的前提和基础，先行布置、先行操作，在施工技术方案预控和成本预算控制过程中，认真落实"方案决定成本、成本约束方案"的辩证关系，形成良好的氛围，强化施工组织设计和施工方案预控，才能实现企业优质履约。

加强方案预控，以方案预控推动项目创效。方案预控是成本管理的灵魂，施工方案不但决定着项目管理的成败，也是开源创效的源头。项目一旦中标，单位主管及职能部门应组织内部专家组认真踏勘现场，集思广益，确立最佳施工方案，所谓"虑之贵详，谋之于众"，反复研究领会设计文件，把准项目特点及项目各构造物之间的内在联系，拟定实施性的有针对性的施工方案和要素的最佳配置，为施工过程创效履约打好伏笔，全力推动项目管理，实现项目效益最大化。

设计是企业优质资源的理念

推进工程总承包管理模式，牢牢把握设计这一"先行关"。设计是龙头，是控制工程概算、质量、进度和成本管理最重要的一环。设计在推动技术发明和技术革新方面起着决定性的作用。精准的设计可使企业技术水平及其产生的效益达到新的高峰。BIM、大数据、物联网等前沿技术出现，不断推动了设计行业的发展，同时对建筑行业设计人员的技术创新提出了更高要求。

科技创新是设计行业实现自身可持续发展的重要途径。设计行业是智力密集型和技术密集型的服务行业，在科技成果转化应用的过程中担负着重要的功能，企业必须不断提升设计能力，不断地进行科技创新，使得科研成果真正地应用于实践，实现效益最大化。

施工企业下属设计院可以构建知识循环共享、转化平台，将企业巨量的施工成熟经验形成数据库并在设计初始阶段作为基本条件，再进行设计输入是未来设计院发展方向。通过对施工主业成功经验的积累，促进企业内部优势技术知识整合，并借鉴学习外部优秀经验，形成最优设计数据库；另一方面强化知识转化和知识共享，通过固化设计要求并通过设计管理等方式向设计分包单位提出具体要求，强化知识输出。

科技与设计管理内容

企业科技与设计管理可细分为科技研发管理、设计资源管理、施工技术管理和工程质量管理工作。通过科研管理对企业实用技术和前沿技术两大技术体系的创新研发进行整体布局，并针对现有技术进行集成管理，且有计划、有步骤地推动成果转化，服务企业生产经营。设计资源管理工作主要服务于工程总承包项目的经营和实施，打造分类资源库，指导限额设计，在满足业主需求的前提下实现企业最大程度创效。施工技术管理是源于对项目实施层级的技术工作进行引导和推动，对技术方案的风险进行预控管理，服务项目履约。工程质量管理工作重心在于建立企业层面的质量管理体系，强化项目层级的执行，确保履约的前提下，打造企业的质量品牌效应。

科技研发管理
【前沿技术研发】

建筑业迈入"信息化4.0工程"时代，要持续加大重型装备和数字化、智能化工程建设装备研发力度，全面提升工程装备技术水平。推进建筑信息模型（BIM）、大数据、移动互联网、云计算、物联网、人工智能等前沿技术和代表

第九篇
科技与设计管理

行业先进生产力的智能设备在设计、施工、运营维护全过程的集成应用;推广工程建设数字化成果交付与应用,提升建筑业信息化水平。

[BIM技术与场景应用研究]加强BIM轻量化数据转换引擎研发,搭建BIM模型和应用的桥梁,轻松实现低成本高效率的应用。深化BIM在项目中的应用,加强基于BIM技术在投标策划、项目策划、施工等各阶段和BIM技术在空间管理、设施管理、隐蔽工程管理、应急管理、节能减排管理等各场景的应用研究。

[建筑物联网与应用研究]积极探索用数字化来提高单位对项目资源的统筹管控能力,一方面向前探索智能图纸算量,利用BIM、物联网确定实际工程量,并把奖惩、考核等场景与劳务的最终结算挂钩;另一方面,向后探索限额领料、分包结算验证项目产值完成情况和工期履约情况,应用物联网设备辅助分析单项工程的水、电、材料、人工消耗情况。

[智能建造装备]研发智能化工程机械(智能焊接机器人、新型桥梁运架设备、新型超高层造楼机设备研制及成套技术、继续掘进管片同步拼装盾构设备、适用于装配式建筑构件高效吊装安装综合装备、新型桥梁架设装备)、建造机器人装备(如基于视觉感知的钢结构建造焊接机器人、喷涂施工机器人等)以及人机协同作业系统。

[工业化建造]研究基于新型建筑工业化的建筑设计(如标准化、模块化的装配式正向设计关键技术等)、部品制造(如PC构件、钢结构工厂智能加工生产线等)、现场安装的高质量标准化技术体系;研发基于工业化建造的桥梁新体系及其安全运营和韧性提升关键技术;研发适应工业化与智能建造的新型建筑结构体系与关键技术。

[智慧运维]研究数据治理与数字孪生技术;研究建筑智慧运维关键技术与设备,构建全场景智能监测预警和智慧综合运维服务平台。

【实用技术研发】

通过应用创新解决项目实施具体问题,加大新工艺、新技术、新设备、新材料等"四新技术"的应用研究，在确保质量、降低成本、缩短工期、减轻劳动强度、提高工效等方面起到有力的作用。如超高性能混凝土、新的钢筋接头技术、高浇筑高度混凝土下料方法、信息化施工技术等应用研究。

【技术集成研究】

充分利用好数字化创新集成平台，强化各层级"人、财、物"等资源配置，通过BIM信息系统、云计算、物联网、数字化加工、智能建造等新技术与传统技术的集成应用于工程的策划、施工和运营各阶段，实现公用建筑、高速公路、铁路、轨道交通、市政工程、城市污水处理等基础设施业务快速建造、智能维养。

【研究成果产业转化】

科技成果转化和推广应用，是为提高生产力水平而对科技成果所进行的后续试验、开发、应用、推广直至形成新技术、新工艺、新材料、新产品，发展新产业等活动。

科技成果的转化和推广应用包括两个方面：一是科技成果除本单位科技示范和推广应用或转化外，通过技术示范、培训、指导、咨询、交流、展览及技术转让等方式进一步向社会推广；二是引进国内外已有的，实践证明先进适用、成熟可靠的，符合企业实际、可行的，对于提高企业生产力有价值的科技成果，通过消化、吸收和创新，转化为自己的技术。科技成果转化和推广应用工作实行统一管理，定期发布成果转化和推广应用目录，开展"科技创新助推降本增效"和建立科技推广示范工程等方式在本单位进行科技成果的转化和推广应用。

设计资源管理

【设计资源库管理】

工程总承包模式下，设计管理工作不局限于项目工程的设计环节，也存在于施工环节、竣工验收环节和采购环节。在设计工作过程中，工程总承包企业需要保证工程项目实施在技术层面及经济层面的合理安排，加强对先进技术和经验的引进，制定相应的文件和制度。建立相关的设计资源库，加强与施工、

第九篇
科技与设计管理

竣工验收阶段的配合，实现对工程整体质量的有效控制。具体可包括战略合作设计院及咨询单位库、设计专家库、大型设备数据库、限额设计快速报量指标库和全过程管理行为知识库。

［战略合作设计院及咨询单位库］聚焦企业发展主业和未来发展方向，分阶段、有重点地与行业有影响力和话语权的设计院和咨询单位建立利益捆绑的资源库。

［设计专家库］以院士、国家勘察设计大师等为代表，建立企业内外部设计专家库，在紧缺急需的重大项目攻关过程中，实时提供支撑。

［大型设备数据库］以企业自身以及战略合作伙伴为基础，建立大型、关键设备数据库，实时更新设备使用状态，明确自身设备优势，服务工程总承包项目投标和工程实施。

［限额设计快速报量指标库］及时总结、更新企业自身承揽工程总承包项目，分类形成完整、准确的工程用量、造价数据库，为重大项目投标和实施提供可靠的数据支撑。

［全过程管理行为知识库］记录工程总承包项目投标、实施、竣工、运营全过程行为，做好经验总结和知识提炼，形成与企业文化、资源状态相匹配的管理行为知识库。

【数字设计管理】

大力推动数字设计升级，进行设计模式和服务模式创新，增强以BIM为核心的数字化交付能力，对设计过程资料、图纸进行信息化管理。

［协同设计管理平台］企业设计管理部门负责维护与提升"BIM协同设计管理平台"模块，企业设计院协助设计管理部门完善BIM协同设计管理平台设计出图管理功能。各项目设计管理部通过协同平台申请设计服务，利用BIM协同设计管理平台进行BIM工程设计，对设计过程资料、图纸进行信息化管理。

［项目设计工作计划管理平台］项目设计工作计划管理平台实现集团（局）、子分公司、项目三级在线协同管理，确保设计管理进度计划得到落实。

工程技术管理

【施工设计优化】

施工设计优化以先进、合理的工程设计方法为手段,对工程设计进行深化、调整、改善与提高,并对工程成本进行审核和监控,对工程设计再加工的过程。一方面增强建筑性能与可靠性指标,减少耗能,保证连续可靠的运行时间,为业主实现更佳的经济、环保、社会效益;另一方面有效控制工程量,改善施工条件,达到控制投资、降低造价的目标。

[主要管理内容]设计方案/工艺设计阶段设计优化,初步设计阶段设计优化,施工图设计阶段设计优化,施工阶段设计优化。

【施工方案优化】

施工方案优化指实施性施工组织设计及施工方案在编制和实施过程中,为降低工程项目建设成本,争取工程项目最佳效益,对工程项目施工人员,机械设备、材料、施工方法、环境条件等生产要素的合理组合和对施工过程中施工方案进行有效的预先谋划和比选过程。

[主要管理内容]施工方案分析论证,施工方案审核,施工方案经济比选。

【施工测量管理】

工程测量是工程建设的重要环节,是技术保证体系的重要组成部分,是实现设计意图、保证工程质量的关键性工作。测量管理应遵循统筹组织协调、分层分级监督、严格过程控制的原则。现场测量工作应遵循从整体到局部、先控制后细部、前步工作未校核不进行下步工作的原则。

[主要管理内容]平面测量控制网的设立、高程测量控制网的布设、工程定位放线、重要结构物的测量放样及复测、对技术人员进行测量放样交底。项目总工程师分管测量管理工作,测量控制网由公司测量队负责复核,施工测量所用的测量仪器由公司统一管理。

【工程试验管理】

工程试验是工程质量安全管理的重要手段,真实、准确、客观、公正的试

第九篇
科技与设计管理

验检测数据是控制和评判工程质量、保障工程施工安全和运营安全的重要依据和基本前提。它是工程设计优化、施工质量控制、施工验收评定、养护管理决策的主要依据。

[主要管理内容]试验人员管理、试验设备管理、档案管理、试验样品管理。

【工程检测管理】

质量检测直接决定着工程的最终质量,而保障工程施工的质量是提高企业竞争力和企业优势的基本前提。工程检测工作质量管理遵循"以人为本、坚持标准、质量第一"的原则。

[主要管理内容]实行统一的检测人员培训制度,建立并落实工作质量检查制度,建立信息化管理系统,推进见证取样送检制度。

【工程创优管理】

为落实企业品牌战略,提升精细化建造水平,统筹质量创优工作,强化过程一次成优,提升企业核心竞争力和品牌影响力。

[主要管理内容]创优策划、专题推进会、总承包卓越管理、技术质量成果总结。

科技与设计管理机制

科技与设计管理工作不同于商务管理、合同管理等其他业务管理,定性和定量地对成果进行评价是管理工作的难点。建立相应考评机制,强化过程和进度管理,通过分阶段任务目标分解,明确相关责任机制是工作有效推动的关键。

科技研发考评机制

坚持以科技创新质量、绩效、贡献为核心的考评导向。充分发挥科技研发考评的"指挥棒"作用,全面准确反映研发创新水平、转化应用绩效,着力强化科研成果高质量供给与转化应用。完善科技研发成果考评激励机制,把科技研发成果转化绩效作为核心要求,纳入企业创新能力评价,细化完善有利于转化的科技研发成果评估政策，激发科研人员创新与转化的活力。坚持公正性、荣誉性，重在奖励真正作出创造性贡献的一线科技研发人员，制定专业薪酬和奖励方案，提升奖励质量。

[主要考评内容]工作业绩、工作表现、工作能力。

设计成果评价机制

设计是工程实施的龙头，设计成果的优劣往往决定项目实施的质量。加强对设计过程的评价是确立履约管理、质量管理、效益管理、实现设计目标的关键。

[主要评价内容]设计评审要求设计管理部、商务合约部、技术质量部等部门共同参与。设计管理部主要审查图纸的设计质量、设计价值化；技术质量部主要审查图纸的施工便利性；商务合约部主要审查图纸及工程概预算的合理性等。通过设计评审，及时发现并解决设计上各专业存在的问题，保证设计质量，为各专业工程施工提供准确的直接依据，减少变更工作量，保证工程进度和成本控制。

设计评审由公司设计管理部主持，公司商务合约部、公司技术质量部参与，设计咨询单位参加；对于重大设计方案的评审，可由集团（局）设计管理部主持，邀请相关专家参与。

工程技术管理机制

【工程技术交底管理】

技术交底是在项目总工程师领导下进行的一项技术工作。项目实施全过程活动包括工程项目的单位工程、分部工序工艺和特殊工程以及容易发生质量通病的部位，均应进行技术交底。

规范工程技术交底，确保通过工程技术交底使施工人员了解工程规模、建设意义、工程特点；明确施工任务、施工工艺、施工方法、质量标准、安全文明施工要求、环境保护控制措施、安全、质量、进度措施等，确保施工质量符合规定要求，实现工程项目安全、质量、进度等目标。

第九篇
科技与设计管理

[主要管理内容]施工组织设计交底、施工方案交底、分部分项工程施工技术交底以及安全技术交底。技术交底以书面形式或视频、语音课件、PPT 文件、样板观摩等方式进行。

【工程数量控制审核管理】

工程数量多级监管，逐级预控，工程数量管理是控制效益流失的重要环节，通过建立的工程数量台账、工程数量控制责任制、工程数量的逐级控制、已完工程数量的确认制等对工程数量进行有效控制，将各级的经济责任与工程数量的管理相关联，防止效益从计量过程中流失。

[主要管理内容]项目经理负责建立项目工程数量控制责任制，项目总工程师为工程数量控制审核主要领导，项目工程部经理为项目工程数量台账管理主要负责人，项目商务、财务负责人负责复核，现场技术干部负责工程数量控制，测量人员配合技术干部现场收方，并确认已完合格工程数量。

方案优化与专家论证机制

方案优化是实施性施工组织设计编制阶段对工程项目人、机、料等生产要素的合理组合和施工技术方案的优化比选。实施性施工组织设计和单项工程施工方案必须进行优化，对采用新技术的项目和技术复杂的重难点工程须经专家论证后方可实施。

[主要管理内容]生产要素配置、施工方法选择、机械设备选型、技术经济性比较。

变更设计责任机制

项目设计变更由项目总工程师负责，若对项目施工产生影响，应及时与建设单位、设计院办理签证变更，合理的变更和变更产生的效益，应对相关人员进行奖励；工程管理部负责核定工程量，收集并整理变更基础资料；商务管理部负责对设计变更进行估算和经济分析，同工程管理部一同核定工程量，定期汇总变更和签证的总金额。

科技与设计管理策略

为实现企业科技与设计管理工作卓有成效，建立科技治理体系，构建科技创新共同体，制定好设计管理战略，实现分阶段的有效管理，做好顶层设计。确保资源投入，通过完善成果转化路径和相关激励制度，强化执行力度。最终落脚点放在人才队伍建设上，建立高端人才培养和激励策略，充分调动优秀人才的工作积极性，整合企业内外部资源，使优秀人才成为科技与设计工作的有力支撑。

企业研究院研发能力培育

【研发组织团队建设】

增进组织间的协作与资源共享，提高专业研发管理能力；同时，充分与高校、科研所开展深度合作，通过项目合作、共建研发基地等途径，充分利用合作单位技术资源和研发力量，实现企业研发能力的提升。

【研发过程管理】

对研发项目的立项、进度计划、项目费用、结项成果等方面进行管理，以提高技术研发的质量与市场化水平。将研发项目，划分成多个小项目来完成，将周期长的项目划分成多个阶段，界定目标，明确责任和风险。

【研发绩效管理】

项目研发目标转化为详尽的、可测量的考核标准，用相对量化的指标追踪研发人员在项目中的绩效表现，制定明确的奖惩机制，变革研发人员的薪酬构成来提升研发绩效管理。

企业设计能力培育

设计处于项目业务链的前端，对后端采购、施工及养护环节具有较大的影响力，施工企业的设计能力优势有助于控制工程施工成本、工程施工履约和准确把控工程预算的准确性等。

第九篇
科技与设计管理

【明确企业设计院业务发展定位】

不要将设计业务当作辅业，没有竞争力的辅业无法对主业起到支撑作用，也无法形成产业链的整体竞争优势。要充分结合设计和施工业务的发展目标，明确设计业务的发展定位，制定相应的组织与资源保障计划。

【提升企业设计院设计能力】

通过内部设计资源倾斜和外部承接方式，适当扩大设计业务发展，通过业务发展，吸引、留住关键人才，着重提升设计能力。

【运用多种方式促进设计与施工融合】

加强设计和施工业务互动和人才交流，促进双方的相互了解，促进设计与施工的融合，推动设计与施工的有机联动。

技术方案预控

建立施工方案检审制度，实行施工方案逐级优化，明确总工程师在成本控制中的作用，把施工方案的科学优化作为控制项目投入的重点，把施工方案同责任成本预算紧密挂钩。

充分发挥各级指导与监督职能，切实履行项目部作为工程项目预控主体职责，按照"分级管理、方案先行、分工实施、书面交底、动态监控"的预控思路，以项目总体筹划为主线，以优化施工方案、资源配置和生产要素为重点，施工方案预控应当遵循"满足合同，兑现承诺；优化方案，降低成本；严格监督，有序控制"的原则组织实施。

[主要管理内容]工程筹划、施工方案及设计（或施工）方案优化、工程数量预控、效益策划、临时设施和过渡工程预控、项目风险辨识、降低安全风险的技术方案或措施。

项目开工前，编制技术方案、对风险源进行识别，组织技术、施工人员认真研读设计图纸，尤其图纸中明确写明的应急处理措施、施工安全要求等，应编制应急预案并进行演练。施工过程中，严格按图纸施工，并按提示的重点部位进行监测和风险预警。

下面以隧道、桥梁、高层建筑为例,叙述具体实施风险管控要点。

【地下工程实施风险管控要点】

矿山法隧道工程主要风险管控要点

序号	风险因素	风险事件	风险管控要点
1	穿越江河、湖泊	透水、突水突泥	有条件排干湖泊水、加强超前地质预报,若发现掌子面大股流水等异常情况,立即封闭掌子面,并进行必要的防灾救援演练
2	断层、裂隙带地层	坍塌	查看地质勘察报告,看裂隙带附近水的情况,必要时先进行降水,发生坍塌时,立即疏散人群,待坍塌稍微稳定后,采用砂带或回填土堆载反压掌子面,并施作超前支护
3	软岩地层	大变形	短进尺,开挖预留变形量,并采用双层或多层支护
4	埋深大、高地应力地层	岩爆	快速施作锚喷支护,强烈岩爆区段开展微震监测预警,同时辅以加强光爆效果、喷洒高压水、人员机械防护等
5	板块运动、火山	高地温	采用复合式耐热衬砌结构,同时加强通风、洒水喷雾和冰块降温,加强个体防护等措施,必要时设机械制冷降温、弥漫式供氧,保障作业环境
6	危石、岩堆	落石、坍塌	先对坡面松动、突出的危岩危石采取爆破或人工清除的方式进行清除,必要时设置防护网,进行洞口仰坡位移、危岩落石防护监测
7	暴雨	雨水倒灌	实时关注天气情况、设置拦水沟、准备水中救援设备等

盾构法隧道工程主要风险管控要点

序号	风险因素	风险事件	风险管控要点
1	穿越建(构)筑物	建筑物不均匀沉降	建筑物周边进行沉降观测,必要时对建筑物进行加固保护,设定穿越的最佳掘进参数,减少超欠挖,同时加强同步注浆和必要的补压措施
2	岩溶、采空区、断裂带	地面沉陷、突水	结合地勘报告进行必要的补充钻探,预先对岩溶、采空区进行地面注浆处理,制定应急预案,配备钻注设备,并进行应急演练
3	孤石、上软下硬地层	喷涌、盾构姿态超限	对孤石、上软下硬地层展开针对性加密补勘,并提前对孤石进行处理,对刀具进行针对性设计,提高破岩能力,降低刀盘转速
4	富水砂层	渗漏、涌水涌砂	采用泥水盾构,螺旋出土器设置防喷涌装置,加大泡沫剂的使用量,做好渣土改良,做好盾尾渗漏、地表沉降等应急预案
5	盾构机进出洞	掌子面失稳、反力架变形	对掌子面加固效果进行检测,必要时采用钢套筒始发、接收;反力架使用前进行设计验算,并焊接牢固

第九篇
科技与设计管理

TBM 法隧道工程主要风险管控要点

序号	风险因素	风险事件	风险管控要点
1	高压涌水层	TBM机淹没、软土地层沉降	掘进前采用超前注浆的方式对围岩进行预处理，掘进中掺加高分子聚合物改善切削土体流塑性，降低土体渗透性，封堵地下水，掘进后采用二次注浆以密实岩体和管片间的缝隙
2	高地应力地层	岩爆	采用超前钻机钻取应力释放孔，通过注入高压水来释放部分围岩应力，采用胀壳式预应力锚杆＋柔性防护网，强化支护结构并有效防止岩爆落石，同时喷射混凝土中掺加速凝剂快速封闭围岩
3	挤压地层	大变形	将护盾和岩体之间的环形间隙扩大，使用锥形护盾－盾前部直径大，防止盾后部受到挤压；使用膨润土，减少护盾和岩石的摩擦
4	块状岩体	刀具、轴承损坏、卡壳	采用降低刀具硬度、加厚刀刃宽度、安装滚刀保护块等措施，对刀具进行保护；进行预注浆粘结块状岩体，提升围岩完整性

【桥梁实施风险管控要点】

桥梁工程主要风险管控要点

序号	施工作业	风险因素	风险事件	风险管控要点
1	斜拉桥钢箱梁吊装	风力	淹溺、倾覆、物体打击	在采用水上浮吊时，每个吊点强度经验算并有足够的安全储备，避免受风力影响增大摆幅，有序指挥，避免浮吊吊臂撞击临时支架、避免发生浮吊与船只的碰撞事故；制定应急救生措施和配备水中救生设备
2	斜拉桥索塔施工	施工工艺不当、违章作业	坍塌、高处坠落	液压爬模/滑模系统进行专项设计并论证，提升系统上升时卸掉不必要的施工荷载；作业平台临边设置防护栏、安全网，并在上下电梯设置防滑、防坠落装置
3	悬索桥猫道施工	天气（大风、暴雨）	高处坠落、物体打击、起重伤害	猫道设计时，可在猫道承重主索外增加制动索，增加猫道竖向及抗扭刚度；采用抗风索或猫道制振体系；两幅猫道之间加设适量的横向通道也可提高猫道的抗风能力
4	悬索桥主缆架设	天气（大风、暴雨）	淹溺、坍塌、物体打击	在索股牵引过程中，采用卷扬机始终反拉索股后端，使索股保持一定的张力，避免索股松弛；减小滚筒宽度、调整拽拉器平衡重位置，避免索股扭转

续表

序号	施工作业	风险因素	风险事件	风险管控要点
5	钢箱梁顶推施工	施工作业不当	钢箱梁破坏	编制专项方案并验证，顶推过程中测量人员跟踪监测梁体中心线位置，发现偏移及时调整；发现跨度无法满足顶推要求时，对方案进行调整，增加临时墩的设置减小反力，或增大聚四氟乙烯板面积减小局部应力
6	转体施工	施工作业不当	运营列车中断	加强桥梁转体结构施工监管，设置专人看守，避免施工人员、机具侵入既有铁路线，检查施工机械和设备的可靠性，配置备用发电机；与铁路部门制定多项应急预案
7	悬臂现浇	违章作业	挂篮倾覆	进行挂篮荷载验算，严格按方案施工，挂篮后端采取可靠的锚固措施，挂篮行走时，设置反压横梁、后端保险挡链、前端限位等防护措施
8	预制梁架设	大风、违章作业	架桥机倾覆	架桥机和挂篮专项设计（荷载验算、挠度控制），正式吊装前先试吊，大风、暴雨等恶劣天气停止作业，跨线施工设置安全防护措施
9	满堂支架现浇	违章作业	支架坍塌	编制安装和拆除专项方案并进行专家论证，人员佩戴安全防护设施，编制应急预案，事故发生后及时进行应急处理和救援
10	深基坑施工	暴雨、违章作业	基坑坍塌	开挖前施作降水工程，严格按方案施工（开挖一层支护一层），进行基坑监测并预警等，编制应急预案并演练

【高层建筑施工实施风险管控要点】

高层建筑主要风险管控要点

序号	施工作业	风险因素	风险事件	风险管控要点
1	基坑开挖	暴雨	基坑坍塌、围护结构失稳或渗漏、坑底涌水	严格按方案开挖（先撑后挖、分层分块对称开挖），坑周边及围护结构处布设监测点、及时预警，编制应急预案并演练、做好防汛抢险措施
2	基础、主体脚手架安装	违章作业	模板满堂支架体系失稳	编制专项方案，并进行支撑体系承载力验算，严格按方案搭设、拆除支撑体系，混凝土分块对称浇筑，确保支撑体系受力平衡

第九篇
科技与设计管理

续表

序号	施工作业	风险因素	风险事件	风险管控要点
3	核心筒模架系统提升	大风、违章作业	核心筒模架系统垮塌与坠落	液压提升系统进行专项设计与验算,附墙件与墙体连接可靠,作业平台严禁超载、不对称堆载,设置同步控制装置、防坠落装置
4	塔式起重机施工	大风、违章作业	失稳、倾覆	严禁超载、斜拉和起吊埋在地下等不明重量的物件,外挂塔吊需安装附墙外挂结构,塔吊爬升前需将塔吊上及与塔吊相连的构件、杂物清理干净,确保塔吊为独立体系,当预知风力大于6级时,立即停止塔机爬升作业,并固定牢靠
5	钢结构桁架安装	施工作业不当	局部垮塌、坠落	钢结构桁架应进行深化设计,模拟钢结构安装过程,进行临时支撑结构设计并验算,当临时支撑结构承受重载或悬挑、跨空时,应进行预压或监测
6	主体结构或装修施工	违章作业	火灾	现场合理分区、平面布置合理,易燃可燃材料单独存放并做好防火措施,材料存放点安放日常消防器材,设置消防通道并保持畅通,应急预案并演练、应急处理和救援

专家治理

整合建筑业内外部专家资源,推行工程"专家治理"制度,集全国或区域各专业有影响力的专家组建专家库,用于解决重难点项目、危险性较大分部分项工程、现场技术难题和特殊地质项目的决策与解答,提升企业的专项核心施工能力。

[主要管理内容]项目投标、项目策划、工筹梳理、安全风险评估、专项方案论证、难点项目管控,重点解决技术瓶颈,破解重大技术难题,预控施工安全质量风险,提高项目综合履约能力,提升企业核心技术的社会影响力。

第十篇　人才队伍建设管理

培育优秀人才队伍，储备企业发展后劲，是企业人才战略的长期任务，新时代企业之间的竞争就是人才的竞争，企业没有一批德才兼备、年富力强、有胆有识、精明强干、扎实有力的人才，就不可能实现高质量发展，只有形成了传承有序的人才梯队，建立了人才库资源，企业才有可能行稳致远，基业长青。

人才队伍管理理念 / 248
人才是企业第一资源的理念
领军人才是企业发展基石的理念
人人皆可成才的理念
创业平台是培养人才关键的理念
队伍持续卓越是企业行稳致远支撑的理念

人才队伍建设管理 / 250
人才发展战略
干部职业发展通道
关键人才梯队建设
人才队伍培养管理
领导者思维与用人导向
人力资源信息化管理

人才队伍管理策略 / 269
人才引进机制
人才激励机制
员工培育机制
干部培养机制
干部考评机制
干部选拔机制
干部交流机制
干部淘汰机制

人才是企业第一资源。企业的兴衰存亡、企业的持续稳健发展，最为重要的战略管理是人才队伍建设，领导者必须正确认识人才建设的重要性，快速完善"引－选－育－用－留－汰"机制、流程和制度，逐步转变为全方位培养、引进、用好高素质人才的管理理念，管理好企业所需要的高素质、有活力的优秀人才队伍。

人才队伍管理理念

人才是企业第一资源的理念

功以才成，业由才广。人才是支撑和引领企业发展的第一资源和核心要素，管理大师德鲁克曾说"企业只有一项真正的资源——人。管理就是充分开发人力资源，以做好工作"。

企业高质量发展依靠的是团队。新时代的建筑业，对优秀人才的需求比以往任何时候更为强烈，建筑企业要加大人才队伍梯队建设，制定科学的人才战略规划、举措机制，不断做大优秀人才团队，并优化人才结构。唯有这样，企业才能实现稳健、长远的高质量发展。

领军人才是企业发展基石的理念

领军人才是企业人才队伍的核心，是企业发展的"头部"人才团队，是高层次人才的重要代表，是企业战略目标顺利实施的关键，只有拥有领军人才队伍，企业才能引领行业而获得持续发展。

领军人才队伍涵盖各业务线条，起到行业专业引领作用。领军人才培养、选拔和任用有着非常重要的旗帜作用，打通领军人才队伍的职业通道，使工资薪酬、行政待遇、晋升级别与企业薪酬一致，力求公平、公正、公开。只有领军人才团队与企业坚守相同使命，秉承相同价值观，朝着企业共同目标努力，企业才能形成无坚不摧的战斗力。

第十篇
人才队伍建设管理

人人皆可成才的理念

人人皆可成才,体现了人才个体的多样性、人才潜能的无限性和人才价值的多元性;不同行业、不同领域、不同学历的人,只要具有一定的专业知识或技能,努力进行创造性劳动,实现个人价值,都可成为企业发展所需人才。

企业领导者应带头树立人人皆可成才、人人尽展其才的科学人才观,让人人皆可成才的观念深入人心,让每名员工都能点燃成才的渴望、坚定成才的信心。同时,尊重人才成长规律,鼓励企业员工充分发挥聪明才智,立足岗位成长成才,努力做到各得其所、各展其长、各显身手,成为企业需要的可造之才。因此,企业根据需要对不同人才进行专业培训和能力培养,通过科学的任职资格体系将合适的人才配置到合适的工作岗位,准确执行企业的战略和决策,企业的组织能力才能得到有效的发挥。

创业平台是培养人才关键的理念

企业为员工提供创业平台是提高企业竞争力的关键、也是引才育才的关键。企业为员工提供创新创业平台,实现企业利益和个人利益的高度统一,可深度启发全体员工的想象力,广泛集结个人智慧与经验,推动企业管理和技术创新,增强企业内部活力,挖掘各类有利于企业业务拓展的可行建议。从而构建企业竞争力逐步提高、人才辈出的新发展格局。

企业只有通过有人才战略目标、有统筹规划的企业人才培养管理,才能发现和培育适合企业发展的各类人才。一是能力,不断培养提升与企业发展、岗位需要相匹配的素质能力,把懂管理和精业务有机统一起来,既要强化管理能力、提升领导视野,又要持续完善知识结构、潜心钻研业务。二是担当,要把人才放到企业发展最需要的地方去,到更能磨砺提升的岗位上去,扛得了重担,打得了硬仗,经得住磨难,切实地把企业交予的责任扛在肩上、落实到行动上。三是执行,要着力培养人才队伍干事创业的激情、不惧困难的拼劲和不讲条件的执行力,不折不扣地将企业的制度、要求落实好,做到与企业发展战略和上级工作意图同频同振。四是品格,人才品格攸关企业的永续竞争力,要切实增强人才队伍为企业发展倾心奉献的自觉性和坚定性，专注本职岗位、注重工作实效。五是胸怀，大胸怀才会有大作为，要从服务整个企业发展的站位出发，把握大势、着眼大事，找准工作切入点和着眼点，做到应势而动、顺势而为。六是礼仪，商务礼仪不光是礼节，它是企业文化、企业精神的重要内容，是企业获得外界信任和支持的一种重要方式。

队伍持续卓越是企业行稳致远支撑的理念

企业快速、稳健、高质量发展依托的不是个人英雄主义，而是高度互动、高度合作的组织；现代企业的竞争，从某种程度来说是企业人才的竞争，是员工队伍整体素质的竞争，拥有一支积极进取团结合作的卓越队伍是企业行稳致远的法宝。

企业领导者需具备战略思维能力，具有正确的行业前沿管理理念和行业战略前瞻性，始终保持团队持续卓越。领导者要找到企业差异化核心竞争力；领导者要谋划正确的事；领导者要树立业主是成就企业的上帝；领导者要重视行业前沿管理的战略实施；领导者要尊重历史、尊重贡献。企业需要在团队建设上未雨绸缪，持续培养团队的领导力、执行力、前瞻性思维，只有队伍优秀，团队卓越，企业才能走得更稳健。

人才队伍建设管理

企业要让人才始终始终保持奋斗的活力，能够在市场搏击中具有竞争力，支撑企业的可持续发展，并在市场竞争中顺应环境变化独占鳌头，就必须构筑适应企业自身人才战略规划体系，打造人才职业发展多元通道，推动人才资源的整体性挖掘，建设衔接层次分明、结构合理、规模庞大的人才梯队。

人才发展战略

人才是支撑和引领企业高质量发展的首要资源和核心要素，新时代建筑企业迎来巨大挑战，随着PPP、EPC、新型建筑工业化、区域都市圈、城市更新、国际化等国家战略实施，企业原有的人才专业结构、知识结构、能力结构与新

第十篇
人才队伍建设管理

时代背景下的新技术、新业务、新模式、新市场不相匹配。根据市场竞争要求，企业需要一支在各个关键岗位锻炼、德才兼备的高级管理团队；需要一支精明果敢的项目经理团队；需要一大批专、精、严谨、敬业的技术干部团队；需要在本专业条件有较深造诣的专家骨干团队。

企业对复合型人才、创新型人才、领军人才、国际化高端人才、适应数字化管理的综合人才等的需求愈加迫切，人才队伍管理将面临新课题，企业战略的转型升级必将带来人才需求的多样化。

【人才数量与结构】

人才数量是人才结构的保障，科学的人才结构是推进历史、社会进步的根本。人才数量与人才结构管理要与企业的经营模式相匹配，要从企业经营模式入手分析企业的人才储备情况。根据企业业务的定位和市场竞争性来规划人才数量及结构，以保持协调发展。

人才数量与结构的分析及实施是一个系统工程，企业要坚持能力发展导向，不断调整人才结构，建立竞争淘汰机制，使人才结构满足业务发展需求。只有坚持制度创新，以人才数量为基础，以结构化管理为目标，从长远性、系统性进行规划，确保领导干部队伍年龄结构及配备方案满足企业的可持续发展，才能实现人才资本的最大化。

【专业素质与能力】

要实现企业的战略目标，团队必须有与之相匹配的专业素质与能力。新时代的建筑企业对人才队伍的综合素质提出更高要求。增强企业的经济实力，提高企业的核心竞争力的关键在于建立一支精干、高效的复合型人才队伍。企业应加强员工岗位技能培训，健全员工培训机制以逐步提升员工的专业素质与能力。根据各岗位的优势和特点，开展技术创新、技术比武和岗位练兵等活动，激励员工在市场竞争机制中站稳脚跟，更好地适应市场和企业发展的需求。同时，积极开展扎实有效的员工岗位技能培训工作，增强企业员工技术水平，有力推动企业高质量发展。另一方面，企业应针对关键岗位所需具备的素质及能力建立胜任力模型，并将胜任力模型应用于引进人才管理、培训与人才开发、干部晋升等人力资源管理中。形成干部人才梯队和领导人才梯队，并建立人才库。

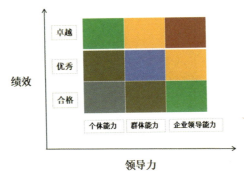

人才管理胜任力模型图

【培养机制与考核】

人才培养机制与考核要与企业战略目标相匹配。以企业战略目标为导向，实施人才队伍管理，对各类型人才当前优势、成长短板、个人风格等进行刻画，从而明确其培养方向和制订培养措施。同时，利用日常考察、年度考核等方式，对培养对象进行考核评价，根据考评结果调整培养方式，及时补充有潜力的人才队伍，将发展潜力不足的员工进行动态调整，以保持人才团队活力，防止员工出现止步不前、安于现状等情况。

干部职业发展通道

根据企业战略目标对人才队伍的需求，结合各岗位类型的职业发展特征，建设多通道职业发展体系是现代建筑企业干部队伍建设和薪酬体系建设的客观要求。

干部多通道职业发展体系建设有助于突出企业战略导向，形成符合企业实际需求的人才规划体系，这是一个系统复杂的过程，涉及规划、招聘、薪酬、绩效、培训管理等多方面，贯穿于人才"选育用留淘"的全过程，对人才队伍建设起到关键作用。

第十篇
人才队伍建设管理

职业发展通道体系中的职位设计、层次结构设计,是结合企业发展战略、组织结构、关键流程的解读分析后设计形成的,与企业未来发展密切相关。企业应从内部环境着手,盘点现有员工数量、能力结构,以及识别外部环境变化后各业务板块、职能板块所需的核心能力,找出新业务所造成的结构性缺口状况,从而制定出相应的人才队伍建设规划。同时,通过职业发展通道体系的建设,助力企业吸引人才、留住人才、激励人才,使员工实现自身价值,找到归属感,激发员工的工作激情,提高员工对企业的敬业度和忠诚度,从而推动企业人才队伍建设的发展。

【职级体系】

职位职级体系是人才管理体系中的重要内容,关系到员工职业发展,也关系企业未来健康稳健发展。职位职级发展体系的建设可激励员工不断提高自身素质,引导员工自主进行职业生涯发展规划,为其提供多条职业发展路径,进一步拓展提升空间。

比较认同,参照军队军衔与军职的对应体系,设置企业的多通道职业发展规划。以工作内容、工作性质相似岗位形成岗位序列即按照专业职责、任职资格等划分为行政管理序列、专业技术序列、项目经理序列、顾问专家序列、操作工勤序列等,各序列按工作性质、工作经历、能力素质和业绩贡献划分为不同的职级。职级与岗位不是一一对应关系,职级体系和职位(岗位)体系双驱动,共同构成企业员工职业通道和晋升体系。

比较认同,领导干部推行36915原则,即在系统内担任同一层级领导职务累计达到15年的,一般不再推荐、提名或任命担任同一层级领导职务,退出领导班子,职级待遇不变,从事具体业务工作;主要领导干部在同一岗位连续任职达6年的,一般安排轮岗交流;在同一岗位连续任职达到9年的,应进行轮岗,总工程师、总建筑师、市场营销领导等岗位可适当放宽。领导人员距离退休年龄3年时,一般不再担任领导职务,可安排巡视员同等职务,职级待遇不变,从事具体业务工作。

建筑企业管理精要
Construction Enterprise Management Essence

建筑企业集团（局）干部职级对应示意图

干部职级	参照行政职级	工勤技师系列	专业技术序列	项目经理序列	行政管理序列（根据规模分为1-4类二级公司）				
					机关	二级公司（1类）	二级公司（2类）	二级公司（3类）	二级公司（4类）
一级	正处级+				董事长、党委书记、总经理				
二级	正处级		首席工程师	首席经理	总经理助理、副总师级	董事长、党委书记、总经理			
三级	副处级+				部门正职	班子副职、总经理助理、副总师级			
四级	副处级		资深工程师	资深经理	部门副职	部门正职	董事长、党委书记、总经理		
五级	正科级		主任工程师	一级经理	部门经理助理、高级经理	部门副职	班子副职、总经理助理、副总师级		
六级	副科级+	资深技师		二级经理	业务经理	部门经理助理、高级经理	部门正职	董事长、党委书记、总经理	
七级	副科级	高级技师	主管工程师	三级经理		业务经理	部门副职	班子副职、总经理助理、副总师级	
八级	主任科员	技师					部门经理助理、高级经理	部门正职	董事长、党委书记、总经理
九级	副主任科员	高级技工	工程师				业务经理	部门副职	班子副职、总经理助理、副总师级
十级	科员	技工						部门经理助理、高级经理业务经理	部门正职、部门副职、业务主办（助理）

第十篇
人才队伍建设管理

【人才成长路径】

企业应为员工设定明确的职业发展方向和成长路径,将人才培养分为入职融合阶段、技能提升阶段、专业成才阶段等三个阶段,细化每一个阶段的培养目标、培养重点、培养措施等内容,为人才成长定制"专属套餐"。同时,畅通员工的多职业发展通道,帮助每一名员工找到适合自己的定位,让人才成长的目标清晰可见。

企业应加强对新员工、基层员工、核心员工的培训、轮岗锻炼等活动,为员工提供多种技能的学习,注重员工素质和技能的全面培养。对系列活动的成果,分阶段及时进行验收,明确考核标准,严格考核程序。通过考核,加强对员工自身专业技能和素质能力的认知,为员工成长成才打下坚实基础。

【考核晋升与退出】

以企业价值目标为导向,针对各岗位序列规划,设定员工能力提升的发展管理体系,并以此作为基本框架,设计员工的晋升机制,包括薪资等级晋升标准、岗位级别晋升标准、组织能力晋升标准等。明确在晋升节点的评价方法、责任部门、动态管理举措等关键要素,确保管理机制实施的完整与可执行性。同时,明确定期考核周期时间及考核方式,每2年对现有员工所在序列个人职级考核评审,考核合格者入位晋位。

【职业发展培养机制】

根据各序列职业发展规则,制定相匹配的人才专业能力培养路径,坚持正确用人导向,建立合理的激励机制,优化人才结构,将企业人才交流、使用列入人才培训和选拔任用统一规划,培养使用年轻干部,为企业可持续发展提供人才保障。同时,注重专业技能的提升,打通各岗位的职业发展通道,统一规划各级各类员工的专业知识培训和岗位培训,创新培训内容,改进培训方式,全面提高企业员工素质。

关键人才梯队建设

人才管理的核心是打造持续的人才梯队,干部人才梯队建设将是企业实现基业长青的基石。关键人才梯队建设能够引导企业从企业内部和市场中发现优秀人才，在实践中培养大批人才，同时激发人才的创造精神，形成继任者的人才源泉，为实现企业的愿景和战略目标提供坚实的人才保障。

【人才梯队建设模型】

企业应根据发展规划，明确现阶段及未来所需的人才类型，合理引进、培养和储备人才，并定期对企业人员进行评估和管理，调整、安排好人才职级，确保把领导干部安排在最适合自己的工作岗位上，从而发挥其最大潜力。

人才梯队结构可以分为三个层级，即后备层、骨干层、领军层。后备层是企业需要长期进行能力建设培养的对象；骨干层是梯队建设的主力军，起到人才蓄水池的作用；领军层是企业高级别领导干部的摇篮，是企业内控管理和行业前沿管理的引领者。

人才梯队建设模型图

【关键人才识别】

关键人才可助力企业实现差异化竞争优势，关键人才识别的基础是核心岗位的识别，要结合企业的发展战略，围绕与核心业务关联程度与岗位外人才的外部稀缺性，进行多维度评估。通过人才盘点的方式，从潜力、业绩、岗位经验等方面进行关键人才的识别。

现代建筑企业的关键人才：行政管理人才、经营管理人才、专业技术人才、复合型党群人才、领军人才（桥梁、隧道、地质、超高层建筑、检测）、创新型

第十篇
人才队伍建设管理

管理人才（国际化商务人才、投融资管理人才、EPC管理人才、新型建筑工业化科技人才、数字化管理人才）等。

【梯队建设标准】

人才梯队建设是一项相当复杂的系统工程，与企业人力资源战略规划、人才招聘（包括内部招聘和外部招聘）、人才培养、培训管理、职业发展管理、晋升管理、薪酬激励、绩效考核等息息相关。

企业应制定人才梯队建设标准，明确职责分工，规范人才梯队建设过程，确定人才梯队建设的工作内容和范围，通过有效管理，保证人才梯队建设工作高效、顺利运行。

人才队伍培养管理

当前全球市场竞争越来越激烈，企业要想在市场竞争中立于不败之地，必须培育与市场需求相适应的人才队伍，必须建立多层次、多方位的人才体系，发育产业优势，培养技术专家与投融资、新型业务管理专家，涵盖营销、技术、研发、设计、融资、管理等诸多方面。

在团队管理中，要关注核心人才，不断培养发展，企业才能具有无穷发展动力。针对不同人才梯队，需进行分类、分层、分级培养。

【人才培养原则】

企业人才培养应着眼于"五原则"，才能在关键岗位上成长成才。即一是紧跟企业发展需求，培训内容结合企业发展目标设定；二是服务于项目管理，培训课程内容结合企业精细化管理为目的；三是融合团队，让企业人才队伍有效融合，形成团队战斗力；四是培训激励员工，提升干部工作技能和工作热情，做好本职工作；五是促进干部员工快乐成长与全面发展，提升干部队伍综合素质能力，在工作和生活中创造快乐，分享快乐。

同时，构建系统科学的培训体系，严格人才序列管理，推进分类分级培训方式。培训课堂采用大学教授讲堂、专家讲堂、领导讲堂、人人上讲堂的形式，在培训结束后，经考核和评价纳入人才库档案管理。

【人才培训体系模型】

人才培养体系应以企业战略目标和员工绩效设置。在搭建人才培养体系时，应对企业已有的培训资源、当前培训工作的痛点、难点，以及未来培训工作期望进行综合梳理研判，形成四大系统，即人才培训需求体系、人才培训建设规划体系、人才培训资源体系和人才培训考核评价体系。

【人才培养的四个坚持】

建筑企业人才培养应坚持成熟人才引进＋导师带徒双轮驱动，信息技术IT＋业务骨干轮岗双轮驱动，业务管理＋专业技术双轮驱动，专家教授＋领导干部交流双轮驱动的人才培养机制。

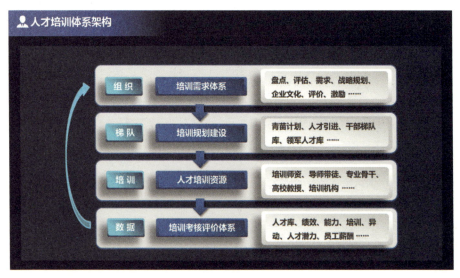

人才培训四大系统模型

【人才培养的创新模式】

人才培养模式决定人才能力素质的培养，没有人才培养模式的根本创新，便无法提高人才培养质量，创新型人才的培养尤为显著。企业可从优化梯队结构，创新培养模式，实施调训式教育培养、选派式挂职培养、轮岗式交流培养、

第十篇
人才队伍建设管理

抽调式锻炼培养等模式创新，为企业人才的发展提供支撑。

领导者思维与用人导向

人才是企业发展的核心动力之一，是企业最具有能动性的宝贵财富。企业的兴衰存亡，很大程度上取决于人才队伍的建设，而人才队伍的建设离不开领导者的思维与决策。作为一个优秀的领导者，应具备相应的综合素质和用人理念，且具有大视野、大格局、大胸怀、大担当、大气象。唯有这样，企业的发展才能基业长青。

【企业的稳健高质量发展依靠的是团队】

新时代的建筑业，市场分工越来越细，专业精细化程度越来越高，企业的发展必须有优秀的管理人才团队和技术人才团队的支撑。团队的强弱是企业凝聚力和战斗力的充分体现，也象征着企业后继发展实力的大小。

企业领导者必须坚持发展是第一要务，人才是第一资源，创新是第一动力的理念。放眼行业引才，不拘一格用才，搭建平台育才，用心留才。要重视专业化人才、高素质的管理人才、创新型业务及研发人才的引进和培养，建设稳定的、更具活力和创新力的团队，实现企业高质量发展。

【领导者要给有才华想干事的人一个创业做事平台】

"海阔凭鱼跃，天高任鸟飞"，要最大限度地为有才华、想干事的人创造条件、提供机会，唯才是举、唯才是用，让他们的智慧和才华得到充分发挥。以高质量人才助推企业高质量发展，构建人才发展和企业发展双赢的新局面。

【领导者要尊重企业历史、尊重人才贡献】

"以史为鉴可以知兴替"，企业的历史是前人的奋斗史，企业文化是企业历史的集中表现。领导者要尊重过去、尊重前人的贡献，从历史中总结企业发展的规律，用来指导现在乃至未来的决策。同时，站在前人的肩膀上树立更加积极向上的企业价值观，为企业的发展和人才的培养做出更大的贡献。

【领导者要谋划正确的事】

"谋先事则昌，事先谋则亡"，这一切均以谋划正确的事为前提，谋划对企业发展的重要性不言而喻。要谋划正确的事，首先要提高认知水平，认知出了问题，研判就会失真，决策就会失误，执行就会失败，这将会对企业的发展起阻碍作用。可见，乱决策比不决策更可恶。谋划正确的事，就要从现实出发，尊重事物发展的客观规律，用超前的眼光做出每一个重大决策，这是企业稳健发展的基础。

【领导者要具备企业差异化发展的竞争力意识】

差异化是企业获得竞争力的最终途径，有效的差异化，能使企业在竞争中表现出自己的独特吸引力，而这个独特优势不能轻易地被竞争对手所模仿，可使企业享有高价所带来的厚利。

领导者要具备企业差异化发展的竞争力意识，加强对市场的调研分析、研判市场走向、用前瞻性思维规划企业的发展，着力为客户提供有别于其他竞争者的个性化产品、服务和品牌，形成企业的核心竞争力。

【领导者要树立业主是成就企业的上帝的观念】

建筑企业能否拿到"订单"取决于企业与业主之间的共识，领导者应在企业内部树立业主是成就企业的上帝的观念，努力提高企业履约能力，做到完美履约。同时，要实现从施工建造企业向服务型建造企业的转变，充分发挥企业自身优势，在进行施工建造的基础上，辅以专业咨询和项目管理，为业主提供可感知的增值服务，在提升企业获利空间的同时提高业主的满意度和认可度，与业主方在意识上产生共鸣，并在利益上实现互惠共赢。

【领导者要重视前沿管理战略和前沿技术的实施】

数字经济时代，产业数字化和数字产业化浪潮席卷全球，为企业创新发展带来极大的挑战和机遇。

在数字化的大背景下，传统的管理战略和技术已经难以适应市场的需求，领导者应该重视前沿管理战略和前沿技术的实施，先人一步实现企业数字化转型。采取产学研相结合的方式，促进前沿技术的发现，完善成果转化机制，营造出有利于前沿技术产出的企业环境。同时，抓住数字化浪潮带来的红利，突

第十篇
人才队伍建设管理

破管理和技术壁垒,成为行业的引领者,提高企业在行业内的地位和影响力。

【领导者要树立正确的人才价值观】

企业价值观对企业发展意义重大,领导者不仅要强化员工意识,还需要每个员工在工作中践行企业价值观。领导者要树立正确的人才价值观,并着力提高员工对企业核心价值观的认同感,企业与员工之间就能形成持久的精神纽带,将个人发展、企业命运更紧密地结合在一起。如此,企业才能更好地"择才""聚才"和"用才"。

【领导者要树立正确的选才育人用人观】

"善于发现人才,团结人才,使用人才,是领导者成熟的标志之一",作为领导者,只要树立正确的选才、育人、用人观,就能够开创一个人才济济、人尽其才的新局面。要坚持德才兼备和注重绩效的选用人才原则。

德才兼备与绩效是统一的、相辅相成的,既不能割裂,也不能偏废。重才轻德,可能使某些心术不正、颇有"歪才"的人得到重用,对企业的利益带来损害;重德轻才,可能会把一些品德虽好但才华平庸的人提拔到领导岗位上,不利于企业事业的发展。

要从陈旧观念束缚中解放出来,破除论资排辈、迁就照顾和凭个人好恶等陈旧落后观念,不断拓宽选拔任用人才的范围和渠道,不拘一格选拔人才。

要摒弃求全责备,坚持用人之长。领导者要克服求全责备的偏见,对员工的长处、短处、优点、缺点进行全面、客观的分析,做到看本质、看发展,用其所长,避其所短。这样,企业就会涌现出更多的人才,企业的发展也将会更加兴旺发达。

人力资源信息化管理

建筑企业存在机关人数多、管理手段单一、管理链条长等现象,随着企业的发展与规模的扩大,人力资源部门将面临更加繁重的工作,传统的人力资源管理难以适应建筑企业发展的需求。新时代的建筑企业应寻求扁平化、信息化、智能化的管理手段,提升工作效率,促使企业成为行业引领者。

和传统的人力资源管理模式相比，信息化管理具有管理效率高，差错发生率低，人力资源信息清晰，选人用人决策快等优势。随着信息技术不断迭代，管理者逐步将数字化管理创新思维融入人力资源信息化管理中，人力资源管理信息系统不再仅拘泥于简单的流程和模块，而是从新的业务场景中去探究需求，运用创新思维进行顶层设计和管理。

【人力资源管理信息系统架构】

围绕人力资源管理岗位实际，运用场景化思维系统梳理各业务场景之间的关系，包括时间、地点和人员，根据不同业务场景对系统进行再设计，实现场景价值最大化。人力资源管理信息系统划分为基础层、业务层、战略管控层。

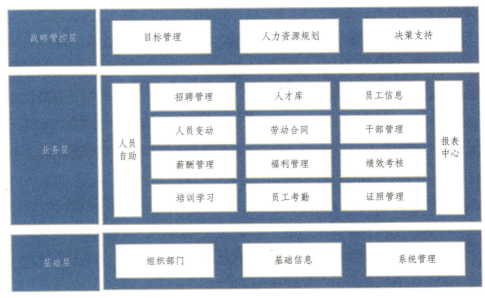

人力资源管理信息系统架构图

[战略管控层]服务于企业发展战略，主要服务对象为企业管理者，包含目标管理、人力资源规划、决策支持。

目标管理： 企业制定的人力资源管理目标相关内容。

第十篇
人才队伍建设管理

人力资源规划： 企业制定的人力资源发展规划方案相关内容。

决策支持： 可视化的图表数据分析，支撑管理决策。

[业务层] 服务于企业人力资源业务管理，主要服务对象为企业人力资源管理人员，包含员工个人自助、报表数据中心、招聘管理、人才库、员工信息、人员变动、劳动合同等。

招聘管理： 职位管理、信息发布、注册登记、简历管理、面试。

人才库： 人才规划、人才评估、人才管理。

员工信息： 人员基本信息、工作信息、职称信息、履历信息。

人员变动： 人员入职、调配、离职、退休。

劳动合同： 劳动合同管理、劳动合同预警。

干部管理： 干部队伍建设、干部管理。

薪酬管理： 薪资方案、薪资审批发放、薪资结构分析。

福利管理： 福利方案、福利缴纳、福利分析。

绩效考核： 沟通反馈、绩效评估、绩效考核、绩效分析。

培训学习： 培训项目管理、课程管理、在线考核、进度管理。

员工考勤： 假期管理、考勤、休假。

证照管理： 学历学位证书、职称证书、从业证书、注册资质证书。

人员自助： 负责员工自助（个人档案、薪资福利查询、绩效查询）、经理自助（员工档案、绩效评价、流程审批）。

报表中心： 花名册、业务台账、管理报表、自定义报表。

[基础层] 服务于企业人力资源基础信息管理，主要服务对象为企业人力资源信息化管理人员，包含系统支持环境以及人力资源管理基础档案、标准等数据。

组织部门： 组织单位与部门的管理。

基础信息： 岗位信息、薪酬体系、福利方案、职务职级、职称档案、学位学历等人员相关人力基础信息档案。

系统管理： 人力资源信息系统管理与配置。

【人力资源分析体系建设】

人力资源信息化管理的价值主要体现在对企业发展战略的服务与支撑,通过对人力资源数据纵向、横向对比分析,提高企业管理者决策的科学性和合理性,从而发挥巨大的管理效益。

构建人力资源分析体系,明确人力资源管理主要业绩指标,通过对信息资料进行指标化、定量化地加工和分析积累大量数据,实现数据系统可视化,从而掌握业务的运行状态和发展趋势。

人力资源分析体系应包括领导桌面、劳动力情况、人力成本情况、人才持续竞争力和人力投资产出等多方面的内容。

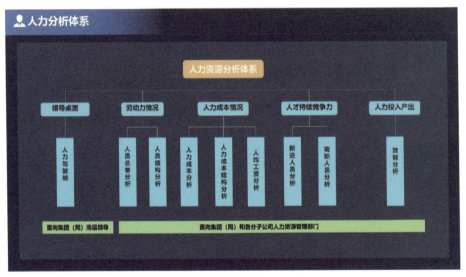

人力资源分析体系图

[领导桌面]领导桌面也称人力资源管理驾驶舱,主要面向集团(局)高层领导,包含员工总人数、工资总额、人均利润、人员结构等关键指标。同时可以及时反映各分子公司人力资源管理现状。

第十篇
人才队伍建设管理

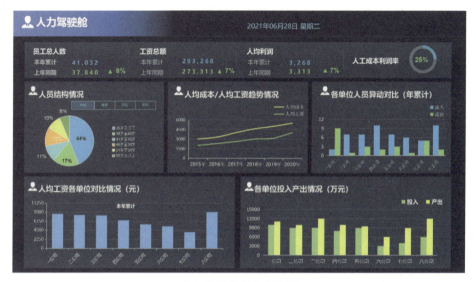

人力资源管理驾驶舱图

[劳动力情况]面向集团（局）和各分子公司人力资源管理部门，包括人员总量分析、人力资源结构分析。

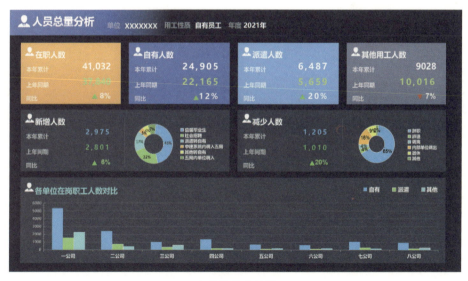

人员总量分析图

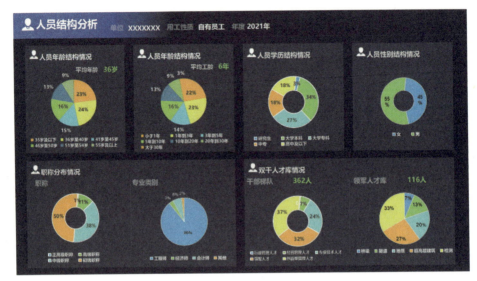

人员结构分析图

[人力成本情况]面向集团（局）和各分子公司人力资源管理部门，包括人力成本分析、人力成本结构分析、人均工资分析。

人力成本分析图

第十篇
人才队伍建设管理

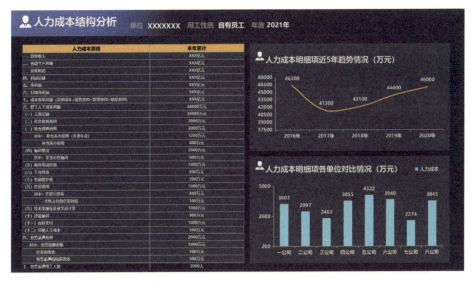

人力成本结构分析图

人均工资分析图

[人才持续竞争力]面向集团（局）和各分子公司人力资源管理部门，包括新进人员分析、流失人员分析。

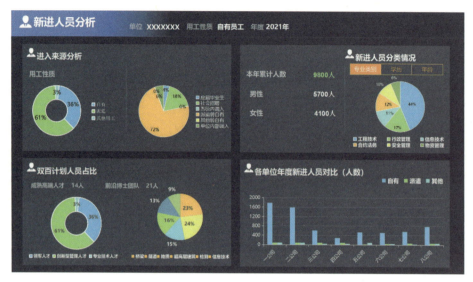

新进人员分析图

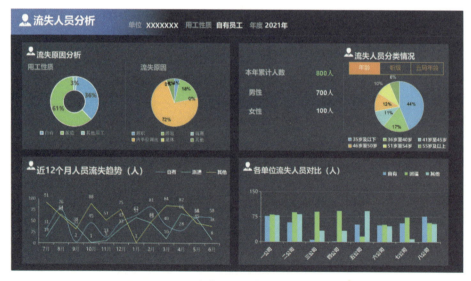

流失人员分析图

[人力投资产出]面向集团（局）和各分子公司人力资源管理部门，主要包括效能分析。

第十篇
人才队伍建设管理

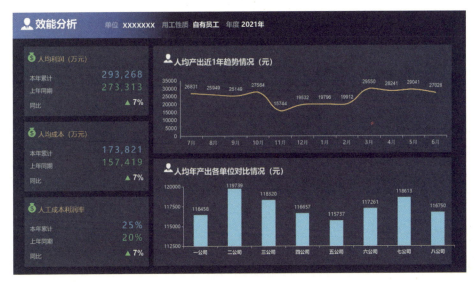

效能分析图

人才队伍管理策略

科学合理的人才管理机制能够推动企业创新健康发展，加速企业高质量发展进程，是提升企业整体竞争力的关键。在人才队伍建设上，要不断加大优秀人才引进力度，为企业输送更多新鲜血液；同时，不断优化现有员工培训及培养体系，不断完善用人机制和激励机制，更好地发现人才、培养人才、使用人才、激励人才，稳步提升优秀人才对企业的认同感、归属感和成就感。

人才引进机制

人才引进是人才发展战略的重要环节，是人才战略开展的前提。若人才引进工作得不到落实，人才发展便无从谈起。人才引进工作是一项涉及方方面面的系统工程，必须完善运行机制，加强宏观指导和协调配合，加强考核和督促检查，形成推动各项工作落实的整体合力，确保人才引进工作落到实处，促进优秀人才脱颖而出。

大中型企业可实施"双百人才引进计划"，即引进成熟高端人才200人，引进前沿博士团队200人,用市场化手段加大人才引进、使用和融合力度,激励人才队伍活力。不断增加人才总量,优化人才结构,提高人才素质,打造建筑业人才聚集高地,筑牢企业高质量发展的基石。

人才激励机制

企业应积极对标行业标杆企业,完善有利于激发创新活力的激励保障机制,按照市场化原则不断创新激励机制,积极探索中长期激励方式。技术是企业管理之基,技术人才队伍建设尤为重要,对领军人才、创新型人才、技术研发人才分层级、分专业按市场行为制定相应的薪酬体系,不拘一格用人才。

大中型企业可实施"双千人才计划",即建立干部梯队2000人人才库,建立领军人才2000人人才库,并制定评价、晋升、淘汰相应配套措施,重视精神激励,最大限度调动人才的积极性。

此外,市场营销人员和项目经理的绩效薪酬要及时考核,即项目中标书签订,商务与审计同步、结算竣工40天后,应及时兑现,提高一线作战人员的工作激情,使一线人员始终保持昂扬向上的斗志。

员工培育机制

从组织体系、资源体系、实施体系对培训体系进行优化,构建基于战略引擎和素质能力匹配的分层分类培训体系,即:培训主体分层分类、培训对象分层分类、分专业板块、分区域,以及线上与线下相结合。具体来讲就是要建立企业的员工培训学校或专门机构,整合内部讲师、领导讲师与高校、社会培训机构等资源,按企业战略发展目标,实施有针对性的培训规划。

对有培育潜力的校招青年人才,坚持源头培养、跟踪培养;对优秀年轻干部逐人指定培养计划,落实培养措施,提高青年员工成才率,夯实年轻干部培养根基。

干部培养机制

领导干部是具有一定管理经验及岗位层级的优秀人才。建筑企业的干部培养应从项目管理团队抓起,特别是要从项目经理、项目总工入手,通过确立培

第十篇
人才队伍建设管理

养标准、严格选拔流程、明确培养方式、重视培训评估等措施，对培养对象制定培养方案，开展由低到高的孵化营、成长营、精英营干部培训。公司层面总工程师应进入企业核心管理团队。

干部考评机制

企业应建立全方位、分层级的干部考评体系。以目标管理为导向，运用多维度测评、能力素质模型等方法，对干部的政治素质、经营业绩、团队协作、作风形象等全方面进行综合考评。

干部考评推行考核结果强制分布，运用多维度测评方式，结合个别谈话、听取意见、综合分析研判，确定干部的考核等次，运用 A、B、C 进行考核等级强制分布，即优秀等级 A 占 20%，合格等级 B 占 70%，不合格等级 C 占 10%。连续多次考核为 A 的，优先考虑职务的升迁及本人职业生涯发展规划。连续三次考核为 C 的，降低其个人职务级别或调离原岗位。

干部选拔机制

确定领导干部的胜任力模型，根据模型定期对干部进行人才盘点，坚持专业能力与业绩双指标评价体系，通过内部推荐、外部交流、公开遴选或者竞聘上岗、公开招聘等方式对干部进行选拔任用。比较认同最优选拔机制，即选择项目经理原则上应从项目总工中选择，新上项目的项目经理应从在建项目经理中选取；分公司领导班子应从优秀项目经理中选取，分公司主要领导应从市场经营领导中选取；公司领导应从分公司主要领导中选用；集团（局）领导班子从公司主要领导中选用。选拔干部原则上有下级类似经历。

干部交流机制

在企业内部搭建干部流动平台，建立干部廉洁规避性交流（商务、财务、纪检等岗位）、培养性交流和关键岗位历练交流机制（党政领导干部等），对不同类型的干部要有不同的重点，依据每名干部的自身特点量体裁衣，注重通用性与专业性的结合。助推干部多业务线条、多岗位历练，加强领导干部队伍建设和增强领导班子活力。此外，市场营销、总工程师等岗位，个人认为平级不宜交流。

干部淘汰机制

企业应坚持"畅通出口,末位淘汰"的原则,以确保人才队伍的活力。坚持试用期考核、每半年一次绩效考核、劳动合同到期考核等多种形式的考核,并严格考核结果运用。

在干部考评结果中考核结果偏低的,经分析研判确属不胜任或不适宜担任现职的,应进行换岗或末位淘汰。连续三次被评为C级的干部进行降级、换岗或者淘汰,实行干部"能上能下"的动态管理,确保人才队伍的活力。

参考文献

[1] 鲁贵卿. 建筑企业信息化的根本出路在于融合[J]. 中国建设报，2018.

[2] 鲁贵卿. 再谈构建行业生态发展共同体[N]. 2021.

[3] 肖亚庆. 加快形成"三个一批"培育具有全球竞争力的世界一流企业[N]. 2018.

[4] 王珺. 实施责任成本管理存在的问题和措施[J]. 经济师，2011.

[5] 孙启龙. 施工项目承包制管理办法[J]. 科技创新导报，2011.

[6] 易军. 跨入全球建筑地产集团前三强[J]. 施工企业管理，2011.

[7] 李勇. 工程施工合同的风险分析及防范[J]. 科技咨询，2014.

[8] 余绍宁. 浅议构建人才队伍建设的长效机制[J]. 科协论坛：下半月，2017.

[9] 张帆. 浅谈建筑工程施工项目质量管理的数字化发展[J]. 城市建筑，2017.

[10] 杜霞. 企业人才培养中的梯队建设[J]. 企业改革与管理，2016.

[11] 叶美芳. 我国建筑企业卓越绩效管理研究[D]. 北京交通大学，2011.

后 记

2020年12月，拙著《新时代基础设施管理创新与实战丛书》一套五册付梓，将近四十载所学所得回馈行业及社会。这之后，恍如卸下包袱，我有片刻略得轻松自在。随着时间推移，特别是得到专家前辈指点和读者朋友鼓励之后，我又感到尚有些许未尽之意。于是有了这本邓尤东的《建筑企业管理精要》（以下简称精要）。人生行半百，为企业及至行业做点有意义的事情，是夙愿也是使命。

行百里贵在坚持。今年是我从业的第38个年头，从中国铁建到中国建筑，从员工到技术员、项目经理、公司董事长兼总经理、企业高管，感恩组织培养，一步步走来，始终如一脚踏实地。正是一个个重点工程建设、一个个难关攻克、一次次管理探索与创新，让我终于能够怀揣敬畏又自信满满地将时间磨砺和专业探索的心得付诸文字，就教于同行和师长。

行百里牢记宗旨。犹记得1995年在中国铁建，第一次担任项目经理，是湖南资兴过船轮电站引水洞工程，随后又担纲了多个人生第一：

第一条铁路：山西阳涉铁路；

第一条公路：云南昆明至石林高速公路；

第一个外资项目：宜万铁路；

第一座桥梁：重庆涪江三桥；

第一座超长铁路隧道：兰武铁路乌鞘岭隧道；

第一座超长公路隧道：秦岭终南山隧道；

第一条高速铁路：郑西铁路张茅隧道；

……

从一个个"第一"出发，我用脚步丈量祖国的大江南北，我眼前展开了一

后　记

个广袤而丰富的世界。2008年，我加盟中国建筑集团，先后参与组织了哈大高铁、石武高铁、武黄铁路、渝黔铁路、赣照铁路、海西铁路、郑万铁路等铁路项目建设；参与组织实施了长沙、重庆、深圳、南宁、青岛、天津、徐州等11个城市的地铁项目施工；参与组织了湘耒、九景、京津、山西五盂、贵州正习等高速公路建设；以及长沙、西安、南宁、海东等城市大型城市综合管廊项目建设，以优质工程树立企业品牌形象，培植企业核心竞争力，在业界赢得了荣耀和赞誉。

行百里永葆初心。从项目建设到企业管理，从公司主管到企业高管，我在每个岗位上，都恪尽职守、尽心尽力、兢兢业业，创造了一流的业绩，留下了深深的印记，由此也心安、自豪。不管是分管基础设施业务，还是分管科技质量、信息化、建筑工业化业务，干一行、爱一行、专一行，立足企业发展，始终追求卓越，以高标准严要求提升自身及团队，始终不忘价值创造的初心。

犹记得，在分管基础设施业务十余年间，我见证了中国建筑五局基建年营业收入从15亿元到近500亿元的跨越发展，创造了多个历史最佳成绩，五局2003年描画的"房屋建筑施工、基础设施建造、房地产开发""三大主营业务"的蓝图也由此变为现实，更成为五局在中建集团的独特优势。以"九书一册"为基础的标准化管理体系和以"千人视野计划"为核心的人才队伍建设体系等日趋完善，隧道、桥梁、铁路、城市轨道交通等多领域施工技术行业领先，企业基础设施业务品牌与专业核心竞争力逐步形成。

犹记得，在任职局总工程师期间，组建工程创新研究院，从院选址、设计到构想6大研究所和12个研发中心的顶层设计，从规划科技前沿研发到现场技术集成的纲要，形成企业科技战略的技术研发架构，凡事亲力亲为，不敢有丝毫懈怠，恐有负全局重托。与此同时，主持全面梳理技术管理体系，从混凝土质量报表到施工技术管理职能体系重构，形成完善的技术与质量管控体系；固化企业技术论坛、成果发布、科技大会等规划设计，推动科技创新工作更加规范；制定企业建筑、公路、市政三大设计院中长期发展纲要，确立设计院设计能力与设计咨询逐步向设计社会化两步走的路径，着力夯实企业工程总承包管理基础。

建筑企业管理精要
Construction Enterprise Management Essence

主持全局信息化工作后，牵头制定数字企业"3411"战略规划，重构数字技术架构，实现线上取数、线上考核、取消业务报表，运用数据智能分析、智能风险预警，为企业战略规划、风险管控、目标管理、绩效考核、决策分析提供数据支持，从而推动企业生产经营效率的提升，赋能企业高质量发展。

在主管的建筑工业化领域，制定新型建筑工业化"1+3+4"战略规划，构建全专业、全产业链架构体系，布局战略核心区域，推进标准化先行、全产业链支撑主业、绿色低碳高效模式、数智化运营管理、全专业协同发展的理念，为企业未来主业支撑和建筑业转型升级筑牢基础。

古之君子以"立德、立功、立言"为追求。社会总是在分享中发展，在传承中提高。我理解"立言"，不过是为同行和后来者垫一块砖而已。正是怀着这样的心境，我在工作之余、牺牲节假日，撰写了这本小著。一年来，得到多位专家前辈的指导，书中也引用了金普庆、鲁贵卿老领导的一些观点，他们无私奉献独到的见解和智慧，令我感动不已。同时，本书在写作过程中，得到中建五局基础设施事业部、信息化管理部、建筑工业化事业部、财务部等部门同事的帮助和支持，在此一并致以谢忱。

除此之外，特别感谢中国工程院钱七虎院士、中国铁建股份有限公司原总裁金普庆先生、中国平安建设投资有限公司董事长兼CEO鲁贵卿先生为此书作推荐序。特别致谢帅兵先生，他以为企业总结知识财富的责任心出发，不断鼓励我，才有这十篇内容的呈现。还要感谢舒锦武先生为统筹校稿排版等工作付诸的辛勤劳动。

由于时间仓促且个人水平所限，书中错误或疏漏难免，敬请读者批评正之。

2022 年 1 月